中国标准化年鉴

CHINA STANDARDS YEARBOOK

1997

中华人民共和国国家技术监督局 编

Edited by the State Bureau of Technical Supervision of the People's Republic of China

中国标准出版社

Published by the Standards Press of China

图书在版编目(CIP)数据

中国标准化年鉴 1997/国家技术监督局编.-北京:中国标准出版社,1998.5

ISBN 7-5066-1596-7

Ⅰ.中… Ⅱ.国… Ⅲ.标准化-中国-年鉴-1997 Ⅳ.G307.72-54

中国版本图书馆CIP数据核字(98)第03137号

中国标准出版社出版
北京复兴门外三里河北街16号
邮政编码:100045
电　话:(010)68522112
中国标准出版社秦皇岛印刷厂印刷
新华书店北京发行所发行　各地新华书店经售

*

开本 880×1230 1/16 印张 12½ 插页 1 字数 398 千字
1998年5月第一版 1998年5月第一次印刷

*

印数 1—2 000 定价 58.00 元

目 录

CONTENTS

前　　言

1996年，是贯彻落实党的十四届五中全会精神，实现"九五"计划的第一年，是我国人民沿着建设有中国特色社会主义道路阔步前进、改革开放和现代化建设取得新的成就的重要一年。我国标准化工作继续坚持"以质量为中心，标准化、计量为基础"的技术监督工作方针，努力工作，服务社会，为国民经济持续、快速、健康发展作出了积极贡献。

1996年，我们围绕搞好国有企业改革和发展，把采用国际标准和国外先进标准作为推动企业技术进步的一项重要工作来抓。特别是在采用国际标准的新产品中，选择132项列入国家科委国家级新产品试制鉴定项目，对1020项产品推行采用国际标准标志，有效地推动了企业采用国际标准和国外先进标准的积极性；围绕加强农业基础地位，我们继续做好农业标准化工作，在继续实施已确定67个农业标准化示范区的基础上，1996年又增加了11个示范区，编制了《全国农业标准化"九五"计划》；为了引导企业加强标准化工作，提高中小企业和乡镇企业的产品质量，我们又确定了53个县(市)为第2批全国消灭无标生产试点县，取得了很大成效。

1996年，我们制、修订国家标准1387项，其中制定818项，修订569项，采用国际标准和国外先进标准560项，采标率为40.4%。

1996年，在建立我国标准化法规方面，在信息技术和高新技术标准化方面，在同国际接轨和标准化的研究开发、标准的出版发行以及咨询服务等方面也都取得了较大进展。

过去的一年里，我国的标准化工作在各部门、各地方重视和支持下，在广大标准化工作者努力下，取得了可喜成绩。但是，按照党和国家对我国的标准化工作的要求，还有很大差距。在新的一年里，我们一定要以"两个根本性转变"为指针，以改革的精神，开拓进取，扎实工作，努力推进我国标准化事业的发展，为实现国民经济和社会发展"九五"计划和2010年远景目标纲要提出的各项任务做出应有的贡献。

一、1996 年我国标准化工作

1996 年我国标准化工作认真贯彻中国共产党的第十四届五中、六中全会精神和“以质量为中心，标准化、计量为基础”的技术监督工作方针，以改革为动力，积极开拓进取，较好地完成了 1996 年各项标准化工作任务，使我国标准化工作在 1995 年的基础上又有了新的进展。

1. 1996 年共制、修订国家标准 1387 项，其中制定 818 项，修订 569 项；强制性国家标准 351 项，推荐性标准 1036 项；采用国际标准和国外先进标准 560 项，采标率 40.4%，其中等同采用 203 项，等效采用 186 项，非等效采用 171 项。批准国家标准样品 70 个。

截止到 1996 年，我国已有国家标准 17720 项，其中强制性标准 2284 项，占 12.9%，推荐性标准 15436 项，占 87.1%；采标数 7169 项，采标率 40.5%，比 1995 年提高了 2 个百分点。

1996 年，加大了采标力度，一些重要行业的标准采标率有了显著提高，如电力行业的标准采标率达到 85.7%，轻工行业的标准采标率达到 75.6%，电子行业的标准采标率达到 73.6%，机械行业的标准采标率达到 72.4%，化工行业的标准采标率达到 71.1%，邮电行业的标准采标率达到 70.0%，冶金行业的标准采标率达到 55.9%。如机械行业对应的 ISO、IEC 标准共 3056 项，到 1996 年底已转化为我国标准 1641 项，转化率达 53%；电子行业对应的 ISO、IEC 标准共 2187 项，到 1996 年底已转化为我国标准 1068 项，转化率达 49%。这些工作有力地推动了我国标准水平的提高，加快了与国际接轨的步伐。

2. 标准化技术委员会建设得到加强。1996 年共新组建了 7 个全国标准化技术委员会(TC)和 19 个分技术委员会(SC)，同时对现有的 49 个 TC 和 45 个 SC 进行了换届，对 63 个 TC 和 SC 调整了部分委员，共新聘委员 3920 名。

到目前为止，全国已有标准化技术委员会(TC)224 个，分技术委员会(SC)384 个，聘请委员总人数约 20000 名。

3. 根据《国民经济和社会发展“九五”计划和 2010 年远景目标纲要》及技术监督“九五”计划的要求，制定了《标准化工作“九五”计划和 2010 年长远目标纲要》，提出了“九五”期间标准化工作的指导思想和方针，明确了具体的奋斗目标，这对今后标准化工作更好地为经济建设服务具有现实的指导作用。

4. 标准化工作改革得到进一步深化。

1996 年重点进行了以下方面的改革：

(1) 增加标准化技术委员会的活力。改变委员会各方面委员的比率和放开人数限制，适当增加企业成员比率，充分发挥广大企业和有关各方关心和支持标准化工作的积极性，使标准化工作更好地服务于企业和市场。

(2) 肯定并巩固了标准合同制工作。标准合同制有利于保证重要标准的及时制定，有利于缩短制标周期，有利于提高标准水平和标准质量。标准合同制试点三年来，对推动整个标准化工作的开展，调动标准化工作人员的积极性起到了促进作用。标准合同制应继续推进。

(3) 加强行业标准管理工作，进一步规范行业标准备案管理。

(4) 国家标准审查工作有所改进。确定了审查部的归属问题，并对审查部提出了改革意见。

5. 农业标准化工作有了新进展。

(1) 经国务院同意，与农业部联合下发了《关于加强农业标准和农业监测工作，促进高产、优质、高效农业发展的意见》，为进一步推动各地开展农业标准化工作起到了十分积极的促进作用。

(2) 与农业部联合召开了第三次全国农业标准化工作会议，姜春云副总理接见了会议代表，并作了重要讲话。国家技术监督局局长李传卿代表国家技术监督局和农业部在开幕式作了题为：“提高认识，狠抓落实，全面加强农业标准化工作，为发展高产优质高效农业作出新贡献”的工作报告；农业部党组成员崔世安作了题为:“切实加强农业标准化工作,更好地为农业和农村经济改革与发展服务”的重要讲话;国家技术监督局副局长李忠海代表国家技术监督局和农业部在闭幕式作了总结讲话。正在中国参观访问的国际标准化组织(ISO)主席默尔曼先生向大会发来贺信。会议总结了“八五”期间农业标准化工作成绩和经验,确定了“九五”期间农业标准化工作任务,并提出了推动开展农业标准化工作的有关鼓励措施。会后以两部局名义向国务院各有关部门和各地转发了会议的主要文件,我局下达了《全国农业标准化“九五”计划》,提出了我国“九五”期间农业标准化的目标和任务。

(3) 1996年在原来工作基础上又落实了11个农业标准化示范区。

为了落实局关于技术监督工作向中西部贫困地区倾斜的政策,专门为贫困地区落实了5个农业标准化示范区。

6. 采标标志工作和消灭无标生产工作成效显著。

(1) 1996年完成采用国际标准产品标志1050项,并在《中国质量报》上发布了三期公告,与此同时还发布了第三批《实施采用国际标准标志产品及相应标准目录》400项左右。

截止1996年,全国共完成采用国际标准产品标志2129个。有力地推动了我国产品采标工作的开展,促进了各地产品质量的提高。

1996年度列入国家级重点新产品试制鉴定计划的采标新产品97个,其中22个已享受到国家科委和财政部的国家级重点新产品补助经费共1050万元,占全国新产品免税总额十分之一以上。

(2) 为了提高企业素质和产品质量,维护正常经济秩序,1996年组织了对1995年度确定的52个消灭无标生产试点县的验收工作,经验收,52个试点县全部达到了验收要求。这项工作引起了各地和试点县领导的重视,据统计,试点前52个县的标准覆盖率平均为61.83%,试点验收后提高到97.8%,平均提高了36个百分点。同时,部署了1996年度新一轮51个县和2个市的消灭无标生产县(市)。

(3) 1996年132项采标产品列入国家级新产品试制鉴定计划项目,其中23项获得国家补助经费共1000多万元。

7. 积极跟踪、研究、转化ISO 14000系列标准。到目前为止,ISO 14000五项标准的转化工作已完成,并已在全国开始宣贯。

8. 为提高我国电气产品质量和参与国际市场的竞争能力,更好地规范国内市场,积极开展IEC 1000电磁兼容系列标准的研究和转化工作,成立了“电磁兼容标准化联合工作组”,并制定了规划,提出了20项工作项目。

9. 积极跟踪国际标准化动态。

(1) 处理ISO/IEC表态文件一万余件;提交新项目提案3个;组织了40多个团组200余名专家参加ISO/IEC技术会议;我国承办了10次ISO/IEC国际会议;我国以P成员身份参加了新成立的ISO/TC 213和TC 214,并确定了4个新成立的ISO/IEC/TC的国内归口单位。

(2) 跟踪ISO的“职业卫生和安全管理标准”发展动态,参与国际研讨活动;根据国际动向,组织国内有关专家进行研究。

10. 信息技术标准化工作有了重大进展。

(1) 提出了“九五”和2010年信息技术信息工程标准化工作的战略目标、指导思想、工作方针、重点任务及措施,并纳入了“国家信息化九五规划和2010年发展纲要”。

(2) 组织起草了三项蒙文编码国家标准,并推荐给ISO/IEC JTC1/SC2作为国际标准草案,已被其正式采纳。

(3) 完成了国家科委下达的《EDI标准化总体技术规范》攻关项目和《软件标准化问题研究》阶段任务。

11. 为配合1997年香港回归,开展了有关标准化工作。

(1) 应国务院港澳办的委托,制定了香港特别行政区《区旗》、《区徽》两项国家标准,于1997年2月1日起实施,并配合国务院港澳办开展了区旗、区徽的内地定点生产和供应工作。

(2) 为统一大陆和香港图文电视用汉字编码,保证大陆与香港图文电视广播信息系统相互兼容,促进使用汉字的国家和地区利用图文电视广播进行信息交流，国家技术监督局会同广电部有关单位与香港电讯局等合作，为香港地区制定了《香港公共图文电视技术标准》。

12. 继续做好节能标准化工作。配合国家经贸委积极开展“中国绿色照明工程”相配套的标准化工作，1997 年计划安排 7 项有关国家标准的制定工作。

13. 为加强我国的标准样品工作，促进我国的标准样品工作更好地与国际接轨，1996 年组建了“ISO/REMCO 中国委员会”，着手建立我国标准样品数据库，将有 3000 种标准样品入库。

14. 标准化法规建设有所进展。完成了《强制性标准管理办法》和《机电产品进口标准化审查管理办法》征求意见稿。

15. 加强了标准基础建设。

(1) 为了加强对国家标准的管理，完成了“国家标准管理数据库”的建设和“国家标准计划管理软件”的开发和应用。

(2) 完成了“国家标准制定程序的阶段划分及代码”标准的制定工作，并着手进行“国家标准制定快速程序”和“国家标准化指导性技术文件”两个管理办法的研究和起草工作。

(3) 完成了“国际标准分类法”的研究和转化工作，并于 1997 年 1 月 1 日开始在我国全面应用。

16. 抓好一批重要国家标准的制定和宣贯工作。

(1) 解决了卫生标准的批准、发布问题。卫生标准的批准、发布问题是多年未协调好的矛盾，1996 年经国家技术监督局与卫生部协调达成一致意见，确定卫生标准(除食品卫生标准外)由国家技术监督局批准，国家技术监督局和卫生部联合发布的原则，共发布了 314 项卫生标准，并确定了卫生行业标准归口管理范围。

(2) 为了人们生命财产安全，规范市场，重点抓了以下标准的制修订工作：

《便携式丁烷气灶及气瓶》(卡式炉及气瓶)

《内河旅游船星级的划分与评定》

《公共航空运输服务质量标准》

《机动车安全动行技术条件》

《家用燃气快速热水器》

《家用燃气灶具》

《进口废物环境保护控制标准》

《畜禽病害肉尸及其产品无害化处理规程》

《畜禽产品消毒规范》

《啤酒瓶》等

起草了《保健食品技术通则》、《防伪钞鉴别仪》等标准征求意见稿。

与有关部门联合发出了《关于检查进口预包装食品标签的通知》，制定了进口酒类标签检查工作方案，并布署了工作。

(3) 组织宣贯了《家用和类似用途插头、插座　第一部分：通用要求》、《家用和类似用途电动、电动器具、电动工具以及类似电器的无线电干扰特性的测量方法和允许值》、《家用空调器安全要求和性能要求》、《低压电器》、《化妆品标签》、《质量管理和质量体系要素　第二部分：服务指南》、《旅游船星级划分与评定》、《星级饭店评定》、《公共信息图形符号》、《珠宝玉石　名称》、《珠宝玉石　检定》、《钻石分级》等重要标准，收到了良好的效果。

17. 利用 10 月 14 日“世界标准日”广泛开展标准化活动。

为做好第 27 届世界标准日的宣传和纪念活动，根据 ISO、IEC 和 ITU 确定的“服务标准化”主题，国家技术监督局向国务院有关部门和各省、自治区、直辖市标准化主管部门发了通知，提出了要求。依据 ISO，IEC 和 ITU 提供的宣传画，国家技术监督局重新设计印制了宣传画 3 万份，发送到国务院有关部门和 30 个省，自治区和直辖市。与国内贸易部、建设部、交通部、铁道部、邮电部、中国人民银行、国家民航总局、国家旅游局于 10 月 14 日在北京联合举办了第 27 届世界标准日纪念大会。出席纪念活动的有全国人大常委会副委员长倪志福；中国企业管理协会会长、中国标准化协会名誉理事长袁宝华；国家技术监督局局长李传卿，副局长朱明暹、李忠海；原国家技术监督局副局长李保国，原副局长、中国标准化协会理事长李瑞，中国科学技术协会书记处书记张赠泽以及国务院有关部门，首都各界各研究单位等的专家、学者共400多人参加了纪念活动。李传卿局长在大会上做了“加快我国服务标准化工作步伐，推动我国服务质量上台阶”为题的重要讲话。建设部、交通部等其他主办单位的有关负责人也在大会上分别介绍了本部门开展服务标准化的情况和今后加强服务标准化工作的设想和意见。

中央广播电台、中央电视台、中国质量报、经济日报、科技日报等宣传媒介分别发表消息和纪念文章。各地方也根据本地实际分别开展了各种纪念活动。

18. 为保证国旗产品质量，满足国内各国旗生产企业的原料需求，根据国务院办公厅“关于贯彻国旗法和执行国家有关技术标准确保国旗质量的通知”的要求，国家技术监督局及时对《国旗》强制性国家标准进行了宣贯，并开展了国旗质量大检查。向各省、自治区、直辖市及计划单列市人民政府和技术监督局发出了通知，要求国旗面料和室内国旗必须在规定的生产企业生产。所有定点企业都要安排好生产、销售和售后服务工作，认真执行标准，保证国旗及相关产品的质量。未经审批定点的企业，不得生产、销售国旗面料和国旗产品。

19. 条码、代码工作取得了新的进展，为市场经济和信息技术的发展做出了贡献。

① 条码工作发展迅速。1996年新发展条码系统成员8000多家，累计达到29000多家，有近40万种商品采用了国际通用条码标志，确保了我国商品顺利出口和进入超级市场。同时积极推动了条码自动识别技术的发展，全国商业POS系统发展很快，截止1996年累计建立条码自动扫描商店(POS)800多家。1996年还对早期加入条码系统成员的企业进行了复审，复审率达到61.5%，累计完成了9000多家的复审工作。1996年底“国家条码质量监督检验中心”通过审查认可和计量认证工作，从而使条码质量监督检验中心进入良性循环，为监督条码质量起到积极促进作用。

② 组织机构代码工作。为推动全国代码工作向纵深发展，由国家技术监督局主持召开了全国组织机构代码工作会议，国家局党组对“九五”期间代码工作的指导思想、目标和任务提出了明确的意见。为了配合国家税务总局税务征收制度的改革，根据国家技术监督局和国家税务总局联合发文“关于在换发税务登记证中使用全国组织机构代码的通知”。根据通知精神，全国各地代码工作机构积极配合税务换证工作，有力地推动了全国组织机构代码的应用。目前大部分地区税务部门对组织机构代码得到了认可，通过税务系统强制应用组织机构代码，大大提高了代码的覆盖率，使全国代码赋码、发证量增加了100多万个，代码工作在全国范围内真正进入推广应用阶段。到目前为止，全国44个省、自治区、直辖市和计划单列市在继续清理上报软盘数据的统计，累计组织机构代码赋码、发证约530多万个。

③ IC卡工作。通过上海在银行系统使用统一代码IC卡副本，杭州税务系统IC卡使用代码的试点以及宁波市试点和验收工作，将对代码工作提供新的技术手段和科学依据，代码中心拟准备提出IC卡技术规范性草案。

积极进行中央数据库的系统建设，现已有全国7个省、自治区、直辖市联机访问和查询工作，进一步完善了《全国组织机构代码管理信息系统总体设计方案》可行性论证和中央数据库机器选型工作，为全国建立信息系统联网打下了可靠的技术基础。

20. 根据《中华人民共和国标准化法》和《中华人民共和国标准化法实施条例》的规定，为了进一步加强行业标准的备案管理工作，国家技术监督局以技监标发(1996)24号文向国务院有关部门发出了“关于进一步加强行业标准备案管理工作的通知”。通知再次重申了行业标准备案的重要性，并对行业标准备案所需的材料、手续和方法等提出了具体要求。

21. 加强了对ISO/IEC标准、文件和标准出版物的管理工作。

为保护国际标准化组织(ISO)和国际电工委员会(IEC)的知识产权，加强对ISO/IEC标准文件及出版物复制、翻译和出版工作的管理，1996年3月1日，国家技术监督局就加强对ISO/IEC标准、文件及出版物的复制、翻译和出版管理工作作出了规定。

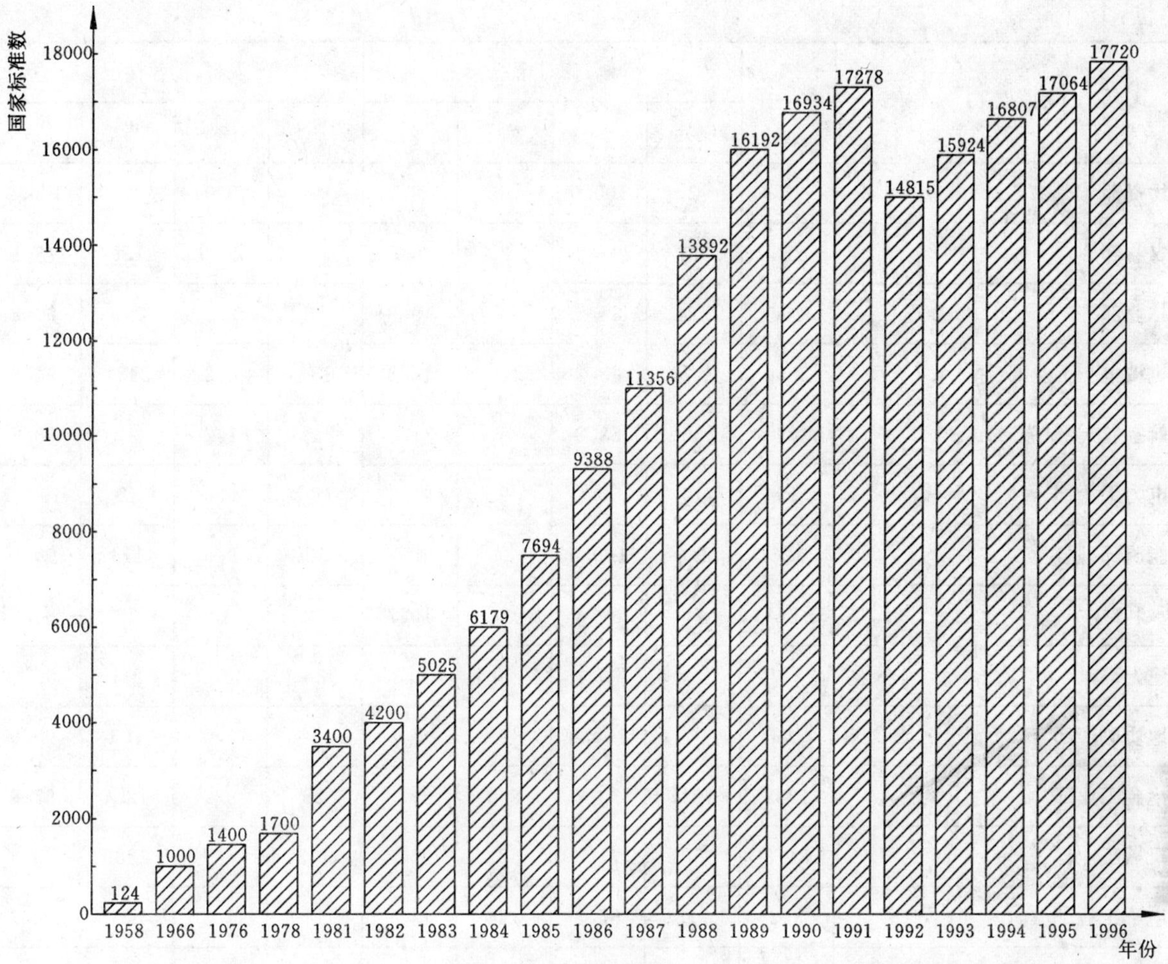

国家标准数

各部门国家标准统计报表

单位：个

部　　门	合　计	制、修订情况				强制、推荐情况			
		制定	%	修订	%	强制性	%	推荐性	%
合计	17720	14447	81.5	3273	18.5	2284	12.9	15436	87.1
国家计划委员会	56	51	91.1	5	8.9	1	1.8	55	98.2
国家科委	50	50	100.0	0	0.0	6	12.0	44	88.0
国防科工委	13	13	100.0	0	0.0	7	53.8	6	46.2
公安部	143	131	91.6	12	8.4	88	61.5	55	38.5
民政部	28	28	100.0	0	0.0	4	14.3	24	85.7
劳动部	201	182	90.5	19	9.5	130	64.7	71	35.3
中国人民银行	11	10	90.9	1	9.1	0	0.0	11	100.0
国内贸易部(原商业部)	325	296	91.1	29	8.9	19	5.8	306	94.2
对外贸易经济合作部	19	19	100.0	0	0.0	0	0.0	19	100.0

单位:个　　　　表(续)

部　门	合　计	制、修订情况				强制、推荐情况			
		制定	%	修订	%	强制性	%	推荐性	%
物资部	2	2	100.0	0	0.0	0	0.0	2	100.0
农业部	265	257	97.0	8	3.0	66	24.9	199	75.1
林业部	266	224	84.2	42	15.8	26	9.8	240	90.2
机械电子工业部(原)	2554	2125	83.2	429	16.8	133	5.2	2421	94.8
航空航天部(原)	82	56	68.3	26	31.7	1	1.2	81	98.8
电力工业部	19	10	52.6	9	47.4	0	0.0	19	100.0
能源部(原)	126	126	100.0	0	0.0	12	9.5	114	90.5
水利部	84	75	89.3	9	10.7	12	14.3	72	85.7
建设部	247	224	90.7	23	9.3	36	14.6	211	85.4
地质矿产部	104	104	100.0	0	0.0	1	1.0	103	99.0
冶金工业部	1282	1022	79.7	260	20.3	28	2.2	1254	97.8
机械工业部	2128	1591	74.8	537	25.2	142	6.7	1986	93.3
电子工业部	842	718	85.3	124	14.7	11	1.3	831	98.7
煤炭工业部	104	73	70.2	31	29.8	10	9.6	94	90.4
石油工业部(原)	34	24	70.6	10	29.4	8	23.5	26	76.5
化学工业部	1838	1284	69.9	554	30.1	215	11.7	1623	88.3
铁道部	132	104	78.8	28	21.2	14	10.6	118	89.4
交通部	213	174	81.7	39	18.3	54	25.4	159	74.6
邮电部	327	316	96.6	11	3.4	21	6.4	306	93.6
文化部	17	17	100.0	0	0.0	0	0.0	17	100.0
广播电影电视部	111	93	83.8	18	16.2	12	10.8	99	89.2
卫生部	989	839	84.8	150	15.2	574	58.0	415	42.0
国家统计局	1	1	100.0	0	0.0	0	0.0	1	100.0
国家建材局	389	287	73.8	102	26.2	47	12.1	342	87.9
中国气象局	1	1	100.0	0	0.0	0	0.0	1	100.0
中国人民航空总局	15	15	100.0	0	0.0	7	46.7	8	53.3
国家海洋局	18	18	100.0	0	0.0	0	0.0	18	100.0

单位:个　　　　　　　　　　　　　　　　　　　　　　　　表(完)

部　门	合　计	制、修订情况				强制、推荐情况			
		制定	%	修订	%	强制性	%	推荐性	%
国家地震局	1	1	100.0	0	0.0	0	0.0	1	100.0
国家旅游局	3	3	100.0	0	0.0	0	0.0	3	100.0
新闻出版署	18	9	50.0	9	50.0	0	0.0	18	100.0
国家技术监督局	769	682	88.7	87	11.3	78	10.1	691	89.9
国家语言文字工作委员会	2	2	100.0	0	0.0	0	0.0	2	100.0
国家档案局	2	2	100.0	0	0.0	0	0.0	2	100.0
国家矿产储量管理局	11	11	100.0	0	0.0	0	0.0	11	100.0
国家烟草专卖局	22	14	63.6	8	36.4	11	50.0	11	50.0
国家医学管理总局	109	90	82.6	19	17.4	76	69.7	33	30.3
国家商检局	27	16	59.3	11	40.7	0	0.0	27	100.0
国家测绘局	38	36	94.7	2	5.3	27	71.1	11	28.9
国家环保局	255	235	92.2	20	7.8	80	31.4	175	68.6
国家中医药管理局	28	21	75.0	7	25.0	11	39.3	17	60.7
中国科学院	8	6	75.0	2	25.0	0	0.0	8	100.0
中国社科院	1	1	100.0	0	0.0	0	0.0	1	100.0
中国轻工总会	1038	853	82.2	185	17.8	161	15.5	877	84.5
中国纺织总会	361	291	80.6	70	19.4	18	5.0	343	95.0
中国银行	1	1	100.0	0	0.0	0	0.0	1	100.0
中国船舶工业总公司	374	284	75.9	90	24.1	14	3.7	360	96.3
中国石油化工总公司	275	199	72.4	76	27.6	52	18.9	223	81.1
中国有色金属工业总公司	934	777	83.2	157	16.8	11	1.2	923	98.8
中国石油天然气总公司	18	11	61.1	7	38.9	3	16.7	15	83.3
中国核工业总公司	207	183	88.4	24	11.6	33	15.9	174	84.1
中国兵器工业总公司	44	40	90.9	4	9.1	6	13.6	38	86.4
中国航空工业总公司	20	15	75.0	5	25.0	0	0.0	20	100.0
中国航天工业总公司	9	9	100.0	0	0.0	0	0.0	9	100.0
中国包装总公司	37	33	89.2	4	10.8	4	10.8	33	89.2
中国汽车工业总公司(原)	71	61	85.9	10	14.1	14	19.7	57	80.3

各专业国家标准统计表

单位:个

专业分类	合 计	制、修订情况				强制、推荐情况			
		制定	%	修订	%	强制性	%	推荐性	%
合计	17720	14447	81.5	3273	18.5	2284	12.9	15436	87.1
A 综合	888	767	86.4	121	13.6	97	10.9	791	89.1
B 农业、林业	759	689	90.8	70	9.2	104	13.7	655	86.3
C 医药、卫生、劳动保护	1327	1115	84.0	212	16.0	808	60.9	519	39.1
D 矿业	572	497	86.9	75	13.1	12	2.1	560	97.9
E 石油	281	209	74.4	72	25.6	52	18.5	229	81.5
F 能源、核技术	372	338	90.9	34	9.1	60	16.1	312	83.9
G 化工	2046	1501	73.4	545	26.6	190	9.3	1856	90.7
H 冶金	1919	1519	79.2	400	20.8	40	2.1	1879	97.9
J 机械	2570	1966	76.5	604	23.5	71	2.8	2499	97.2
K 电工	1103	827	75.0	276	25.0	241	21.8	862	78.2
L 电子元器件与信息技术	1323	1190	89.9	133	10.1	21	1.6	1302	98.4
M 通信、广播	689	647	93.9	42	6.1	49	7.1	640	92.9
N 仪器、仪表	423	359	84.9	64	15.1	9	2.1	414	97.9
P 工程建设	113	95	84.1	18	15.9	17	15.0	96	85.0
Q 建材	542	431	79.5	111	20.5	60	11.1	482	88.9
R 公路、水路运输	91	86	94.5	5	5.5	29	31.9	62	68.1
S 铁路	112	97	86.6	15	13.4	14	12.5	98	87.5
T 车辆	299	217	72.6	82	27.4	50	16.7	249	83.3
U 船舶	401	293	73.1	108	26.9	33	8.2	368	91.8
V 航空、航天	24	24	100.0	0	0.0	4	16.7	20	83.3
W 纺织	407	342	84.0	65	16.0	20	4.9	387	95.1
X 食品	532	469	88.2	63	11.8	156	29.3	376	70.7
Y 轻工、文化与生活用品	587	451	76.8	136	23.2	47	8.0	540	92.0
Z 环境保护	339	318	93.8	21	6.2	100	29.5	239	70.5

各部门采用国际标准和国外先进标准统计表

单位：个

部门	"采标"情况						其中											
							采用 ISO 标准				采用 IEC 标准				采用其他标准			
	标准数	采标数	%	等同	等效	非等效	合计	等同	等效	非等效	合计	等同	等效	非等效	合计	等同	等效	非等效
合计	17720	7169	40.5	976	2164	4029	3701	556	1286	1859	1349	381	421	547	2175	86	463	1626
国家计划委员会	56	0	0.0	0	0	0	0	0	0	0	0	0	0	0	0	0	0	0
国家科委	50	0	0.0	0	0	0	0	0	0	0	0	0	0	0	0	0	0	0
国防科工委	13	8	61.5	0	0	8	5	0	0	5	0	0	0	0	3	0	0	3
公安部	143	48	33.6	3	9	36	29	2	5	22	6	1	1	4	13	0	3	10
民政部	28	5	17.9	4	0	1	5	4	0	1	0	0	0	0	0	0	0	0
劳动部	201	35	17.4	0	3	32	16	0	2	14	2	0	1	1	17	0	0	17
中国人民银行	11	4	36.4	3	1	0	4	3	1	0	0	0	0	0	0	0	0	0
国内贸易部(原商业部)	325	114	35.1	18	38	58	99	15	35	49	3	3	0	0	12	0	3	9
对外贸易经济合作部	19	0	0.0	0	0	0	0	0	0	0	0	0	0	0	0	0	0	0
物资部	2	0	0.0	0	0	0	0	0	0	0	0	0	0	0	0	0	0	0
农业部	265	70	26.4	3	23	44	68	3	22	43	0	0	0	0	2	0	1	1
林业部	266	57	21.4	9	11	37	51	8	10	33	0	0	0	0	6	1	1	4
机械电子工业部(原)	2554	1142	44.7	165	303	674	560	56	123	381	389	96	157	136	195	15	23	157
航空航天部(原)	82	34	41.5	3	5	26	25	2	4	19	4	1	0	3	5	0	1	4
电力工业部	19	9	47.4	3	2	4	0	0	0	0	7	3	2	2	2	0	0	2
能源部(原)	126	58	46.0	0	28	30	8	0	2	6	30	0	15	15	20	0	11	9
水利部	84	4	4.8	0	0	4	0	0	0	0	3	0	0	3	1	0	0	1
建设部	247	51	20.6	2	22	27	35	2	17	16	1	0	0	1	15	0	5	10
地质矿产部	104	3	2.9	0	2	1	0	0	0	0	0	0	0	0	3	0	2	1
冶金工业部	1282	524	40.9	28	139	357	194	18	74	102	5	1	4	0	325	9	61	255
机械工业部	2128	1096	51.5	98	440	558	575	57	286	232	359	41	121	197	165	0	36	129
电子工业部	842	445	52.9	244	92	109	182	120	33	29	270	165	48	57	41	4	13	24
煤炭工业部	104	35	33.7	0	15	20	27	0	12	15	1	0	1	0	7	0	2	5
石油工业部(原)	34	4	11.8	0	0	4	2	0	0	2	0	0	0	0	2	0	0	2
化学工业部	1838	1110	60.4	98	345	667	695	88	261	346	7	1	1	5	408	9	83	316
铁道部	132	38	28.8	0	13	25	15	0	3	12	5	0	0	5	18	0	10	8
交通部	213	37	17.4	5	10	22	28	4	8	16	3	0	0	3	6	1	2	3
邮电部	327	154	47.1	36	67	51	3	2	1	0	65	17	27	21	86	17	39	30
文化部	17	9	52.9	3	0	6	9	3	0	6	0	0	0	0	0	0	0	0
广播电影电视部	111	25	22.5	1	9	15	13	1	4	8	7	0	2	5	5	0	3	2
卫生部	989	5	0.5	0	0	5	2	0	0	2	0	0	0	0	3	0	0	3

单位:个　　　　表(完)

部　门	“采标”情况						其　中											
							采用ISO标准				采用IEC标准				采用其他标准			
	标准数	采标数	%	等同	等效	非等效	合计	等同	等效	非等效	合计	等同	等效	非等效	合计	等同	等效	非等效
国家统计局	1	0	0.0	0	0	0	0	0	0	0	0	0	0	0	0	0	0	0
国家建材局	389	128	32.9	8	30	90	59	7	23	29	0	0	0	0	69	1	7	61
中国气象局	1	0	0.0	0	0	0	0	0	0	0	0	0	0	0	0	0	0	0
中国人民航空总局	15	5	33.3	0	4	1	1	0	0	1	0	0	0	0	4	0	4	0
国家海洋局	18	1	5.6	0	0	1	0	0	0	0	0	0	0	0	1	0	0	1
国家地震局	1	0	0.0	0	0	0	0	0	0	0	0	0	0	0	0	0	0	0
国家旅游局	3	0	0.0	0	0	0	0	0	0	0	0	0	0	0	0	0	0	0
新闻出版署	18	4	22.2	1	2	1	3	1	1	1	0	0	0	0	1	0	1	0
国家技术监督局	769	256	33.3	52	72	132	160	32	41	87	40	13	15	12	59	7	17	35
国家语言文字工作委员会	2	0	0.0	0	0	0	0	0	0	0	0	0	0	0	0	0	0	0
国家档案局	2	0	0.0	0	0	0	0	0	0	0	0	0	0	0	0	0	0	0
国家矿产储量管理局	11	0	0.0	0	0	0	0	0	0	0	0	0	0	0	0	0	0	0
国家烟草专卖局	22	3	13.6	1	2	0	3	1	2	0	0	0	0	0	0	0	0	0
国家医学管理总局	109	55	50.5	10	9	36	21	4	2	15	14	6	3	5	20	0	4	16
国家商检局	27	8	29.6	0	0	8	8	0	0	8	0	0	0	0	0	0	0	0
国家测绘局	38	1	2.6	1	0	0	1	1	0	0	0	0	0	0	0	0	0	0
国家环保局	255	34	13.3	2	7	25	23	2	6	15	0	0	0	0	11	0	1	10
国家中医药管理局	28	4	14.3	0	2	2	2	0	2	0	0	0	0	0	2	0	0	2
中国科学院	8	7	87.5	0	6	1	7	0	6	1	0	0	0	0	0	0	0	0
中国社科院	1	1	100.0	0	0	1	1	0	0	1	0	0	0	0	0	0	0	0
中国轻工总会	1038	502	48.4	71	142	289	290	45	114	131	66	25	8	33	146	1	20	125
中国纺织总会	361	168	46.5	23	88	57	151	21	80	50	0	0	0	0	17	2	8	7
中国银行	1	1	100.0	1	0	0	1	1	0	0	0	0	0	0	0	0	0	0
中国船舶工业总公司	374	141	37.7	3	31	107	88	2	27	59	19	1	1	17	34	0	3	31
中国石油化工总公司	275	218	79.3	6	45	167	74	3	25	46	3	1	0	2	141	2	20	119
中国有色金属工业总公司	934	342	36.6	51	84	207	112	44	35	33	5	0	2	3	225	7	47	171
中国石油天然气总公司	18	15	83.3	0	1	14	3	0	1	2	0	0	0	0	12	0	0	12
中国核工业总公司	207	106	51.2	18	51	37	21	2	12	7	35	6	12	17	50	10	27	13
中国兵器工业总公司	44	9	20.5	0	6	3	4	0	3	1	0	0	0	0	5	0	3	2
中国航空工业总公司	20	2	10.0	0	1	1	1	0	1	0	0	0	0	0	1	0	0	1
中国航天工业总公司	9	2	22.2	0	0	2	2	0	0	2	0	0	0	0	0	0	0	0
中国包装总公司	37	17	45.9	0	2	15	1	0	0	1	0	0	0	0	16	0	2	14
中国汽车工业总公司(原)	71	15	21.1	2	2	11	14	2	2	10	0	0	0	0	1	0	0	1

各专业采用国际标准和国外先进标准统计表

单位:个

专业分类	“采标”情况						其　中											
							采用 ISO 标准				采用 IEC 标准				采用其他标准			
	标准数	采标数	%	等同	等效	非等效	合计	等同	等效	非等效	合计	等同	等效	非等效	合计	等同	等效	非等效
合计	17720	7169	40.5	976	2164	4029	3701	556	1286	1859	1349	381	421	547	2175	86	463	1626
A　综合	888	355	40.0	47	119	189	272	39	101	132	25	6	8	11	61	2	11	48
B　农业、林业	759	215	28.3	29	58	128	191	28	52	111	0	0	0	0	24	1	6	17
C　医药、卫生、劳动保护	1327	125	9.4	27	17	81	79	21	14	44	12	6	1	5	34	0	2	32
D　矿业	572	181	31.6	2	28	151	82	2	24	56	1	0	1	0	98	0	3	95
E　石油	281	192	68.3	4	54	134	53	1	23	29	4	1	0	3	135	2	31	102
F　能源、核技术	372	162	43.5	21	78	63	24	2	13	9	77	9	34	34	61	10	31	20
G　化工	2046	1238	60.5	114	372	752	790	103	289	398	8	1	2	5	440	10	81	349
H　冶金	1919	725	37.8	77	207	441	256	59	91	106	10	2	4	4	459	16	112	331
J　机械	2570	1073	41.8	61	328	684	892	57	290	545	7	1	2	4	175	3	37	135
K　电工	1103	683	61.9	107	212	364	21	0	8	13	598	106	195	297	64	1	9	54
L 电子元器件与信息技术	1323	626	47.3	325	158	143	248	164	55	29	348	193	82	73	82	15	25	42
M　通信、广播	689	263	38.2	62	106	95	1	0	1	0	143	40	58	45	119	22	47	50
N　仪器、仪表	423	168	39.7	18	64	86	57	8	27	22	75	10	32	33	36	0	5	31
P　工程建设	113	26	23.0	1	9	16	15	1	8	6	0	0	0	0	11	0	1	10
Q　建材	542	195	36.0	8	47	140	74	7	32	35	0	0	0	0	121	1	15	105
R　公路、水路运输	91	8	8.8	1	2	5	5	0	1	4	1	0	0	1	2	1	1	0
S　铁路	112	18	16.1	0	4	14	2	0	0	2	4	0	0	4	12	0	4	8
T　车辆	299	114	38.1	8	42	64	89	8	35	46	0	0	0	0	25	0	7	18
U　船舶	401	130	32.4	4	22	104	78	3	18	57	22	1	1	20	30	0	3	27
V　航空、航天	24	14	58.3	0	5	9	10	0	1	9	0	0	0	0	4	0	4	0
W　纺织	407	182	44.7	23	84	75	164	22	80	62	0	0	0	0	18	1	4	13
X　食品	532	132	24.8	11	36	85	74	11	25	38	0	0	0	0	58	0	11	47
Y　轻工、文化与生活用品	587	288	49.1	24	95	169	178	18	81	79	14	5	1	8	96	1	13	82
Z　环境保护	339	56	16.5	2	17	37	46	2	17	27	0	0	0	0	10	0	0	10

各部门国家标准中标准结构分类统计表

单位:个

部门	标准总数	标准结构分类															
		产品标准								通用标准							
		合计	产品	质量	方法	基础	安全	卫生	其他	合计	方法	基础	安全	卫生	环保	管理	工程	其他
合计	17720	15642	4115	1486	7093	2282	345	209	112	2078	388	801	46	340	120	379	0	4
国家计划委员会	56	56	11	0	43	2	0	0	0	0	0	0	0	0	0	0	0	0
国家科委	50	48	1	0	46	1	0	0	0	2	0	0	0	0	0	2	0	0
国防科工委	13	5	0	0	2	3	0	0	0	8	0	5	1	0	0	2	0	0
公安部	143	132	61	23	42	4	2	0	0	11	0	8	2	0	0	1	0	0
民政部	28	22	11	1	4	5	1	0	0	6	0	6	0	0	0	0	0	0
劳动部	201	149	32	10	30	22	55	0	0	52	1	11	26	2	0	12	0	0
中国人民银行	11	6	1	0	5	0	0	0	0	5	0	3	0	0	1	1	0	0
国内贸易部(原商业部)	325	324	82	22	195	19	3	0	3	1	0	0	0	0	0	1	0	0
对外贸易经济合作部	19	13	6	0	7	0	0	0	0	6	0	0	0	0	0	6	0	0
物资部	2	2	2	0	0	0	0	0	0	0	0	0	0	0	0	0	0	0
农业部	265	231	45	45	107	16	14	0	4	34	7	4	0	0	0	23	0	0
林业部	266	250	49	23	134	24	3	0	17	16	0	2	0	0	0	14	0	0
机械电子工业部(原)	2554	2420	668	545	629	504	64	0	10	134	7	95	1	0	2	29	0	0
航空航天部(原)	82	71	36	14	13	7	0	0	1	11	0	8	0	0	0	3	0	0
电力工业部	19	16	8	5	3	0	0	0	0	3	0	1	0	0	0	2	0	0
能源部(原)	126	119	19	21	69	6	3	0	1	7	0	2	0	0	0	5	0	0
水利部	84	72	20	11	34	4	1	0	2	12	1	0	0	0	0	11	0	0
建设部	247	196	32	20	90	48	6	0	0	51	7	3	0	0	26	15	0	0
地质矿产部	104	88	0	4	78	6	0	0	0	16	0	11	1	0	0	4	0	0
冶金工业部	1282	1276	303	40	850	69	1	0	13	6	0	0	0	0	0	6	0	0
机械工业部	2128	2031	676	199	467	629	52	0	8	97	18	61	1	0	5	12	0	0
电子工业部	842	655	230	53	221	143	7	0	1	187	18	152	0	0	0	16	0	1
煤炭工业部	104	104	5	5	74	20	0	0	0	0	0	0	0	0	0	0	0	0
石油工业部(原)	34	32	6	0	22	2	2	0	0	2	1	0	0	0	1	0	0	0
化学工业部	1838	1832	527	28	1147	115	3	0	12	6	3	1	0	0	0	2	0	0
铁道部	132	110	15	14	28	51	1	0	1	22	0	8	0	0	2	12	0	0
交通部	213	170	39	36	38	41	14	1	1	43	0	17	7	0	1	18	0	0
邮电部	327	271	47	95	83	41	4	0	1	56	4	43	0	0	0	9	0	0
文化部	17	17	0	1	3	13	0	0	0	0	0	0	0	0	0	0	0	0
广播电影电视部	111	90	20	19	18	32	1	0	0	21	1	17	0	0	0	3	0	0
卫生部	989	489	11	0	271	1	2	204	0	500	160	2	0	337	0	1	0	0
国家统计局	1	0	0	0	0	0	0	0	0	1	0	1	0	0	0	0	0	0

单位：个　　　　　　　　　　　　　　　　　　　　　　　　　　　　　表（完）

部门	标准总数	标准结构分类																
		产品标准								通用标准								
		合计	产品	质量	方法	基础	安全	卫生	其他	合计	方法	基础	安全	卫生	环保	管理	工程	其他
国家建材局	389	387	98	1	265	23	0	0	0	2	1	0	0	0	1	0	0	0
中国气象局	1	1	1	0	0	0	0	0	0	0	0	0	0	0	0	0	0	0
中国人民航空总局	15	2	1	0	0	0	0	0	1	13	1	1	0	1	0	10	0	0
国家海洋局	18	1	0	1	0	0	0	0	0	17	0	7	0	0	0	10	0	0
国家地震局	1	0	0	0	0	0	0	0	0	1	0	0	0	0	0	1	0	0
国家旅游局	3	1	0	0	0	1	0	0	0	2	0	0	0	0	0	2	0	0
新闻出版署	18	7	4	1	0	2	0	0	0	11	0	11	0	0	0	0	0	0
国家技术监督局	769	332	51	36	192	38	11	1	3	437	58	284	1	0	0	94	0	0
国家语言文字工作委	2	2	0	0	2	0	0	0	0	0	0	0	0	0	0	0	0	0
国家档案局	2	0	0	0	0	0	0	0	0	2	0	0	0	0	0	2	0	0
国家矿产储量管理局	11	0	0	0	0	0	0	0	0	11	1	0	0	0	0	10	0	0
国家烟草专卖局	22	22	6	2	10	3	0	0	1	0	0	0	0	0	0	0	0	0
国家医学管理总局	109	105	52	16	21	6	10	0	0	4	3	1	0	0	0	0	0	0
国家商检局	27	26	3	1	22	0	0	0	0	1	1	0	0	0	0	0	0	0
国家测绘局	38	13	2	0	7	4	0	0	0	25	8	10	0	0	0	6	0	1
国家环保局	255	94	0	0	94	0	0	0	0	161	72	4	0	0	77	8	0	0
国家中医药管理局	28	26	10	7	1	8	0	0	0	2	0	1	1	0	0	0	0	0
中国科学院	8	1	0	0	0	1	0	0	0	7	6	1	0	0	0	0	0	0
中国社科院	1	0	0	0	0	0	0	0	0	1	0	1	0	0	0	0	0	0
中国轻工总会	1038	1032	331	49	462	122	52	3	13	6	1	2	0	0	1	2	0	0
中国纺织总会	361	358	49	13	231	55	0	0	10	3	1	2	0	0	0	0	0	0
中国银行	1	0	0	0	0	0	0	0	0	1	0	1	0	0	0	0	0	0
中国船舶工业总公司	374	359	146	73	61	76	3	0	0	15	3	6	0	0	0	6	0	0
中国石油化工总公司	275	274	59	9	178	26	0	0	2	1	0	0	0	0	0	1	0	0
中国有色金属工业总公司	934	932	247	10	642	28	1	0	4	2	0	2	0	0	0	0	0	0
中国石油天然气总公司	18	17	8	1	8	0	0	0	0	1	0	1	0	0	0	0	0	0
中国核工业总公司	207	184	44	20	69	24	27	0	0	23	1	1	5	0	3	13	0	0
中国兵器工业总公司	44	42	14	2	19	7	0	0	0	2	2	0	0	0	0	0	0	0
中国航空工业总公司	20	16	2	2	10	1	1	0	0	4	1	3	0	0	0	0	0	0
中国航天工业总公司	9	7	1	1	2	3	0	0	0	2	0	1	0	0	0	1	0	0
中国包装总公司	37	33	17	1	8	4	0	0	3	4	0	0	0	0	0	2	0	2
中国汽车工业总公司	71	70	6	5	36	22	1	0	0	1	0	0	0	0	0	1	0	0

各专业国家标准中标准结构分类统计表

单位:个

专业分类	标准总数	标准结构分类																
		产品标准								通用标准								
		合计	产品	质量	方法	基础	安全	卫生	其他	合计	方法	基础	安全	卫生	环保	管理	工程	其他
合计	17720	15642	4115	1486	7093	2282	345	209	112	2078	388	801	46	340	120	379	0	4
A 综合	888	377	86	49	124	101	6	0	11	511	81	321	4	0	4	97	0	4
B 农业、林业	759	694	135	84	365	65	22	1	22	65	11	5	0	0	0	49	0	0
C 医药、卫生、劳动保护	1327	763	129	43	291	31	65	203	1	564	164	20	25	339	0	16	0	0
D 矿业	572	547	19	12	479	37	0	0	0	25	1	9	1	0	0	14	0	0
E 石油	281	278	64	17	163	31	2	0	1	3	1	1	0	0	0	1	0	0
F 能源、核技术	372	295	57	34	139	32	32	0	1	77	9	15	5	0	4	44	0	0
G 化工	2046	2037	556	32	1305	128	4	0	12	9	3	3	0	0	0	3	0	0
H 冶金	1919	1912	544	51	1211	93	1	0	12	7	0	6	0	0	0	1	0	0
J 机械	2570	2480	791	472	343	831	32	0	11	90	6	56	1	0	1	26	0	0
K 电工	1103	1060	316	113	363	145	115	1	7	43	2	28	2	0	1	10	0	0
L 电子元器件与信息技术	1323	1048	373	85	348	229	10	0	3	275	9	234	1	0	0	31	0	0
M 通信、广播	689	619	107	197	206	98	8	0	3	70	4	53	0	0	0	13	0	0
N 仪器、仪表	423	414	154	68	130	52	8	0	2	9	4	5	0	0	0	0	0	0
P 工程建设	113	93	21	13	44	10	5	0	0	20	1	1	0	0	3	15	0	0
Q 建材	542	538	120	3	375	34	1	0	5	4	0	0	0	0	4	0	0	0
R 公路、水路运输	91	55	9	16	13	7	9	1	0	36	0	12	7	0	0	17	0	0
S 铁路	112	95	4	14	27	46	4	0	0	17	0	5	0	0	2	10	0	0
T 车辆	299	294	41	45	111	95	2	0	0	5	1	0	0	0	1	3	0	0
U 船舶	401	383	160	80	53	89	1	0	0	18	4	7	0	0	0	7	0	0
V 航空、航天	24	5	2	2	0	0	0	0	1	19	1	11	0	1	0	6	0	0
W 纺织	407	405	55	23	269	48	0	0	10	2	0	2	0	0	0	0	0	0
X 食品	532	527	240	9	252	22	0	0	4	5	0	0	0	0	0	5	0	0
Y 轻工、文化与生活用品	587	582	132	23	345	55	18	3	6	5	1	1	0	0	0	3	0	0
Z 环境保护	339	140	0	1	136	3	0	0	0	199	85	6	0	0	100	8	0	0

二、中国标准化管理机构

国家技术监督局是主管全国标准化、计量、质量监督、质量管理、认证及试验室评审的国务院职能部门。在标准化方面负责提出标准化工作的方针、政策，组织制定和执行全国标准化工作规划、计划，管理全国标准化工作。直属国家技术监督局领导从事标准化工作的单位有：中国纤维检验局、中国标准化与分类编码研究所、中国技术监督情报研究所、中国标准出版社。此外，还有中国标准化协会，负责标准化的学术交流等活动。

国家技术监督局管理机构图

国务院有关部门，各省、自治区、直辖市和工业集中的城市，都设立了标准化管理机构，分别负责管理本部门、本地区标准化工作。有 25 个部门设立了 27 个专业标准化研究所，加强了各行业的标准化管理、科研和标准的制、修订工作。

至 1996 年底，全国标准化专业队伍已达到 23000 多人（不包括企业）。其中国家技术监督局及直属机构标准化工作人员约有 600 多人。各部门标准化管理机构及专业标准化研究所约有 3000 多人；各省、自治区、直辖市标准化管理机构及所属机构有 20000 人左右。

全国各专业标准化研究机构

序号	标准化研究机构名称	主 管 部 门
1	中国标准化与信息分类编码研究所	国家技术监督局
2	中国技术监督情报研究所	国家技术监督局
3	机械标准化研究所	机械工业部
4	电子标准化研究所	电子工业部
5	兵器标准化研究所	中国兵器工业总公司
6	冶金工业部情报标准研究总院	冶金工业部
7	中国核工业总公司标准化研究所	中国核工业总公司
8	广播电影电视部标准规划研究所	广播电影电视部
9	708 所	中国航天工业总公司
10	301 所	中国航空工业总公司
11	轻工业标准化研究所	轻工总会
12	纺织工业标准化研究所	纺织总会
13	化学工业部标准化研究所	化学工业部
14	交通部标准计量研究所	交通部
15	国家建材局标准化研究所	国家建材局
16	国家测绘局标准化研究所	国家测绘局
17	中国船舶工业总公司标准化研究所	中国船舶工业总公司
18	中国有色金属工业总公司标准计量研究所	中国有色金属工业总公司
19	中国石油化工总公司石油化工研究院(标准室)	中国石油化工总公司
20	城乡建设标准规范研究中心	建设部
21	电力工业标准情报研究所	电力部
22	建筑工程标准规范研究中心	建设部
23	铁道部标准计量研究所	铁道部
24	邮电部传输研究所	邮电部
25	中国环境保护科学研究院标准化研究所	国家环境保护局
26	中国烟草标准化研究中心	国家烟草专卖局
27	中国石油天然气总公司标准化研究所	中国石油天然气总公司

三、标准化技术委员会工作

为了充分发挥生产、使用、科研、教学和监督检验、经销等专家的作用，更好地开展各专业技术领域的标准化工作，同国际惯例接轨，1996 年新成立了 6 个全国专业标准化技术委员会，12 个分技术委员会。它们分别是：TC 219 服装、TC 220 锻压机械、TC 221 医疗器械质量管理和通用要求、TC 222 互感器、TC 223 交通工程设施(公路)、TC 224 照明电器、TC 63/SC5 水处理剂、TC 114/SC23 火花塞、TC 114/SC24 活塞塞环、TC 114/SC25 滤清器、TC 118/SC4 农药、TC 193/SC1 基础、TC 193/SC2 产品、TC 193/SC3 试验方法、TC 209/SC4 棉纺织印染、TC 209/SC5 丝绸、TC 224/SC1 电光源及其附件、TC 224/SC2 灯具。到 1996 年底，我国已建立全国专业标准化技术委员会 224 个，分技术委员会 384 个。有 20000 多名专家和科技人员分别被聘为各个标准化技术委员会和分技术委员会委员。国务院有关部门和地方相继成立了本专业、本地方的标准化技术委员会和分技术委员会。这些标准化技术委员会在制、修订国家标准、行业标准、地方标准和企业标准以及在宣贯标准中发挥了积极作用。

1996年新成立的全国专业标准化技术委员会和分技术委员会

CSBTS		技术委员会和分技术委员会名称	秘书处所在单位
TC219		服装	上海市服装研究所
TC220		锻压机械	机械部济南铸造锻压机械研究所
TC221		医疗器械质量管理和通用要求	国家医药局医疗器械行政监督司
TC222		互感器	沈阳变压器研究所
TC223		交通工程设施(公路)	交通部公路科学研究所
TC224		照明电器	北京电光源研究所
	SC1	电光源及其附件	北京电光源研究所
	SC2	灯具	北京电光源研究所
TC63	SC5	水处理剂	天津化工研究院
TC114	SC23	火花塞	南京雷电公司火花塞研究所
	SC24	活塞塞环	武汉汽车配件厂
	SC25	滤清器	武汉汽车配件厂
TC118	SC4	农药	化工部沈阳化工研究院
TC193	SC1	基础	冶金部信息标准研究院
	SC2	产品	洛阳耐火材料厂
	SC3	试验方法	洛阳耐火材料研究院
TC209	SC4	棉纺织印染	上海纺织标准计量研究所
	SC5	丝绸	浙江丝绸科学研究院

四、国际标准化活动

我国自1957年参加IEC、1978年参加ISO工作以来,十分重视参加国际标准化活动。在其行政管理工作中,我国已连续四届12年出任ISO理事国。国家技术监督局副局长李瑞同志以个人名义担任了ISO技术局成员;原国家技术监督局副局长鲁绍曾博士担任了上届IEC副主席。我国已连续多年担任IEC执委会成员。在本次ISO进行重大机构改革的工作中,国务院副秘书长徐志坚同志应ISO主席的邀请,担任ISO机构改革9人顾问团成员。在这两个组织的技术工作中,我国更是投入了大量的人、财、物,几乎国内的各行业都有一定的技术力量不同程度地参加了国际标准化的技术活动。为了加强管理,国家技术监督局制定了相应的管理办法。

1. 技术归口工作

我国的技术归口工作主要以技术归口单位为依托,这些归口单位一般为科研机构,少数为企业,个别为大专院校。归口单位的主要任务是负责接收和登记ISO/IEC技术文件,及时组织力量对这些技术文件进行分析、研究、验证并提出我国意见,按期投票;组织力量翻译国际标准,及时向国内各有关单位传送技术文件;向有关主管部门提出我国采用国际标准的意见和建议等。

(1) 归口单位情况

ISO现有TC 185个,SC 636个。我国以积极成员(P成员)身份参加其工作的共471个,占56.6%。国内技术归口单位共249个,分布在全国各地的36个主要行业中。其中机械行业约40个,轻工、冶金、化工行业各20个以上,建设、有色、石油石化等行业10个以上。绝大多数技术归口单位为科研机构,只有28个企业承担着约30个ISO技术组织的归口工作,其中以冶金行业为最多,共12个,有色行业5个,化工、船舶、石油行业各2个,汽车、电子、包装、烟草行业各1个。从事归口工作的人员约500人。

IEC现有TC88个,SC111个。我国几乎全部以P成员身份参加。国内技术归口单位共71个,分布在全国各地的12个主要行业中。其中机械行业30个，电子行业20个，邮电、电力、轻工行业各4个，船舶、铁道、汽车、公安、煤炭、核工业等行业各1个，医药行业2个。绝大多数技术归口单位也为科研机构，只有电子行业的4个企业直接承担了4个技术组织的归口工作。从事归口工作的人员约200人。

(2) 对技术文件形成过程的参与情况

技术文件是指ISO/IEC标准制定过程各阶段的文件。ISO/IEC标准的制定过程一般分为6个阶段：初始阶段，项目提案阶段(NP)，工作草案阶段(WD)，委员会草案阶段(CD)，国际标准草案阶段(DIS)，批准阶段(正式标准ISO和IEC)。在每一个阶段，各成员国都可以发表意见和投票表决。初始阶段是ISO/IEC技术工作程序中新引入的一个工作阶段，主要针对那些新的技术领域而设立，可以就一些尚不成熟的工作项目开展研究，工作结果以技术报告的形式发布。目前，初始阶段的工作文件为数很少，我国主要参与后五个阶段技术文件的讨论和投票。有关情况简述如下：

① NP阶段。我国的提案为数极少。到目前为止，共提案约20～30个。实际确立为工作项目的提案约20个。大量的工作是对别国的提案发表意见和表态。一般情况下，都投票赞成立项，其中约50%的项目我国表示愿积极参加工作。

② WD阶段。一个工作项目一旦确立，随即成立该项目工作组，项目完成，工作组即告解散。截止目前，ISO/IEC累计成立工作组上万个，我国累计参加工作组不足200个(ISO110个)，派出专家约200人次，且大多数情况是以通讯成员参加，很少参加工作文件的会议讨论。由于此阶段的文件只限发工作组成员，所以，绝大多数工作项目的WD文件我国不能得到。这在一定程度上限制了我国在标准制、修订的早期阶段发表意见，以及获得最新技术信息。

③ CD阶段。是一项国际标准的委员会阶段。在此阶段，广泛征求P成员的意见，这是我国发表技术意见的关键阶段。据不完全统计，我国对ISO/IEC的CD文件的投票率较低，约50%左右，发表意见的约占CD文件总数的30%～40%，被吸收采纳的约占其中的50%左右。

在CD阶段，各国发表的技术性意见往往矛盾很大，常常有激烈争论。所以，最常用的通信工作方式在此阶段使用率下降，开会的机率大大提高。只有各成员国坐在一起，面对面地展开讨论，才容易协调和确定技术内容。另一方面，需要做大量的试验验证，提出充分的科学依据，才能使所发表的意见有更高的权威性。同样地，主要由于受财力的影响，许多关键的技术会议我国未能派员出席。我国近几年出国参加国际会议的情况见表9。

我国近几年参加ISO/IEC/TC/SC/WG会议情况

年　度	ISO			IEC		
	团组	人数	会议	团组	人数	会议
1990	50	178	114	14	27	31
1991	48	134	—	19	55	60
1992	41	139	—	17	31	33
1993	30	80	26	20	25	21
1994	34	15	70	9	4	27
1995	26	106	—	18	70	62
1996	35	118	35	22	145	36

④ DIS阶段。是一项国际标准基本成熟的阶段。在此阶段基本不采纳技术性意见，但所有的成员国或国家委员会(无论在技术组织中是P成员身份，还是观察员身份，即O成员身份)都要投票表态。这一阶段，对P成员的要求很高。如果投票率低于90%，ISO/IEC中央秘书处/中央办公室将给以警告。若没有引起P成员国注意，投票率依然如此，P成员身份就要受到降格处分，变为O成员。

1993年，我国当年实际投票的ISO/DIS文件为697份，占应投票DIS文件899份的77.5%。

⑤ 对ISO/IEC标准的复审。ISO/IEC标准，5年定期复审一次，分别予以确认为继续有效、修订或废止。我国对有些标准，如发现问题虽能随时指出，并提出相应的修订意见，但总的来说，投票率不高。

可以说，技术归口工作既是我国参加ISO/IEC活动的主要工作内容，也是我国采用国际标准工作的一项重要的基础工作。要做好采用国际标准工作，ISO/IEC的技术归口工作就应加强。

2. 承担秘书处情况

承担ISO/IEC技术机构的秘书处工作，对于维护国家利益有着重要作用。由于秘书处对所属领域的技术工作项目有一定的主动权，所以，发达国家对承担秘书处一般表现积极，往往发生竞争。事实上，ISO/IEC技术机构的秘书处，绝大多数由发达国家承担。也由于承担秘书处需要投入一定的人力和资金，同时要求相当高的英、法语言水平，所以发展中国家只承担了极少数的秘书处。我国已承担了7个ISO技术机构的秘书处工作，分别为：

① ISO/TC 17/SC 17　钢丝和盘条

1993年开始，秘书处为冶金工业部信息标准研究院；

② ISO/TC 20/SC 1　航空电器要求

1987年开始，秘书处为航空部301研究所；

③ ISO/TC 122/SC 5　包装术语

1992年开始，秘书处为中国包装进出口总公司和机械工业部标准化研究所；

④ ISO/TC 179/SC 2　配筋砌体

1988年开始，秘书处为中国建筑东北设计院；

⑤ ISO/TC 202　微束分析

1992年开始，秘书处为中国科学院科学仪器中心；

⑥ ISO/TC 202/SC 2　电子探针

1993年开始，秘书处为中国有色金属工业总公司地质矿产研究院；

⑦ ISO/TC 8/SC 4　船用甲板及舾装机械

1995年开始，秘书处为中国船舶工业总公司上海704研究所。

3. 积极参加ISO/IEC活动

① 1996年中国承办了ISO/TC 100,ISO/TC 22/SC 11,ISO/TC 8/SC 4,ISO/TC 17/SC 1,ISO/TC 17/SC 12,IEC/TC 14,IEC/TC 90及三个工作组国际会议。

② 1996年协助国务院有关部门确定了IEC/TC 100,ISO/TC 172/SC 7,ISO/TC 213和ISO/TC 214的国内归口单位。

③ 1996年我国以P成员身份参加了ISO新成立的TC 213和TC 214技术委员会。

④ 1996年10月27日至11月3日，国际标准化组织(ISO)主席埃伯哈·默尔曼先生访问我国。在京期间默尔曼先生就世界贸易与标准化发表了演讲，国务院副总理吴邦国会见了默尔曼先生。

⑤ 1996年1月，德国标准化学会(DIN)会长雷林教授访问我国。在京期间，雷林教授做了欧洲环境管理学术报告。

⑥ 1996年5月6日至12日，国际标准化高级事务顾问青木来我国讲学。

五、标准化科学研究和技术开发工作

1996年，标准化科学研究和技术开发工作认真贯彻党的十四届四中、五中全会精神，坚持“经济建设依靠科学技术，科学技术必须面向经济建设”和“科教兴国”的方针政策，坚持深化改革，跟踪国际标准化发展新趋势，面向企业，面向市场，面向国民经济建设，积极开拓标准化工作新领域。坚持两个文明建设一起抓，使标准化科学研究和技术开发工作有了新的发展，并取得了可喜成绩。

1. 按计划完成了18项科研项目

(1) 完成了国家科委下达的"八五"科技攻关项目《条码印刷品质量监测技术研究》,863科技攻关项目《CIMS标准化研究动态》等国家重点任务,科研成果得到了专家的好评,达到了国际先进水平,为我国的高新技术标准化发展提供了科学依据和技术基础。

(2) 完成了国家技术监督局下达的科研项目有《职业安全卫生标准体系的研究》、《中国环境信息分类编码标准体系研究》、《EDI代码标准的研究》、《EDI报文设计的研究》、《开放式EDI参考模型标准的前期研究》、《EDIFACT技术评审导则及新语法规则的研究与制定》、《多语种EDIFACT用语对照表中的中文定义与解释的研究》、《条码管理机构服务质量体系》、《中国机构名称主题词表的研究和编制》、《国家标准制定程序的研究》、《〈标准化法〉修订方案的研究》、《可信性分析方法应用研究》、《城市地理信息系统标准化体系的研究》、《ISO 14000环境管理体系国际标准草案研究》、《标准制定与标准内容的研究》、《标准化术语数据库》、《电气事故情况下紧急救护》等一批标准化科研项目,其中部分科研项目将通过专家鉴定和验收。

2. 科技开发取得了一定的进展

中国标准化与信息分类编码研究所标新公司与中科招高技术公司(简称国码公司)合作开发了IC卡技术,在杭州市和宁波市进行了将代码证副本用于税务增值税税务局发票管理使用IC卡(副本)试点工作,在1995年的基础上又有了新的进展,现已发放代码证副本应用IC卡30 000张,得到杭州市税务系统和宁波市有关部门的好评。东方(广州)条码技术培训中心技术开发部,掌握了条码打码设备生产技术及小批量投入生产,并与美国Symbol公司和四通公司共同合作开发组装条码设备,同时与国内有关公司合作准备生产二维码条码识别设备,已在我国工业、商业、交通运输、邮电通讯及金融电子化领域推广应用,获得了较好的社会经济效益;与航空工业总公司625所、第一汽车制造厂和第二汽车制造厂联合成立的中国产品数据的表达与交换(STEP)公司,与美国Step Tool公司、德国的大众GEDAS公司、EP公司开展了合作,共同开发软件,代销国外公司的软件产品,加速我国在产品数据的表达与交换(STEP)标准化与国际惯例接轨,积极开发"CAD标准软件库的开发及销售"工作,得到社会公认。手感变色防伪油墨制品进入市场销售后,产品在1995年的基础上,扩大了市场销路。中标兴质量保证中心积极推进ISO 9000系列标准工作,为企业建立质量认证体系开展了咨询服务工作,受到了咨询部门和企业的好评。

六、标准化成果奖励

1996年国家技术监督局标准化科学技术进步奖评审委员会,根据国家技术监督局《标准化科学技术进步奖励办法》完成了1993~1994年两年批准发布的国家标准科技进步奖评审工作。共81项,其中二等奖11项,三等奖27项,四等奖43项。

二等奖(11项)

序号	项目名称	主要完成单位
1	飞机播种造林技术规程 GB/T 15162—94	林业部调查规划设计院
2	一次性使用输液器 GB 8368—93	国家医药局高分子产品质量检测中心
3	贵金属及其合金化学分析方法 GB/T 15072.1~15072.20—94	中国有色金属总公司昆明贵金属研究所
4	工业循环冷却水及锅炉水的测定方法 GB/T 14636~14643—93	化工部天津化工研究院、南京大学、南京曙光水处理公司、南京市化工研究设计院、北京地质矿产研究所

序号	项目名称	主要完成单位
5	工业用丙烯腈及试验方法 GB 7717.1～7717.16—94	上海石油化工股份有限公司化工二厂、上海石油化工研究院、上海高桥石化公司化工厂
6	农药残留分析用实物标准样品 GSB G 23048～23082—94	农业部环境保护科研监测所、中国标准技术开发公司
7	山羊绒、绵羊毛及其混合纤维定量分析方法 GB/T 14593—93	中国进出口商品检验技术研究所
8	全球海上遇险安全系统(GMDSS)系列标准 GB 14391—93,GB 15304,15216—94	中国交通通信中心、交通部标准计量研究所、大连海事大学
9	陆地移动业务和固定业务传播特性 GB/T 14617.1～14617.3—93	电子工业部第二十二研究所、邮电部第四研究所
10	可搬移式卫星通信地球站设备通用技术条件 GB/T 15296—94	电子工业部第五十四研究所、电子工业部第四研究所
11	学科分类与代码 GB/T 13745—92	中国标准化与信息分类编码研究所、西安交通大学、中国社会科学院文献情报中心、国家科委综合计划司、国家自然科学基金委综合计划局、中科院计划局、国家教委科技司

三等奖(27项)

序号	项目名称	主要完成单位
1	纸和纸板短矩压缩强度的测定法 GB/T 2679.10—93	中国制浆造纸工业研究所
2	铁路信号灯泡 GB/T 14046—93	铁道部标准计量研究所、上海市联合灯泡厂
3	脂肪烷基二甲基叔胺 GB/T 15045—94	中国日用化工研究所
4	纸和纸板中无机填料和无机涂料的定性分析化学法 GB/T 2679.12—93	中国制浆造纸工业研究所
5	封山(沙)育林技术规程 GB/T 15163—94	林业部调查规划设计院
6	医用电子加速器性能和试验方法 GB 15213—94	北京医疗器械研究所
7	喷雾器试验方法 GB/T 15404—94	农业部南京农业机械化研究所
8	织物拒水性测定　邦迪斯门淋雨法及仪器研制 GB/T 14577—93	中国纺织总会标准化研究所、上海纺织标准计量研究所、江苏无锡纺织仪器厂
9	高岭土及其试验方法 GB/T 14563～14565—93	中国高岭土公司
10	VHS 盒式录相磁带 GB/T 14306—93	上海磁带厂、成都电子科技大学、原机械电子工业部电子标准化研究所
11	橡胶输血胶管 GB 4491—93	桂林乳胶厂
12	净水剂　聚合硫酸铁 GB 14591—93	化工部天津化工研究院、南京油脂化工厂、石狮市海峡经济技术研究所
13	蒽醌 GB/T 2405—94	北京炼焦化学厂
14	金属夏比缺口冲击实验方法 GB/T 229—94	冶金工业部钢铁研究总院
15	钨矿石、钼矿石、铜矿石、铅矿石和锌矿石化学分析方法 GB/T 14352.1～14352.18;GB 14353.1～14353.16—93	地矿部武汉综合岩矿测试中心、地矿部西安综合岩矿测试中心、地矿部南京综合岩矿测试中心、地矿部沈阳综合岩矿测试中心
16	建筑幕墙物理性能分级及风压变形,雨水渗漏,空气渗透性能检测方法 GB/T 15225～15228—94	中国建筑科学研究院建筑物理研究所
17	汽车节油技术评定方法 GB/T 14951—94	交通部公路科学研究所、国营四七四厂
18	叠氮化铅　三硝基间苯二酚铅共沉淀起爆药 GB/T 14494—93	

序号	项目名称	主要完成单位
19	反应堆外易裂变材料的核临界安全 GB 15146.1～15146.9—94	核工业标准化研究所、中国原子能科学研究院、中国辐射防护研究院、核工业第二研究设计院、核科学技术情报研究所
20	电子陶瓷用氧化铝粉体材料 GB/T 15154—94	电子工业部标准化研究所、电子工业部第十二研究所、国营 798 厂、国营 799 厂、上海无线电一厂
21	电视广播接收机用红外遥控发射器技术要求和测量方法 GB/T 14960—94	电子工业部第三研究所
22	频率计数器通用技术条件及测试方法 GB/T 15151.1～15151.2—94	南京电讯仪器厂
23	DOS 中文信息处理系统接口规范 GB/T 15189—94	联想集团公司、电子工业部标准化研究所
24	演播室数字电视编码参数规范 GB/T 14857—93	广播电影电视部科技司
25	4×139264kbit/s 光缆数字线路系统技术要求 GB/T 15118—94	邮电部武汉邮电科学研究院
26	汉字智能用户电报系统及终端的一致性测试及规范 GB/T 15410—94	邮电部电信传输研究所
27	建筑物的电气装置　电击防护 GB 14821.1—93	机械部机械标准化研究所、中国标准化与信息分类编码研究所

四等奖(43 项)

序号	项目名称	主要完成单位
1	工业烷基苯 GB/T 5177.5—93	中国日用化工研究所
2	化学分析虑纸 GB/T 1914—93	杭州市新华纸业有限公司
3	陈设艺术瓷器　文化用瓷 GB/T 13524.3—93	江西省景德镇市青花文具瓷厂、轻工总会陶瓷研究所
4	纸和纸板粗糙度的测定法(本特生粗糙度法) GB/T 2679.4—94	广东省造纸研究所
5	木材胶粘剂及其树脂检验方法 GB/T 14074.1～14074.18—93	中国林科院木材工业研究所、北京市木材厂、北京光华木材厂、上海扬子木材厂
6	紧压茶、米砖茶 GB/T 9833.8—93	湖北省赵李桥茶厂
7	紧压茶、青砖茶 GB/T 9833.9—93	湖北省赵李桥茶厂
8	油料种籽含油量测定法 GB/T 14488.1—93	国内贸易部成都粮食储藏科学研究所
9	饲料显微镜检测方法 GB/T 14698—93	国家饲料质量监督检验测试中心(武汉)
10	涤纶长丝国家标准样品 GSBW 50002—94	江苏省纤维检验所、江苏省中港化纤纺织(集团)公司、仪征化纤股份有限公司、中国纤维检验局化纤处、中国石化总公司
11	中国对虾养殖 亲虾 GB/T 15101.1—94	中国水产科研院黄海水产研究所
12	土工布鉴别方法　孔径测定方法　干筛法和顶破强力试验法 GB/T 14798～14800—93	上海市纺织科学研究院、中国纺织总会标准化研究所
13	滑石化学分析方法 GB/T 15343—94	国家建材局山东工业陶瓷研究设计院、武汉工业大学、烟台进出口商品检验局
14	水泥密度测定方法 GB/T 208—94	中国建筑材料科学研究院
15	铝及铝合金阳极氧化膜检验方法 GB/T 14952.1～14952.3—94	有色总公司标准计量研究所、北京有色金属研究总院
16	金属镝国家标准 GB/T 15071—94	北京有色金属研究总院、包头钢铁稀土公司稀土研究院
17	钛及钛合金牌号和化学成分及成分允许偏差 GB/T 3620.1～3620.2—94	宝鸡有色金属加工厂、中国有色金属总公司标准计量研究所

序号	项 目 名 称	主要完成单位
18	电子工业用气体　三氟化硼 GB/T 14603—93	化工部光明化工研究所
19	化学试剂　包装及标志 GB 15346—94	北京北化精细化学品有限责任公司
20	食品添加剂　柠檬黄 GB 4481.1—94	上海市染料研究所、上海市食品卫生监督检验所
21	钢丝镀锌层 GB/T 15393—94	冶金部信息标准研究院、天津大成五金厂、冶金部金属制品研究院
22	焦化粘油类产品取样方法 GB/T 2289—94	本溪钢铁公司、辽宁进出口商品检验局、冶金部信息标准研究院
23	全精炼石蜡国标修订 GB 446—93	抚顺石油化工研究院、大连石油化工公司
24	区域水文地质工程地质环境地质综合勘察规范 GB/T 14158—93	地质矿产部地质环境管理司、中国地质矿产经济研究院
25	工程地质术语 GB/T 14498—93	成都地质学院(现成都理工学院)
26	平地机技术条件 GB/T 14782—93	天津市天工工程机械有限公司、长沙建设机械研究院
27	铁路机车车辆内部噪声测量 GB/T 3449—94	铁道部劳动卫生研究所
28	船舶电动和电动液压操舵装置电气系统设计 GB/T 14547—93	中国船舶总公司第七研究院第七〇四研究所
29	船用陀螺罗经通用技术条件 GB/T 4300—94	上海航海仪器总厂
30	船用双偏心型蝶阀 GB/T 3037—94	中国船舶总公司大连船用阀门厂
31	固定弧形踏步铝质舷梯 GB/T 14360—93	大连造船厂、大连造船新厂、姜堰市船用舾装件厂
32	船用法兰青铜、铸铁填料旋塞 GB/T 593—93	大连造船新厂
33	半导体激光光源总规范 GB/T 15167—94	电子工业部标准化研究所、电子工业部第十三研究所
34	8 位微型计算机 STD 总线 GB/T 15275—94	电子工业部第六研究所、电子工业部标准化研究所
35	印制电路术语 GB/T 2036—94	电子工业部第十五研究所
36	镉镍碱性蓄电池总规范 GB/T 15142—94	国营第七五五厂
37	多探针测试台通用技术条件 GB/T 15394—94	电子工业部第四十五研究所
38	自动电话机技术条件 GB/T 15279—94	邮电部天津电话设备厂、邮电部电信传输研究所
39	信封 GB 1416—93	邮电部标准化研究所
40	钢质无缝气瓶 GB 5099—94	上海高压容器厂
41	工业企业厂内铁路,道路运输安全规程 GB 4387—94	冶金部安全环保研究院
42	放射性同位素产品的分类和命名原则 GB/T 14503—93	中国原子能科学研究院、核工业标准化研究所
43	辐射防护用便携式中子周围剂量当量率仪 GB 14318—93	核工业标准化研究所

七、地方标准化工作

1996 年地方标准化工作主要是根据党的十四届五中全会精神,以“两个根本性转变”为指导方针,以改革为动力,“以质量为中心,标准、计量为基础”,全面履行综合管理和行政执法职能,落实“全国技术监督地方局长会议”提出的标准化工作任务,在国民经济发展、企业技术进步和规范市场等方面发挥了很大作用,取得了明显成效。

1. 积极采用国际标准和国外先进标准,促进企业技术进步

各地积极采取措施,制定采标规则和鼓励政策,结合“质量兴市”、“质量兴厂”、“名牌战略”等活动,鼓励企业积极采用国际标准和国外先进标准,帮助企业制定高水平企业标准;通过使用采标标志和采标重点产品项目列入国家级重点新产品试制鉴定计划等手段,使企业采标积极性和企业标准采标率有了很大提高,1996 年共有 1070 项产品使用了采标标志,132 项采标重点产品列入了国家级重点新产品试制鉴定计划。

2. 围绕国有企业的改革和发展,加强对企业标准化工作的分类指导

积极帮助企业加强标准化工作，指导大中型企业建立健全标准化体系，实施企业产品执行标准登记制度，有力地促进了企业的标准化意识和企业标准水平的提高。

3. 积极开展重要国家标准的宣贯、实施和监督工作

为进一步贯彻《标准化法》，各地在抓好标准化工作的同时，积极开展了《食品标签通用标准》、《国旗》、《公共信息图形符号》、《质量管理和质量体系要素　第2部分：服务指南》、《企业标准化工作指南》、《标准样品工作导则》等重要国家标准的宣贯、实施和实施监督工作，取得了很大的社会效益和经济效益，受到了社会各届的好评。

4. 开展1995年度全国消灭无标生产试点县(市)验收工作

为了做好1995年度第一批全国无标生产试点县(市)验收工作，国家技术监督局于1996年4月17日给各省、自治区、直辖市及计划单列市技术监督局、全国各消灭无标生产试点县(市)技术监督局下发了“关于组织全国消灭无标生产试点县(市)验收工作的通知”，通知要求各地要按照《全国消灭无标生产试点县(市)验收办法》的规定，委托各省级技术监督局组织好验收工作。根据验收，全国1995年度52个消灭无标准试点(县)市均达到《全国消灭无标生产试点(县)市验收办法》的要求，这些县(市)是

北京市：通县、顺义县

天津市：塘沽区、河北区

河北省：平泉县、三河市

山西省：候马市

内蒙古自治区：包头市郊区

辽宁省：辽阳县、东港市、海城市、大连市旅顺口区

吉林省：桦甸市

黑龙江省：庆安县、依兰县

上海市：松江县

江苏省：锡山市、泰州市、扬中市

安徽省：桐城县、合肥市郊区

浙江省：临安县、绍兴县

江西省：高安市

福建省：邵武市、惠安县、永安县

山东省：章丘市、蓬莱市、胶州市

河南省：荥阳市、修武县

湖北省：大冶市、汉川县

湖南省：衡东县、芷江侗族自治县

广东省：南海市、鹤山市

广西自治区：玉林市、荔浦县

海南省：文昌县

四川省：成都市金牛区、重庆市沙坪坝区、德阳市市中区

贵州省：遵义县

云南省：陆良县

陕西省：南郑县、户县

甘肃省：兰州市西固区

青海省：湟中县

宁夏自治区：中卫县

新疆自治区：石合子市

对上述通过验收的52个消灭无标生产试点县(市)，国家技术监督局颁发了“全国消灭无标生产县(市)荣誉证书和奖旗。

5. 部署1996年度消灭无标生产试点县(市)

为进一步扩大全国消灭无标生产试点(县)市的消灭无标生产工作范围,根据各县(市)人民政府的申请,省级技术监督部门推荐,经国家技术监督局研究,批准了北京市的密云县等53个县(市)(其中包括两个地级市)为1996年度无标生产试点县(市)。这些县(市)是

北京市:密云县、平谷县

天津市:南开区、北辰区

河北省:涿州市、邢台县

山西省:临猗县

内蒙古自治区:翁牛特旗

辽宁省:新民市、大洼县、葫芦岛市连山区

吉林省:梅河口市

黑龙江省:克东县、穆棱市

江苏省:常熟市、江阴市、吴县市、南通市(地级市)

上海市:宝山区、嘉定区

安徽省:天长市、宁国县、芜湖市(地级市,含芜湖、繁昌、南陵三县)

浙江省:余杭市、德清县

山东省:淄博市张店区、寿光市、陵县

福建省:古田县、龙岩市

江西省:瑞昌市、赣县

河南省:卫辉市、镇平县

湖北省:仙桃市、宜昌县

湖南省:冷水江市、临武县

广东省:四会市、连州市

广西自治区:北流市、兴安县

海南省:儋州市

四川省:雅安市、重庆市渝中区

贵州省:毕节市

云南省:永仁县

陕西省:岐山县、汉中市汉台区

甘肃省:高台县

青海省:乐都县

宁夏自治区:盐池县

新疆自治区:焉耆回族自治县

6. 公布了消灭无标生产试点县(市)实施方案

为贯彻实施《中华人民共和国标准化法》和《中华人民共和国产品质量法》,适应社会主义市场经济发展的需要,促进企业技术进步,稳定和提高企业的产品质量,规范消灭无标生产工作,国家技术监督局于1996年8月4日公布了《全国消灭无标生产试点县(市)实施办法》。《办法》规定了全国消灭无标生产试点(县)市工作机构、试点县(市)的申请程序和确认、试点县(市)应具备的条件和工作要求、试点县(市)消灭无标生产的目标要求、无标生产的界定、消灭无标生产的实施步骤和措施等。全国消灭无标生产试点县(市)实施方案的实施必将促进我国消灭无标试点县(市)工作健康、有序的发展。

八、标准化法规建设

自1988年12月29日全国人民代表大会第七届常务委员会通过《中华人民共和国标准化法》以来,

我国的标准化法律、法规不断完善，为标准化工作依法管理提供了比较健全的法律、法规依据。为了进一步推动《食品标签通用标准》强制性国家标准的贯彻实施，1995 年以国家技术监督局第 40 号令发布了《查处食品标签违法行为规定》。

截止 1996 年底，与标准化工作有关的法律、法规和规章有：

《中华人民共和国标准化法》

《中华人民共和国标准化法实施条例》

《中华人民共和国标准化法条文释义》

《中华人民共和国产品质量认证管理条例》

《国家标准管理办法》

《行业标准管理办法》

《地方标准管理办法》

《企业标准化管理办法》

《能源标准化管理办法》

《农业标准化管理办法》

《标准档案管理办法》

《标准出版发行管理办法》

《采用国际标准和国外先进标准管理办法》

《采用国际标准产品标志管理办法(试行)》

《全国专业标准化技术委员会章程》

《查处食品标签违法行为规定》

《信息分类编码标准化管理办法》

《国家实物标样管理办法》

《机电新产品标准化审查管理办法》

《技术引进和设备进口标准化审查管理办法》

《对采用国际标准的工业产品实行优质优价规定》

九、中国标准化协会及其主要活动

中国标准化协会是全国标准化工作者自愿组织的学术性群众团体，是中国科学技术协会的组成部分。挂靠在国家技术监督局，其办事机构受中国科学技术协会和国家技术监督局共同领导。

中国标准化协会成立于 1973 年，1979 年召开第一次全国代表大会，1994 年 8 月召开了第四次全国代表大会，选举产生了中国标准化协会第四届理事会，并结合当前的形势、任务和标准化学科的特点再次修改了中国标准化协会章程。

本届理事会设立的工作机构有:学术工作委员会；普及与教育工作委员会；外事工作委员会和财务管理委员会。目前，中国标准化协会的专业标准化协会有:化工标准化协会；冶金标准化协会；机械标准化协会；电子标准化协会；兵器标准化协会；纤维检验分会；企业标准化分会等。这些组织是中国标准化协会的组成部分。

中国标准化协会有个人会员 25000 多人，团体会员 500 多个。全国 29 个省、自治区、直辖市建立了地方标准化协会，它们是中国标准化协会的团体理事单位，接受中国标准化协会的业务指导。各专业标准化组织在中国标准化协会的领导下，结合本行业、本专业的需要开展各种活动。

中国标准化协会十分重视标准化学术理论交流，地方标准化协会分层次组织学术研究，为充分发挥地方组织的积极性，中国标准化协会专门召开了学术工作会议，研究今后标准化理论研究的方向和重点任务：一是要在认真总结我国标准化 40 年特别是改革开放以来的实践经验的基础上，推动标准化理论和学科建设上一个新台阶；二是学术活动要紧密结合国民经济建设实际，全国贯彻标准化法，为标准化主管部门宏观决策提出建议；三是根据社会主义市场经济体制，研究具有中国特色的标准化理论与实践。为确保三个重点任务的落实，中国标准化协会除了有计划、有组织地支持地方标准化协会开展学术交流外，还积极宣贯标准、组织实施标准和对标准的实施进行监督，对促进标准化工作的发展发挥了积极的作用。

中国标准化协会在中国境内，面向企业广泛开展标准化知识的培训教育工作，截止目前，已经开设了全国工业企业标准化函授培训、商业企业标准化和规范化函授培训、国际贸易与标准化函授培训，共有近24.5万学员学完不同的课程取得结业证书，并返回企业的标准化工作岗位，发挥重要作用。中国标准化协会利用一年一次的“世界标准日”纪念活动的机会，组织全国各省、市、自治区标准化协会，广泛开展宣传活动，每年有几十万人参加这种活动，接受标准化知识的教育，从而增强标准化意识。

1996年，中国标准化协会在国家技术监督局和中国科协的领导和支持下，围绕我国标准化战线的重点任务，以及企业在深化改革中，实现科学管理和科技进步提出的服务需求，开展了一系列活动，收到了较好的效果。与此同时，为了适应市场经济大环境的变化，在理顺内部组织机构，调整人力资源，开拓新的服务领域等方面也取得不少成绩。

1. 推广应用工业工程，为企业创造了很大的经济效益，扩大了中国标协的社会影响，受到国家技术监督局和中国科协的好评。中国标协在企业中推广应用工业工程制定工作标准，并取得部分成果的基础上，于1996年3月召开了第二次全国应用工业工程成果发表会。这次会议是由国家技术监督局与中国标准化协会联合召开的，李传卿局长等局领导亲自到会作指示，中国科协书记王治国、中国标协名誉理事长袁宝华，两院院士著名老专家王大珩等领导到会祝贺。近三年来，中国标准化协会在组织企业应用工业工程原理制定工作标准和管理标准方面，做了大量探索研究工作，取得了成功经验和明显的社会经济效益。据统计，仅大会表彰的22个企业63项应用成果取得的直接经济效益就达3.2亿元人民币。这项工作是中国科协金桥工程计划项目之一，在1996年5月召开的中国科协第五次全国代表大会上获得了金桥工程优秀组织单位一等奖、优秀项目三等奖。

2. 成功地组织了第三次中日标准化技术交流会，双方受益匪浅。根据中国标协与日本规格协会双边协议，中国标协于1996年10月组成7人代表团赴日开展学术交流。本次交流研讨的主题是“ISO 14000环境管理的认识与实践”，我方不但把国内实施ISO 14000的典型案例提供交流，而且把ISO 9000与ISO 14000两个体系合一的实践经验带到会上，增添了本次交流的新的内容，受到日本同行的赞赏。这次交流我们也获得了日本方面开展ISO 14000的实践经验。

3. 召开1996计算机标准化与市场管理研讨会，有力地推动了北京计算机市场的整顿工作。

鉴于北京市检测机构对中关村计算机市场突击检查发现大量“四无”产品（即不按国家标准生产，无生产许可证、产品无中文标识、无检测手段）的严重情况，北京市及国家局领导指示要加强计算机市场管理。为此，中国标协受国家技术监督局、电子部、北京市技术监督局的委托在京召开了计算机标准化与市场管理研讨会，本着扶优限劣、规范市场、服务企业的精神，组织了20多家国内名牌计算机集团公司和有关主管部门探讨计算机市场的规范化管理问题。会上18家知名企业联合发出倡议，在众多的计算机生产企业中率先按国家标准制造、销售和用户服务。这次研讨会振动了计算机行业，引起了社会很大反响。

4. 召开ISO 14000环境管理标准研讨会，为在我国开展ISO 14000标准宣贯工作打下基础。1996年11月，在国家局有关司室的支持下，我们成功地召开了首次ISO 14000标准研讨会，来自全国各地技术监督系统，企、事业单位和高等院校、科研单位的50多位代表参加了会议。

5. 培训教育工作，更加切合企业的需要，在技术性、专业性培训方面有所突破而且取得成效。从1995年下半年开始的“市场经济与标准化”函授培训工作大部分在1996年内完成，全国有17个省市参与这项工作，共招收学员约3000多名学员，除个别省外，大部分地区完成了教学任务。此外，还举办ISO 9000系列标准宣贯培训班近千人；国家注册审核员培训班共四期；电器图形符号、火灾、危险品场所国标宣贯班三期；插头插座国标宣贯班一期；水泥、电杆国标宣贯培训班一期；企业内审员—ISO 9000标准宣贯班四期。参加培训的学员全部来自生产一线的专业技术岗位，他们接受有关国标的宣贯培训，对企业贯彻实施国家标准,推动企业技术进步有直接的效果。

6. 利用重要社会活动开展标准化宣传普及教育。1996 年第二十七届世界标准日,以“呼唤服务标准”为主题,针对服务行业规范化、标准化开展了一系列宣传普及活动,印刷宣传画 3 万多份,印刷宣传资料 1 万多份;举办高层次报告会,在中央电视台及全国性报刊上报道,扩大了宣传效果。此外,还参与首届中国儿童用品博览会的协办活动,协助主办单位对参展的儿童用品进行安全、卫生质量审查,取得了一定的社会效益。

随着标准化事业的发展,中国标准化协会对外合作与交流也日益扩大。目前,中国标准化协会与美国标准化学会(ANSI)、美国材料与测试学会(ASTM)、日本规格协会(JSA)、德国标准化协会(DIN)等都建立了双边合作关系,还与其他许多国家的标准化组织保持紧密的联系。与 ASTM 联合出版中文版《标准化新闻》,与 DIN 联合出版中文版《德国标准化》等,把 ISO、IEC 和发达国家的标准化技术与成果介绍给中国企业界、科技界、教育界的专家、学者。

中国标准化协会作为国家技术监督局开展我国标准化工作的助手,发挥了重要作用。

各省、自治区、直辖市标准化协会

标准化协会名称	通 讯 地 址	邮 政 编 码
北京市标准化协会	北京和平里南口 20 号	100013
天津市标准化协会	天津市南开二马路 265 号	300100
上海市标准化协会	上海市长乐路 1227 号	200040
黑龙江省标准化协会	哈尔滨市香坊区司徒街 67 号	150036
吉林省标准化协会	长春市民康路 8 号	130041
辽宁省标准化协会	沈阳市和平区文化路 3 巷 9 号	110003
内蒙古自治区标准化协会	呼和浩特市新华街 1 号	010055
山西省标准化协会	太原市府西街 85 号	030002
河北省标准化协会	石家庄市友谊南大街 10 号	050010
山东省标准化协会	济南市顺河街 218 号	250001
河南省标准化协会	郑州市花园路 21 号	450003
江苏省标准化协会	南京市中山北路 309 号	210003
浙江省标准化协会	杭州市天目山路 66 号	310013
安徽省标准化协会	合肥市巢湖路 145 号	230001
湖北省标准化协会	武汉市武昌中山路 297 号	430061
湖南省标准化协会	长沙市新建西路 41 号	410007
江西省标准化协会	南昌市北京西路省政府	330046
福建省标准化协会	福州市华林路 10 号	350003
广东省标准化协会	广州市珠海区太山庙前 3 号	510220
广西壮族自治区标准化协会	南宁市星湖路 9 号	530022
云南省标准化协会	昆明市东风东路 151 号	650041
贵州省标准化协会	贵阳市头桥海马冲 51 号	550003
四川省标准化协会	成都市东风路北二巷	610061
陕西省标准化协会	西安市新城省政府内	710003
甘肃省标准化协会	兰州市南昌路 441 号	730030
青海省标准化协会	西宁市长江路 392-4 号	810000
宁夏回族自治区标准化协会	银川市解放路 6 号楼	750001
新疆维吾尔族自治区标准化协会	乌鲁木齐新华南路 32 号	830002
海南省标准化协会	海口市海秀南路南宝楼	570003

十、标准化情报与咨询工作

中国标准信息中心是专门从事标准信息的收集、加工、研究和服务的国家级信息机构,是我国五大科技信息中心之一，隶属于国家技术监督局。

该中心不仅有雄厚的技术力量，而且有先进的技术装备，中国标准信息中心已建成由 50 余台微机构成的局域网，服务器硬盘总容量 2000MB，并且有丰富的馆藏资料，中国标准信息中心收藏有 61 个国家、70 多个国际和区域性组织以及 450 多个国外专业学(协)会的标准文献约 47 万件；还收藏有国外标准化期刊 160 余种，标准化专著 6000 余册。每年接待来自全国各地工矿企业、教育、科研以及信息部门的用户达 1 万多人次。

中国标准信息中心自行建设有 GB、ISO、IEC、DIN、BS、JIS、NF、ANSI、GOST、EN 等标准数据库。该标准数据库内容翔实，拥有中国标准分类号、中英文标题、中英文叙词等 20 多项，并且格式统一，可以中、英文检索。中国标准信息中心还拥有先进的标准数据库光盘检索系统以及从美国引进的包含美国数百专业学(协)会标准和加拿大、澳大利亚和印度等几十个国家及区域性标准 IHS 数据库。

中国标准信息中心主要服务项目有：

标准文献阅览复制、标准代译与译文提供、标准目录及资料出版与发行、标准文献数据库销售、标准文献计算机检索、标准函索、快速定题、定向咨询服务、标准数据库系统技术咨询等。

1996 年中国标准情报中心采集标准文献 3.4 万件，与 42 个国家和地区进行了标准文献交换，与 50 多个国家和地区进行了标准化期刊的交换，采购工作抓"补缺"环节，重点采购了行业标准 2 万多件，采集译文 2800 余件。接待查阅标准读者 1.1 万人次。编辑出版了译文目录，接待查阅标准译文读者 2000 人次。完成了国外标准交换数据的格式转换以及 GB 的格式转换；完成了 GB、ISO、IEC、BS、NF、DIN、JIS 7 种数据库的更新，完成了与 DIN 交换的译文数据库的生产。完成了 Oracle 系统数据装卸、服务器及磁盘整理等系统维护工作，实现了全国计算机联网，处理各类标准咨询信函 1000 多件，电话咨询 3000 多次，处理国外咨询信函 136 件，全年接待查询读者 6000 人次。全年复印量 120 万页。

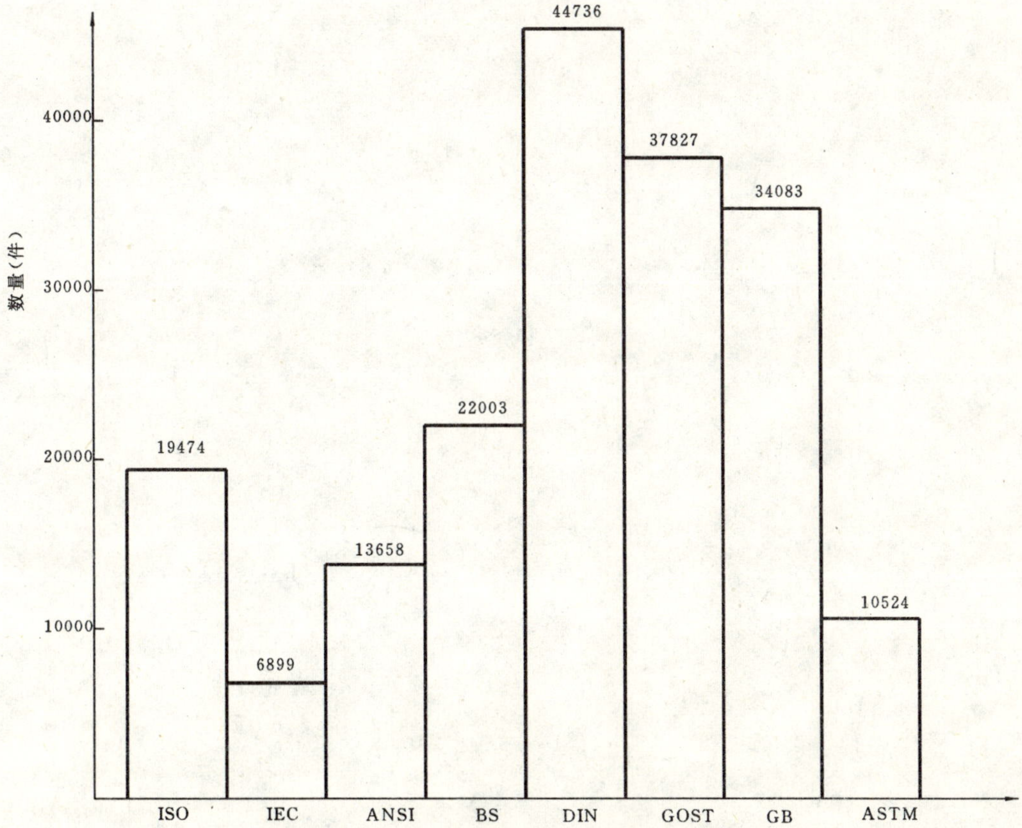

主要标准文献馆藏量

十一、标准的编辑、出版和发行工作

标准的编辑、出版和发行是标准化工作的重要组成部分，它直接影响着标准的宣贯和实施工作。《标准出版发行管理办法》的实施，使我国标准的出版工作走上了依法管理轨道，规范了全国的标准出版工作。中国标准出版社负责国家技术监督局批准、发布的除工程建设、食品卫生、药品、兽药和环境保护外的全部国家标准（中、英文版）、大部分行业标准和有关标准化方面的图书和音像制品的出版发行工作。

为了实现在两个根本性转变中，促进标准图书发行工作规模化、规范化，更好地为读者服务，1996年9月召开了第五届全国标准图书发行工作会议。这次会议总结了全国标准图书发行工作经验，提出了搞好标准图书发行工作的具体意见和措施。会议对上海发行站、四川发行站、辽宁发行站分别授予了“先进单位标兵”、“成绩突出标兵”和“经营管理标兵”的称号，并颁发了锦旗和奖品；对天津发行站等17个发行站进行了表彰，并分别颁发了奖旗、奖品和荣誉证书。

1996年，中国标准出版社累计发稿11989万字，年计划发稿5000万字，完成全年计划的240%。发稿品种2346种，其中标准为2191种，图书为155种。出书品种为2795种，其中标准为2592种，图书为203种，完成全年计划的186%。平均出版周期为121天，比1995年(134天)缩短了13天。全年发行销售总码洋4103万元，完成全年计划的127%。全年完成利润预计514万元。

十二、1996年批准发布的国家标准

PREFACE

1996 was the first year to ensure the implementation of the spirit of the fifth Plenary Session of the 14th Central Committee of the Party and to carry out the task of the 9th Five-Year Plan. It was also an important year during which the Chinese people made big strides on the road to socialism with Chinese characteristics and achieved new successes in the reform, opening up and the modernization drive. The standardization work in our country consistently adhered the working principle of technical supervision, "taking quality as the center, standardization and metrology as the technical basis", to work hard, serve the society and make positive contribution in sustained, rapid and sound development of the national economy.

In 1996, the adoption of international and advanced foreign standards was treated as one of the most important work around technological progress in enterprises. Especially, 132 new products adopted international standards were selected and listed as the evaluation items of trial production of national new products. Thus the adoption of the marks of international standards was pursued within 1020 products. And the enthusiasm of enterprises to adopt international and advanced foreign standards was effectively enhanced. For strengthening the basic position of agriculture, the work of agricultural standardization was continuously carried out. In addition to the defined 67 demonstrative regions, 11 demonstrative regions were newly added in 1996. The "9th Five-Year Plan of National Agricultural Standardization Work" was worked out. In order to lead the enterprises strengthening the work of standardization and raising the product quality of medium and small enterprises as well as of the township and village enterprises, 53 counties (municipalities) were selected as the second batch of trial counties (municipalities) for elimination of no standards production, and through which considerable results were obtained.

In 1996, 1387 national standards were developed or revised, among them 818 developed, 569 revised, 560 adopted international standards or advanced foreign standards with the adoption rate 40.4%.

Considerable progress was also made in 1996, in the fields of legislation establishment of Chinese standardization, the standardization of information technology and high and new technology, research and development of standardization to joint the international track, as well as publishing and distribution of standards and consultative service.

Generally, in this year, under the support and attention from every ministry and local government, and the effort of mass standardization workers, the work of standardization had obtained grateful results. But there is still a great distance from the requirements of the standardization work proposed by the Party and the country. In the new year, CSBTS has to take the "two shifts" as guidance and the spirit of the reform to make pioneering effort, to work soundly, to promote vigorously the development of standardization cause of our country and to make proper contributions to realize the tasks provided in the outline of the 9th Five-Year Plan for national economic and social development and the long-range objectives to the year 2010.

1. Standardization Work of China in 1996

The work of standardization of China in 1996 was conscientiously acted in the spirit of the 5th and 6th Plenary Sessions of the 14th Central Committee of the Chinese Communist Party and the working principle of technical supervision "taking quality as the center, standardization and metrology as the technical basis" and bringing the reform as impetus and actively making pioneering effort, the tasks of standardization work in 1996 were fulfiled fairly. Hence, the work of standardization in our country has made a new progress on the basis of 1995.

(1) In 1996, there were 1387 national standards developed or revised, among them 818 standards developed, 569 standards revised, 351 compulsory national standards, and 1036 recommended standards. There were 560 standards adopted international standards or advanced foreign standards with the adoption rate 40.4%, among them 203 standards identically adopted, 186 standards equivalently adopted and 171 standards non-equivalently adopted. Also, there were 70 national reference materials approved.

Up to the end of 1996, there were 17720 national standards, among them 2284 compulsory standards, about 12.9%; 15436 recommended standards, about 87.10%; 7169 adopted international or advanced foreign standards, about 40.5%; all of that two percentages higher than that of 1995.

In this year, the work of adoption of international standards or advanced foreign standards was highly strengthened. In some important trades, the rate of adoption of international or advanced foreign standards was notably raised. For example, the rate of adoption of international or advanced foreign standards in electric power industries reached 85.7%, 75.6% in light industries, 73.6% in electronic industries, 72.4% in machinery industries, 71.1% in chemical industries, 70.0% in post and communication trade and 55.9% in metallurgical industries. In machinery industries, 3056 standards corresponded with ISO or IEC standards, up to the end of 1996, 1641 standards were converted into our national standards, the rate of conversion reached 53%. In electronic industries, there were 2187 standards corresponded with ISO or IEC standards, up to the end of 1996, 1068 standards were converted into our national standards, with the rate of conversion 49%. Those work forcefully heightened the level of our national standards and quickened the pace to joint the international track.

(2) The organization of Standards Technical Committees was strengthened. In 1996, there were 7 national technical committees and 19 subcommittees newly established. At the same time, there were personnel alternation in 49TCs and 45SCs, partial change of committee members in 63TCs or SCs and 3920 committee members were newly engaged.

Up to now, there are 224 TCs and 384 SCs in our country, totally almost 20000 committee members are engaged.

(3) Based on the " Outline of 9th Five-Year Plan for National Economic and Social Development and the Long-Range Objectives to the Year 2010" and the requirements of technical supervision in the 9th Five-Year Plan, the "Outline of the 9th Five-Year Plan and the long-range objectives to the year 2010

for standardization" was accomplished, and the guiding ideology and principle for standardization work in the period of 9th Five-Year Plan was proposed, so that the specific struggle objective was defined. Hence, there would be the instructing effect with practical significance for standardization work to serve the economic construction even better.

(4) The reform of Standardization work obtained further deepening. The reform was emphatically carried out in following points:

① The activity of Standards Technical Committee was increased. The ratio among committee members from various fields was changed, the limitation on the number of personnel was loosened. Also the ratio of enterprise members was properly increased. The enthusiasm from numerous enterprises and relative sectors in concerning and supporting the standardization work was fully developed, so that the standardization work would serve the enterprises and market even better.

② The contract system of standards was affirmed and consolidated. This system is of benefit to assure prompt development of important standards, to shorten the period cycle of standard development and heighten the level and quality of standards. Since the experimental work in three years, the entire standardization work has been developed and the enthusiasm of standardizers has been promoted. Thus, the contract system of standards should be encouraged successively.

③ The work of management of trade standards was strengthened, especially further specified in the report for filing.

④ The examination in national standards was improved slightly. The subordinate statues of examination departments was defined, and some suggestions on the reform of those departments were proposed.

(5) In the work of agricultural standardization , there was a new progress.

① The "Opinions on strengthening the work of agricultural standards and agricultural monitoring and promoting high yield, fine quality and high efficiency in agriculture" was agreed by the State Council and jointly promulgated by the State Council and the Ministry of Agriculture, thus it took very active promoting effect on further developing the agricultural standardization work over the country.

② The 3rd national conference on agricultural standardization work was jointly held with the Ministry of Agriculture. At this conference, vice premier Jiang Chunyun made a speech and received representatives of this conference. The director general of CSBTS Li Chuanqing who on behalf of CSBTS and the Ministry of Agriculture made a working report "Deepen understanding, vigorously ensure the implementation and fully strengthen the work of agricultural standardization to make new contribution in developing high yield and high efficiency agriculture" at the opening ceremony. Cui Shian, a member of the leading group of the Party in the Ministry of Agriculture, made an important speech "Strengthen the work of agricultural standardization securely, serve the reform and development of economy in agriculture and rural areas even better". Li Zhonghai, deputy director general of CSBTS, who represented CSBTS and the Ministry of Agriculture, made the summary report at the closing ceremony. Mr. Mollmann, president of ISO sent a letter to congratulate the success of this conference during his visiting in China. At this conference, the achievement and experience of agricultural standardization work in the period of the "8th Five-Year Plan" were summarized, the task of agricultural standardization work in the "9th Five-Year Plan" was defined and relevant encouraging measures were proposed for promoting the agricultural standardization work. Thereafter, CSBTS and the Ministry of Agriculture jointly past the main documents of this conference to relevant ministries of the State Council and various regions. CSBTS issued the "9th Five-Year Plan of national agricultural standardization" and proposed the objectives and tasks of agricultural standardization in this period.

③ In 1996, there were 11 demonstrative zones of agricultural standardization added to the original zones.

In order to ensure the preferential policies of CSBTS on technical supervision work in poverty-stricken areas in Middle West of China, 5 demonstrative zones of agricultural standardization were specially assigned.

(6) The work of adoption of international standard marks and elimination of no standards production produced significant effect.

① In 1996, 1050 products adopted international standard marks. 3 announcements were issued in the "China Quality News". At the same time, the 3rd batch of 400 items of the "Catalogue of products adopted the marks of international standard and catalogue of corresponding standards" were issued.

Up to the end of 1996, 2129 marks of international standard were adopted, which vigorously promoted the development of the work of adoption of international standards to domestic products, and promoted the improvement of product quality in various places.

In 1996, there were 97 new products adopted international standards, which listed in the plan of certification of trial production of new national key products, among them 22 items obtained 10. 5 million yuan national subsidy of new key products from the State Science and Technology Commission and the Ministry of Finance, approximately 1/10 of the totality of exemption of tax of national new products.

② In 1996, the acceptance work of elimination of no standards production was carried out in 52 trial counties defined in 1995 to raise the quality of enterprises and their products, and to maintain the regular economic order. Those counties all met the requirements of the acceptance. This work attracted the attention from the leaders of those counties and various places. Based on the statistics, before this trial in those counties, their coverage rate of standards was 61. 83%, and after this acceptance, the rate was raised to 97. 8%, 36 percentages was increased. In the mean time, 51 counties and 2 municipalities were newly assigned to eliminate no standards production in 1996.

③ In 1996, 132 products adopted international standards were listed in the plan of certification of trial production of national new products, among them 23 items obtained more than 10 million yuan national subsidy.

(7) ISO 14000 serial standards were actively tracked, studied and converted. Up to now, 5 standards

in ISO 14000 serial standards have been converted, then propagated and implemented in whole country.

(8) The jointly working group of electro-magnetic compatibility was established, its plan was developed and 20 projects were proposed to heighten the quality of domestic electric products and their competitiveness in attending international market, to specify the domestic market even better and to actively develop the research and conversion of the serial standards of electromagnetics.

(9) The movement of international standards was followed positively.

① Over 10 thousand commentary documents were handled. 3 proposals of new items were submitted, and over 40 delegations or groups and about 200 experts were constituted to attend the technical meetings of ISO/IEC. China undertook 10 ISO/IEC international conferences, attended the newly established ISO/TC 213 and TC 214 as P members, and 4 domestic agencies of newly established ISO/IEC/TC were determined.

② The developing movement of "Standards on professional hygiene and security management" of ISO was tracked and its international activities of research and discussion were attended. Relevant domestic experts were constituted to investigate the international trends.

(10) The standardization work of information technology made important progress.

① The strategic objectives, guiding ideology, working principle, key tasks and measures of the standardization work of information technology and information engineering in the "9th Five-Year Plan" and to 2010 were proposed and included in the "Outlines of the 9th Five-Year Plan and long range objectives to 2010 of national informatics".

② 3 national standards of Mongolian character coding were drafted and recommended to ISO/IEC JTC 1/SC2 as international draft standards and then were formally adopted.

③ The key project of the "General technical specification of EDI standardization" issued by the State Science and Technology Commission and the intermediate task of the "Research on the problem of software standardization" were accomplished.

(11) Relevant standardization work to cooperate the return of Hong Kong in 1997 was developed.

① Committed by the Hong Kong and Macao Affairs Office of the State Council, the national standards of "Regional Flag" and "Regional Emblem" of HKSAR were developed and will implement from February 1st, 1997. In cooperation with the Hong Kong and Macao Affairs Office, the work of appointing the production and supply of regional flag and emblem from inland were developed.

② CSBTS associated with the Ministry of Radio, Film and Television and relative units cooperated with the Telecommunication Bureau of Hong Kong developed the "Technical Standard of Public Graphic and Text TV of Hong Kong" for Hong Kong to unify the coding of Chinese characters used in graphic and text TV in inland and Hong Kong and to assure the cross-compatibility of information system of graphic and text TV and broadcasting between inland and Hong Kong, and to promote the information exchange among the countries and regions, where the Chinese characters were used.

(12) The standardization work on energy conservation was continuously carried out. In the plan of 1997, 7 developing works related to the national standards have been arranged in cooperation with the State Economic and Trade Commission to actively develop standardization work in coordination with the "Green illumination engineering of China".

(13) In 1996, the Chinese Committee of ISO/REMCO was established to strengthen the work of reference material work in our country and to promote Chinese reference material work to joint international track even better. A data bank of reference material of China was set out in establishment, and 3000 reference materials would be put in this bank.

(14) Some progress were made in legislation establishment. The drafts for public comment of the "Rules on the Administration of Compulsory Standards" and "Rules on the Administration of Standardization Work of Import of Mechanical and Electrical Products" were completed.

(15) The basic construction of standard was strengthened.

① The construction of the "Data bank of management of national standards" and the development and application of "Software of program management of national standards" were completed to strengthen the management of national standards.

② The development of the standard of "Stage division and code of development procedure of national standards" was completed, and the work of research and drafting of two administrative rules, "Rapid procedure of development of national standards" and "Technical guiding documents of national standardization", were started up.

③ The research and conversion of the "Rules of international classification of standards" were accomplished, which will be fully applied in China from January 1st 1997.

(16) A lot of important national standards were developed, propagated and implemented.

① The problems of approval and promulgation of hygienic standards were solved, which were a contradiction unable to compromise in a long time. In 1996, through the coordination between CSBTS and the Ministry of Public Health, a consensus was achieved, i. e. the hygienic standards (exclude the hygienic standards of foodstuff) were approved by CSBTS and promulgated jointly by CSBTS and the Ministry of Public Health. Thereafter, 314 hygienic standards were promulgated and the administrative scope of hygienic trade standards was defined.

② Following standards were developed or revised for personnel safety, property security and specification of market, which were:

"Portable butagas stove and cylinder" (cartridge stove and cylinder)
"Star-rating standard for cruise ships on inland river"
"Standard of service quality of civil aviation transportation"
"Specification of safety operation of motor vehicles"
"Domestic gas instantaneous water heater"
"Domestic gas stoves"
"Control standard on environmental protection of imported waste"
"Regulations of innocuous management of diseased corpse meat and its products of livestock and fowl"
"Specification of sterilization of livestock and fowl products"
"Beer bottles"etc.

The Standard drafts for public comment of "Technological rules for health foods" and "Discriminators antiforged banknotes" were drafted.

The "Announcement on inspecting the labels of imported prepackaged foods" was jointly issued with relevant departments. A working plan of inspecting the labels of imported wines was developed and its work was arranged.

③ The implementation and propaganda of some important standards were organized, which obtained good results, such as:

"Plug and socket for household and similar purpose—Part 1:General requirements"
"Limits and methods of measurement of radio disturbance characteristics of electrical motor operated and thermal appliances for household and similar purpose, electric tools and similar electric apparatus"
"Safety and performance requirements of domestic airconditioners"
"Low voltage apparatus"
"Labelling of cosmetics"
"Quality management and quality system elements—Part 2:Guidelines for service"
"Star rating for cruise ships"
"Star rating of hotel"
"Graphical symbols for use on public information signs"
"Nomenclature of jewellery and jades"
"Identification of jewellery and jades"
"Diamond grades".

(17) Taking the advantage of 14th October, "World Standards Day", CSBTS widely launched the activities of standardization.

According to the theme "Service Standardization" determined by ISO, IEC and ITU, CSBTS promulgated an announcement to every standardization administrative body of relevant ministries, provinces, autonomous regions and municipalities, and proposed its requirements for earnestly carrying out the propagating and celebrating activity of the 27th World Standards Day. Based on the picture posters provided by ISO, IEC and ITU, CSBTS redesigned and printed 30 thousand copies of those picture posters, and sent them to relevant ministries of the State Council and 30 provinces, autonomous regions and municipalities. CSBTS associated with the Ministries of Internal Trade, Construction, Communications, Railway, Posts and Telecommunications and People's Bank of China, Civil Aviation Administration of China as well as China National Tourism Administration jointly convened the 27th commemoration meeting of World Standards Day. The honorary chairman of the board of China Association for Standardization Yuan Baohua, director general of CSBTS Li Chuanqing, deputy general directors of CSBTS Zhu Mingxian and Li Zhonghai, former deputy director general of CSBTS and chief director of China Association for Standardization Li Rui, secretary of Secretariat of China Association for Science and Technology Zhang Zengze and approximately 400 experts from the departments of the State Council and from various sectors and research units attended this meeting. Director general of CSBTS Li Chuanqing made an important speech "Quicken the pace of the work of service standardization in China, raise the quality of service even better". Relevant leading cadres from the Ministry of Construction and the Ministry of Communications and other sponsor departments also introduced their work of development of service standardization, their opinions and suggestions on strengthening the work of service standardization thereafter.

News and memorial articles were released through Central Broadcasting Station, CCTV, China Quality News, Economic News and Technical and Scientific News. Some memorial activities were also held in various regions refer to their actual conditions.

(18) CSBTS promptly propagated and implemented the compulsory national standard "National Flag", according to the requirement in the "Announcement on implementation of the law on national flag of PRC and execution of relevant national technical standards to ensure the product quality of national flag" promulgated by the General Office of the State Council, for the purpose of assuring the product quality of national flag and satisfying the demands of raw materials of domestic enterprises who produced national flag. Then, an inspection on the quality of national flag was widely unfolded. CSBTS promulgated an announcement to the people's governments and bureaux of every province, autonomous region, municipality directly under the Central Government and independent planning municipality directly under the Central Government. It required that the production of facial materials of national flag and the indoor national flag must be carried out in appointed enterprises. All those appointed enterprises must well arrange their production, sales and after sales service and conscientiously carry out the standards and guarantee the quality of national flag and related products. The enterprise unauthorized as an appointed producer could not produce and sell the facial material of national flag and the products of national flag.

(19) The work of bar code and identity code made new progress and contribution was also made in development of market economy and information technology.

① The work of bar code developed rapidly. In 1996, there were more than 8000 new members in the bar code system, accumulated more than 29000 members, and 400 thousand kinds of products adopted the marks of international universal bar code, which assured domestic commodities exporting and entering international market successfully. At the same time, the development of automatic identification technique of bar code was positively advanced. The POS system of commerce in China developed very quickly, up to the end of 1996, there were more than 800 (POS) shops established with the automatic scanning system of bar code. In this period, the early members of bar code system were reviewed, the rate of review up to 61.5% covering 9000 members. Up to the end of 1996, the "National Inspection Center of Bar Code" past the examination and accreditation as well as metrological certification, so that the work of this center entered into good circulation, which took a positive promotion effect of supervision on bar code quality.

② CSBTS held the working conference on coding the representation of national organization to carry forward the development of the work of coding in China deeply. The leading group of the Party of CSBTS proposed an explicit opinion on guiding ideology, objectives and tasks of the coding work in the period of the "9th Five-Year Plan". For the purpose of the reform of tax collection system, CSBTS coordinated with the State Administration of Taxation jointly issued the "Announcement on using the national organization identity codes in the work of changing the certificates of tax registration". In accordance with the spirit of this announcement, the coding organizations in our country positively coordinated the work of changing certificates of tax registration, thus the application of the national organization identity codes was vigorously carried forward. Now, the national organization identity codes are accredited by most of the regional tax departments. Through the compulsory application of organization identity codes in tax system, its covering rate was heightened greatly. So the amount of issued certificates of code and coding increased over one million, the coding work in the whole country actually entered into a stage of popularization and application. Up to now, the statistics of data stored in magnetic disks of 44 provinces, autonomous regions, municipalities directly under the Central Government and the independent planning municipalities directly under the Central Government show that almost 5.3 million certificates of code and coding have been issued.

③ Through using the copies of unified IC cards in Shanghai bank system and the trial work of using codes in IC cards in tax systems of Hangzhou and Ningbo as well as the acceptance work in Ningbo, new technical measures and scientific basis would be provided for the work of coding. The coding center is going to provide a draft of technical specification of IC cards.

The construction of central data bank was positively undergoing. Now, the work of online inquiry and calls were developed in 7 provinces, autonomous regions and municipalities directly under the Central Government, hence the "Program of overall design of information system of identity code management of national organizations" and work of apparatus selection of central data bank were further perfected, so that a sound technical foundation for establishment of on line information system was laid down.

(20) Based on the stipulations in the "Law of standardization of the People's Republic of China" and "Regulation on Implementing the Law of Standardization of the People's Republic of China", CSBTS dispatched the document JIJIANBIAO No. (1996) 24 "Announcement on further strengthening the work of management of putting Trade Standards in file" to relevant departments of the State Council. In this announcement, the importance of putting trade standards in file was stated once again and the requirements of papers, procedures and methods for putting trade standards in file were proposed in detail.

(21) The work of management of ISO/IEC standards, documents and publication of standards were

strengthened. CSBTS made a stipulation on this work at March 1st, 1996 for protecting, intellectual property right of ISO and IEC and strengthening the management work of copying, translating and publishing ISO /IEC standards, documents and publication.

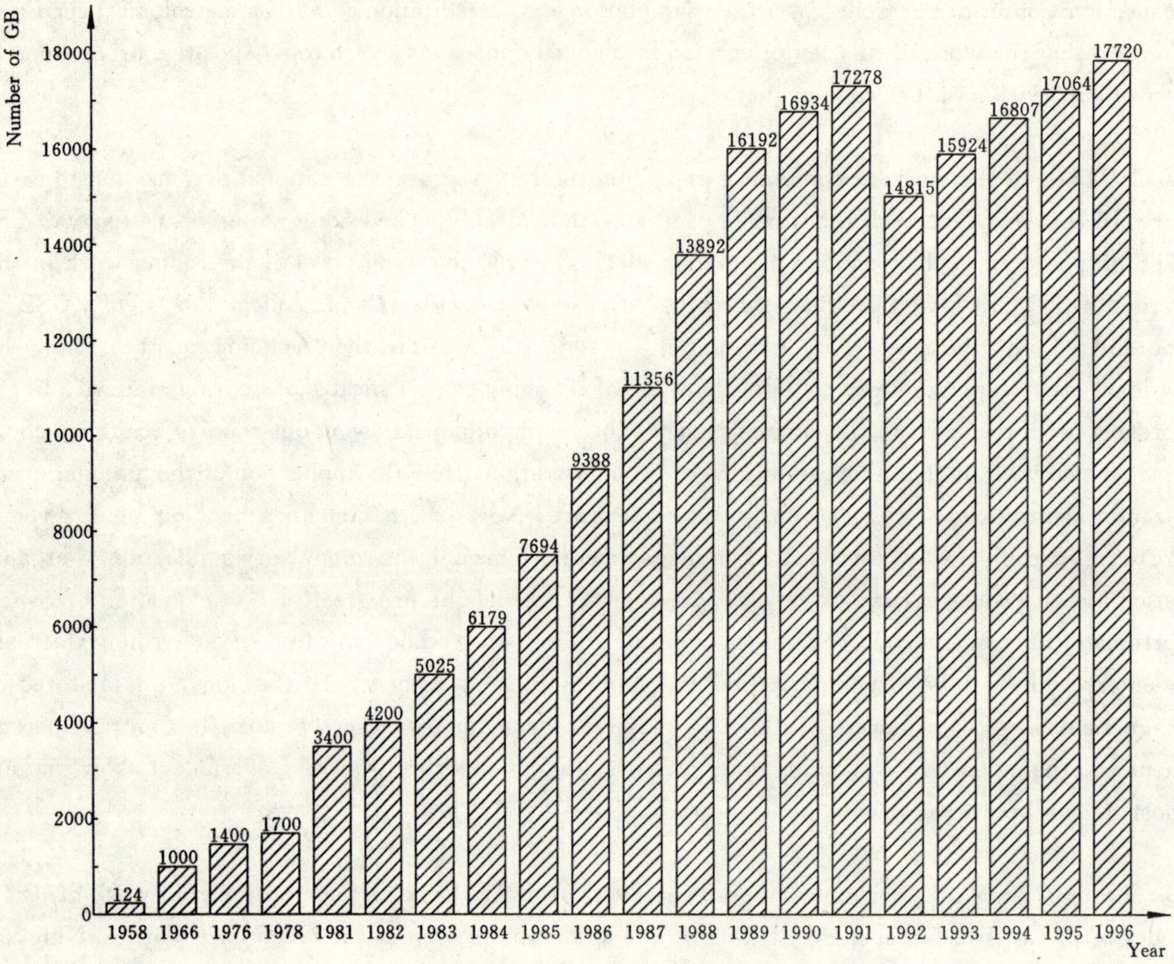

Number of National Standards

No. of Standards

Statistics of National Standards of Various Departments

Name of Department	Total	Developed and Revised				Compulsory and Recommended			
		Developed	%	Revised	%	Compulsory	%	Recommended	%
Total	17720	14447	81.5	3273	18.5	2284	12.9	15436	87.1
State Planning Commission	56	51	91.1	5	8.9	1	1.8	55	98.2
State Science and Technology Commission	50	50	100.0	0	0.0	6	12.0	44	88.0
State Commission of Science Technology and Industry for National Defence	13	13	100.0	0	0.0	7	53.8	6	46.2
Ministry of Public Security	143	131	91.6	12	8.4	88	61.5	55	38.5
Ministry of Civil Affairs	28	28	100.0	0	0.0	4	14.3	24	85.7
Ministry of Labour	201	182	90.5	19	9.5	130	64.7	71	35.3
People's Bank of China	11	10	90.9	1	9.1	0	0.0	11	100.0
Ministry of Internal Trade (Former Ministry of Commerce)	325	296	91.1	29	8.9	19	5.8	306	94.2
Ministry of Foreign Trade and Economic Co-operation	19	19	100.0	0	0.0	0	0.0	19	100.0
Ministry of Materials	2	2	100.0	0	0.0	0	0.0	2	100.0
Ministry of Agricul Ture	265	257	97.0	8	3.0	66	24.9	199	75.1
Ministry of Forestry	266	224	84.2	42	15.8	26	9.8	240	90.2
Former Ministry of Machine Building and Electronics Industry	2554	2125	83.2	429	16.8	133	5.2	2421	94.8
Former Ministry of Aeronautics Industry	82	56	68.3	26	31.7	1	1.2	81	98.8
Ministry of Power Industry	19	10	52.6	9	47.4	0	0.0	19	100.0

Continued

Name of Department	Total	Developed and Revised				Compulsory and Recommended			
		Developed	%	Revised	%	Compulsory	%	Recommended	%
Former Ministry of Energy Resources	126	126	100.0	0	0.0	12	9.5	114	90.5
Ministry of Water Resources	84	75	89.3	9	10.7	12	14.3	72	85.7
Ministry of Construction	247	224	90.7	23	9.3	36	14.6	211	85.4
Ministry of Geology and Mineral Resources	104	104	100.0	0	0.0	1	1.0	103	99.0
Ministry of Metallurgical Industry	1282	1022	79.7	260	20.3	28	2.2	1254	97.8
Ministry of Machine Building Industry	2128	1591	74.8	537	25.2	142	6.7	1986	93.3
Ministry of Electronics Industry	842	718	85.3	124	14.7	11	1.3	831	98.7
Ministry of Coal Industry	104	73	70.2	31	29.8	10	9.6	94	90.4
Former Ministry of Petroleum Industry	34	24	70.6	10	29.4	8	23.5	26	76.5
Ministry of Chemical Industry	1838	1284	69.9	554	30.1	215	11.7	1623	88.3
Ministry of Rail Ways	132	104	78.8	28	21.2	14	10.6	118	89.4
Ministry of Communications	213	174	81.7	39	18.3	54	25.4	159	74.6
Ministry of Post and Telecommunications	327	316	96.6	11	3.4	21	6.4	306	93.6
Ministry of Culture	17	17	100.0	0	0.0	0	0.0	17	100.0
Ministry of Radio, Film and Television	111	93	83.8	18	16.2	12	10.8	99	89.2
Ministry of Public Health	989	839	84.8	150	15.2	574	58.0	415	42.0
State Statistics Bureau	1	1	100.0	0	0.0	0	0.0	1	100.0

Continued

Name of Department	Total	Developed and Revised				Compulsory and Recommended			
		Developed	%	Revised	%	Compulsory	%	Recommended	%
State Bureau of Building Materials	389	287	73.8	102	26.2	47	12.1	342	87.9
China Meteological Bureau	1	1	100.0	0	0.0	0	0.0	1	100.0
Civil Aviation Administration of China	15	15	100.0	0	0.0	7	46.7	8	53.3
State Bureau of Oceanlogy	18	18	100.0	0	0.0	0	0.0	18	100.0
State Bureau of Seismology	1	1	100.0	0	0.0	0	0.0	1	100.0
China National Tourism Administration	3	3	100.0	0	0.0	0	0.0	3	100.0
Press and Publication Administration	18	9	50.0	9	50.0	0	0.0	18	100.0
State Bureau of Technical Supervision	769	682	88.7	87	11.3	78	10.1	691	89.9
National Working Committee of Language and Characters	2	2	100.0	0	0.0	0	0.0	2	100.0
State Archives Bureau	2	2	100.0	0	0.0	0	0.0	2	100.0
State Mineral Resources Administration	11	11	100.0	0	0.0	0	0.0	11	100.0
State Bureau of Tobacco Monopoly	22	14	63.6	8	36.4	11	50.0	11	50.0
State Pharmaceutical Administration of China	109	90	82.6	19	17.4	76	69.7	33	30.3
State Administration for Inspection of Import and Export Commodity	27	16	59.3	11	40.7	0	0.0	27	100.0
State Bureau of Surveying and Mapping	38	36	94.7	2	5.3	27	71.1	11	28.9
State Bureau of Environmental Protection	255	235	92.2	20	7.8	80	31.4	175	68.6

Continued

Name of Department	Total	Developed and Revised				Compulsory and Recommended			
		Developed	%	Revised	%	Compulsory	%	Recommended	%
State Administration of Traditional Chinese Medicine	28	21	75.0	7	25.0	11	39.3	17	60.7
Chinese Academy of Science	8	6	75.0	2	25.0	0	0.0	8	100.0
Chinese Academy of Social Science	1	1	100.0	0	0.0	0	0.0	1	100.0
National Council of Light Industry	1038	853	82.2	185	17.8	161	15.5	877	84.5
National Textile Council	361	291	80.6	70	19.4	18	5.0	343	95.0
Bank of China	1	1	100.0	0	0.0	0	0.0	1	100.0
China Ship Building Industry Corporation	374	284	75.9	90	24.1	14	3.7	360	96.3
China Petrochemical Corporation	275	199	72.4	76	27.6	52	18.9	223	81.1
China Non-ferrous Metals Industry Corporation	934	777	83.2	157	16.8	11	1.2	923	98.8
China National Petroleum and Gas Corporation	18	11	61.1	7	38.9	3	16.7	15	83.3
China National Nuclear Industry Corporation	207	183	88.4	24	11.6	33	15.9	174	84.1
China Geneeral Weapons Industry Corporation	44	40	90.9	4	9.1	6	13.6	38	86.4
China Aviation Industry Corporation	20	15	75.0	5	25.0	0	0.0	20	100.0
China Space Industry Corportion	9	9	100.0	0	0.0	0	0.0	9	100.0
China National Package Corporation	37	33	89.2	4	10.8	4	10.8	33	89.2
China National Automotive Industry Corporation	71	61	85.9	10	14.1	14	19.7	57	80.3

No. of Standards

Statistics of Various Professional National Standards

Classification of Professions	Total	Developed and Revised				Compulsory and Recommended			
		Developed	%	Revised	%	Compulsory	%	Recommended	%
Total	17720	14447	81.5	3273	18.5	2284	12.9	15436	87.1
A General	888	767	86.4	121	13.6	97	10.9	791	89.1
B Agriculture, Forestry	759	689	90.8	70	9.2	104	13.7	655	86.3
C Medicine, Public Health, Labour Protection	1327	1115	84.0	212	16.0	808	60.9	519	39.1
D Ores and Mining Equipments	572	497	86.9	75	13.1	12	2.1	560	97.9
E Petroleum	281	209	74.4	72	25.6	52	18.5	229	81.5
F Energy Resources, Nuclear Technology	372	338	90.9	34	9.1	60	16.1	312	83.9
G Chemical Industry	2046	1501	73.4	545	26.6	190	9.3	1856	90.7
H Metallurgy	1919	1519	79.2	400	20.8	40	2.1	1879	97.9
J Machinery	2570	1966	76.5	604	23.5	71	2.8	2499	97.2
K Electrotechnology	1103	827	75.0	276	25.0	241	21.8	862	78.2
L Electronic Components and Information Technology	1323	1190	89.9	133	10.1	21	1.6	1302	98.4
M Communication, Broadcasting	689	647	93.9	42	6.1	49	7.1	640	92.9
N Instruments and Meters	423	359	84.9	64	15.1	9	2.1	414	97.9
P Engineering Construction	113	95	84.1	18	15.9	17	15.0	96	85.0
Q Building Materials	542	431	79.5	111	20.5	60	11.1	482	88.9
R Highway and Waterway Transportation	91	86	94.5	5	5.5	29	31.9	62	68.1

Continued

Classification of Professions	Total	Developed and Revised				Compulsory and Recommended			
		Developed	%	Revised	%	Compulsory	%	Recommended	%
S Railroad	112	97	86.6	15	13.4	14	12.5	98	87.5
T Road Vehicles	299	217	72.6	82	27.4	50	16.7	249	83.3
U Shipbuilding	401	293	73.1	108	26.9	33	8.2	368	91.8
V Aviation, Spaceflight	24	24	100.0	0	0.0	4	16.7	20	83.3
W Textiles	407	342	84.0	65	16.0	20	4.9	387	95.1
X Foodstuff	532	469	88.2	63	11.8	156	29.3	376	70.7
Y Light Industry, Cultural and Daily Articles	587	451	76.8	136	23.2	47	8.0	540	92.0
Z Environmental Protection	339	318	93.8	21	6.2	100	29.5	239	70.5

No. of Standards

Annual Statistics or International or Advanced Foreign Standards Adopted By Various Departments

Name of Department	Adoption of Standards						Among Them											
							ISO Standards Adopted				IEC Standards Adopted				Other Standards Adopted			
	Quantity of standards	Adop-ted	%	Identi-cal	Equi-valent	None quiva-lent	Total	Iden-tical	Equi-valent	Non Equi-valent	Total	Iden-tical	Equi-valent	Non Equi-valent	Total	Iden-tical	Equi-valent	Non Equi-valent
Total	17720	7169	40.5	976	2164	4029	3701	556	1286	1859	1349	381	421	547	2175	86	463	1626
State Planning Commission	56	0	0.0	0	0	0	0	0	0	0	0	0	0	0	0	0	0	0
State Science and Technology Commission	50	0	0.0	0	0	0	0	0	0	0	0	0	0	0	0	0	0	0
State Commission of Science Technical and Industry for National Defence	13	8	61.5	0	0	8	5	0	0	5	0	0	0	0	3	0	0	3
Ministry of Public Security	143	48	33.6	3	9	36	29	2	5	22	6	1	1	4	13	0	3	10
Ministry of Civil Affairs	28	5	17.9	4	0	1	5	4	0	1	0	0	0	0	0	0	0	0
Ministry of Labour	201	35	17.4	0	3	32	16	0	2	14	2	0	1	1	17	0	0	17
People's Bank of China	11	4	36.4	3	1	0	4	3	1	0	0	0	0	0	0	0	0	0
Ministry of Internal Trade(Former Ministry of Commerce)	325	114	35.1	18	38	58	99	15	35	49	3	3	0	0	12	0	3	9
Ministry of Foreign Trade and Economic Cooperation	19	0	0.0	0	0	0	0	0	0	0	0	0	0	0	0	0	0	0
Ministry of Materials	2	0	0.0	0	0	0	0	0	0	0	0	0	0	0	0	0	0	0
Ministry of Agriculture	265	70	26.4	3	23	44	68	3	22	43	0	0	0	0	2	0	1	1
Ministry of Forestry	266	57	21.4	9	11	37	51	8	10	33	0	0	0	0	6	1	1	4
Former Ministry of Machine Building and Electronics Industry	2554	1142	44.7	165	303	674	560	56	123	381	389	96	157	136	195	15	23	157
Former Ministry of Aeronautics Industry	82	34	41.5	3	5	26	25	2	4	19	4	1	0	3	5	0	1	4
Ministry of Power Industry	19	9	47.4	3	2	4	0	0	0	0	7	3	2	2	2	0	0	2
Former Ministry of Energy Resources	126	58	46.0	0	28	30	8	0	2	6	30	0	15	15	20	0	11	9

Continued

Name of Department	Adoption of Standards						Among Them											
							ISO Standards Adopted				IEC Standards Adopted				Other Standards Adopted			
	Quantity of standards	Adop-ted	%	Identi-cal	Equi-valent	None quiva-lent	Total	Iden-tical	Equi-valent	Non Equi-valent	Total	Iden-tical	Equi-valent	Non Equi-valent	Total	Iden-tical	Equi-valent	Non Equi-valent
Ministry of Water Resources	84	4	4.8	0	0	4	0	0	0	0	3	0	0	3	1	0	0	1
Ministry of Construction	247	51	20.6	2	22	27	35	2	17	16	1	0	0	1	15	0	5	10
Ministry of Geology and Mineral Resources	104	3	2.9	0	2	1	0	0	0	0	0	0	0	0	3	0	2	1
Ministry of Metallurgical Industry	1282	524	40.9	28	139	357	194	18	74	102	5	1	4	0	325	9	61	255
Ministry of Machine Building Industry	2128	1096	51.5	98	440	558	575	57	286	232	359	41	121	197	165	0	36	129
Ministry of Electronics Industry	842	445	52.9	244	92	109	182	120	33	29	270	165	48	57	41	4	13	24
Ministry of Coal Industry	104	35	33.7	0	15	20	27	0	12	15	1	0	1	0	7	0	2	5
Former Ministry of Petroleum Industry	34	4	11.8	0	0	4	2	0	0	2	0	0	0	0	2	0	0	2
Minstry of Chemical Industry	1838	1110	60.4	98	345	667	695	88	261	346	7	1	1	5	408	9	83	316
Ministry of Railways	132	38	28.8	0	13	25	15	0	3	12	5	0	0	5	18	0	10	8
Ministry of Communications	213	37	17.4	5	10	22	28	4	8	16	3	0	0	3	6	1	2	3
Ministry of Post and Telecommunications	327	154	47.1	36	67	51	3	2	1	0	65	17	27	21	86	17	39	30
Ministry of Culture	17	9	52.9	3	0	6	9	3	0	6	0	0	0	0	0	0	0	0
Ministry of Radio, Film and Television	111	25	22.5	1	9	15	13	1	4	8	7	0	2	5	5	0	3	2
Ministry of Public Health	989	5	0.5	0	0	5	2	0	0	2	0	0	0	0	3	0	0	3
State Statistics Bureau	1	0	0.0	0	0	0	0	0	0	0	0	0	0	0	0	0	0	0
State Bureau of Building Materials	389	128	32.9	8	30	90	59	7	23	29	0	0	0	0	69	1	7	61
China Meteological Bureau	1	0	0.0	0	0	0	0	0	0	0	0	0	0	0	0	0	0	0
Civil Aviation Administration of China	15	5	33.3	0	4	1	1	0	0	1	0	0	0	0	4	0	4	0
State Bureau of Oceanlogy	18	1	5.6	0	0	1	0	0	0	0	0	0	0	0	1	0	0	1

Continued

Name of Department	Adoption of Standards						Among Them											
							ISO Standards Adopted				IEC Standards Adopted				Other Standards Adopted			
	Quantity of standards	Adopted	%	Identical	Equivalent	None quivalent	Total	Identical	Equivalent	Non Equivalent	Total	Identical	Equivalent	Non Equivalent	Total	Identical	Equivalent	Non Equivalent
State Bureau of Seismology	1	0	0.0	0	0	0	0	0	0	0	0	0	0	0	0	0	0	0
China National Tourism Administration	3	0	0.0	0	0	0	0	0	0	0	0	0	0	0	0	0	0	0
Press and Publication Administration	18	4	22.2	1	2	1	3	1	1	1	0	0	0	0	1	0	1	0
State Bureau of Technical Super Vision	769	256	33.3	52	72	132	160	32	41	87	40	13	15	12	59	7	17	35
National Working Committee of Language and Characters	2	0	0.0	0	0	0	0	0	0	0	0	0	0	0	0	0	0	0
State Archives Bureau	2	0	0.0	0	0	0	0	0	0	0	0	0	0	0	0	0	0	0
State Mineral Resources Administration	11	0	0.0	0	0	0	0	0	0	0	0	0	0	0	0	0	0	0
China National Tobacco Corporation	22	3	13.6	1	2	0	3	1	2	0	0	0	0	0	0	0	0	0
State Pharmaceutical Administration of China	109	55	50.5	10	9	36	21	4	2	15	14	6	3	5	20	0	4	16
State Bureau of Commdity Inspection	27	8	29.6	0	0	8	8	0	0	8	0	0	0	0	0	0	0	0
State Bureau of Surveying and Mapping	38	1	2.6	1	0	0	1	1	0	0	0	0	0	0	0	0	0	0
State Bureau of Environmental Protection	255	34	13.3	2	7	25	23	2	6	15	0	0	0	0	11	0	1	10
State Administration of Traditional Chinese Medicine	28	4	14.3	0	2	2	2	0	2	0	0	0	0	0	2	0	0	2
Chinese Academy of Science	8	7	87.5	0	6	1	7	0	6	1	0	0	0	0	0	0	0	0
Chinese Academy of Social Science	1	1	100.0	0	0	1	1	0	0	1	0	0	0	0	0	0	0	0
National Council of Light Industry	1038	502	48.4	71	142	289	290	45	114	131	66	25	8	33	146	1	20	125
National Textile Council	361	168	46.5	23	88	57	151	21	80	50	0	0	0	0	17	2	8	7
Bank of China	1	1	100.0	1	0	0	1	1	0	0	0	0	0	0	0	0	0	0

Continued

Name of Department	Adoption of Standards						Among Them											
							ISO Standards Adopted				IEC Standards Adopted				Other Standards Adopted			
	Quantity of standards	Adopted	%	Identical	Equivalent	None quivalent	Total	Identical	Equivalent	Non Equivalent	Total	Identical	Equivalent	Non Equivalent	Total	Identical	Equivalent	Non Equivalent
China Ship Building Industry Corporation	374	141	37.7	3	31	107	88	2	27	59	19	1	1	17	34	0	3	31
China Petrochemical Corporation	275	218	79.3	6	45	167	74	3	25	46	3	1	0	2	141	2	20	119
China Non-Ferrous Metals Industry Corporation	934	342	36.6	51	84	207	112	44	35	33	5	0	2	3	225	7	47	171
China National Petroleum and Gas Corporation	18	15	83.3	0	1	14	3	0	1	2	0	0	0	0	12	0	0	12
China National Nuclear Industry Corporation	207	106	51.2	18	51	37	21	2	12	7	35	6	12	17	50	10	27	13
China General Weapons Industry Corporation	44	9	20.5	0	6	3	4	0	3	1	0	0	0	0	5	0	3	2
China Aviation Industry Corporation	20	2	10.0	0	1	1	1	0	1	0	0	0	0	0	1	0	0	1
China Space Industry Corporation	9	2	22.2	0	0	2	2	0	0	2	0	0	0	0	0	0	0	0
China National Package Corporation	37	17	45.9	0	2	15	1	0	0	1	0	0	0	0	16	0	2	14
China National Automotive Corporation (Former)	71	15	21.1	2	2	11	14	2	2	10	0	0	0	0	1	0	0	1

No. of Standards

Annual Statistics of International or Foreign Advanced Standards of Various Professions Adopted

Classification of Professions	Adoption of Standards						Among Them											
							ISO Standards Adopted				IEC Standards Adopted				Other Standards Adopted			
	Quantity of standards	Adopted	%	Identical	Equivalent	None quivalent	Total	Identical	Equivalent	Non Equivalent	Total	Identical	Equivalent	Non Equivalent	Total	Identical	Equivalent	Non Equivalent
Total	17720	7169	40.5	976	2164	4029	3701	556	1286	1859	1349	381	421	547	2175	86	463	1626
A General	888	355	40.0	47	119	189	272	39	101	132	25	6	8	11	61	2	11	48
B Agriculture, Forestry	759	215	28.3	29	58	128	191	28	52	111	0	0	0	0	24	1	6	17
C Medicine, Public Health, Labour Protection	1327	125	9.4	27	17	81	79	21	14	44	12	6	1	5	34	0	2	32
D Ores and Mining Equipments	572	181	31.6	2	28	151	82	2	24	56	1	0	1	0	98	0	3	95
E Petroleum	281	192	68.3	4	54	134	53	1	23	29	4	1	0	3	135	2	31	102
F Energy Resources, Nuclear Technology	372	162	43.5	21	78	63	24	2	13	9	77	9	34	34	61	10	31	20
G Chemical Industry	2046	1238	60.5	114	372	752	790	103	289	398	8	1	2	5	440	10	81	349
H Metallurgy	1919	725	37.8	77	207	441	256	59	91	106	10	2	4	4	459	16	112	331
J Machinery	2570	1073	41.8	61	328	684	892	57	290	545	7	1	2	4	175	3	37	135
K Electrotechnology	1103	683	61.9	107	212	364	21	0	8	13	598	106	195	297	64	1	9	54
L Electronic Components and Information Technology	1323	626	47.3	325	158	143	248	164	55	29	348	193	82	73	82	15	25	42
M Communication, Broadcasting	689	263	38.2	62	106	95	1	0	1	0	143	40	58	45	119	22	47	50
N Instruments and Meters	423	168	39.7	18	64	86	57	8	27	22	75	10	32	33	36	0	5	31
P Engineering Construction	113	26	23.0	1	9	16	15	1	8	6	0	0	0	0	11	0	1	10
Q Building Materials	542	195	36.0	8	47	140	74	7	32	35	0	0	0	0	121	1	15	105

Continued

Classification of Professions	Adoption of Standards						Among Them											
							ISO Standards Adopted				IEC Standards Adopted				Other Standards Adopted			
	Quantity of standards	Adopted	%	Identical	Equivalent	None quivalent	Total	Identical	Equivalent	Non Equivalent	Total	Identical	Equivalent	Non Equivalent	Total	Identical	Equivalent	Non Equivalent
R Highway and Waterway Transportation	91	8	8.8	1	2	5	5	0	1	4	1	0	0	1	2	1	1	0
S Railroad	112	18	16.1	0	4	14	2	0	0	2	4	0	0	4	12	0	4	8
T Road Vehicles	299	114	38.1	8	42	64	89	8	35	46	0	0	0	0	25	0	7	18
U Shipbuilding	401	130	32.4	4	22	104	78	3	18	57	22	1	1	20	30	0	3	27
V Aviation, Spaceflight	24	14	58.3	0	5	9	10	0	1	9	0	0	0	0	4	0	4	0
W Textiles	407	182	44.7	23	84	75	164	22	80	62	0	0	0	0	18	1	4	13
X Foodstuff	532	132	24.8	11	36	85	74	11	25	38	0	0	0	0	58	0	11	47
Y Light Industry, Cultural and Daily Articles	587	288	49.1	24	95	169	178	18	81	79	14	5	1	8	96	1	13	82
Z Environmental Protection	339	56	16.5	2	17	37	46	2	17	27	0	0	0	0	10	0	0	10

No. of Standards

Constituent Classification of National Standards of Various Departments

Name of Department	Total	Constituent Classification of Standards															
		Product Standards								General Standards							
		Total	Product	Quality	Method	Basic	Safety	Health	Others	Total	Method	Basic	Safety	Health	Environment Protection	Management	Engineering	Others
Total	17720	15642	4115	1486	7093	2282	345	209	112	2078	388	801	46	340	120	379	0	4
State Planning Commission	56	56	11	0	43	2	0	0	0	0	0	0	0	0	0	0	0	0
State Science and Technology Commission	50	48	1	0	46	1	0	0	0	2	0	0	0	0	0	2	0	0
State Commission of Science Technical and Industry for National Defence	13	5	0	0	2	3	0	0	0	8	0	5	1	0	0	2	0	0
Ministry of Public Security	143	132	61	23	42	4	2	0	0	11	0	8	2	0	0	1	0	0
Ministry of Civil Affairs	28	22	11	1	4	5	1	0	0	6	0	6	0	0	0	0	0	0
Ministry of Labour	201	149	32	10	30	22	55	0	0	52	1	11	26	2	0	12	0	0
People's Bank of China	11	6	1	0	5	0	0	0	0	5	0	3	0	0	1	1	0	0
Ministry of Internal Trade (Former Ministry of Commerce)	325	324	82	22	195	19	3	0	3	1	0	0	0	0	0	1	0	0
Ministry of Foreign Trade and Economic Cooperation	19	13	6	0	7	0	0	0	0	6	0	0	0	0	0	6	0	0
Ministry of Materials	2	2	2	0	0	0	0	0	0	0	0	0	0	0	0	0	0	0
Ministry of Agriculture	265	231	45	45	107	16	14	0	4	34	7	4	0	0	0	23	0	0
Ministry of Forestry	266	250	49	23	134	24	3	0	17	16	0	2	0	0	0	14	0	0
Former Ministry of Machine Building and Electronics Industry	2554	2420	668	545	629	504	64	0	10	134	7	95	1	0	2	29	0	0
Former Ministry of Aeronautics Industry	82	71	36	14	13	7	0	0	1	11	0	8	0	0	0	3	0	0
Ministry of Power Industry	19	16	8	5	3	0	0	0	0	3	0	1	0	0	0	2	0	0
Former Ministry of Energy Resources	126	119	19	21	69	6	3	0	1	7	0	2	0	0	0	5	0	0

Continued

Name of Department	Total	Constituent Classification of Standards																
		Product Standards								General Standards								
		Total	Product	Quality	Method	Basic	Safety	Health	Others	Total	Method	Basic	Safety	Health	Environment Protection	Management	Engineering	Others
Ministry of Water Resources	84	72	20	11	34	4	1	0	2	12	1	0	0	0	0	11	0	0
Ministry of Construction	247	196	32	20	90	48	6	0	0	51	7	3	0	0	26	15	0	0
Ministry of Geology and Mineral Resources	104	88	0	4	78	6	0	0	0	16	0	11	1	0	0	4	0	0
Ministry of Metallurgical Industry	1282	1276	303	40	850	69	1	0	13	6	0	0	0	0	0	6	0	0
Ministry of Machine Building Industry	2128	2031	676	199	467	629	52	0	8	97	18	61	1	0	5	12	0	0
Ministry of Electronics Industry	842	655	230	53	221	143	7	0	1	187	18	152	0	0	0	16	0	1
Ministry of Coal Industry	104	104	5	5	74	20	0	0	0	0	0	0	0	0	0	0	0	0
Former Ministry of Petroleum Industry	34	32	6	0	22	2	2	0	0	2	1	0	0	0	1	0	0	0
Ministry of Chemical Industry	1838	1832	527	28	1147	115	3	0	12	6	3	1	0	0	0	2	0	0
Ministry of Railways	132	110	15	14	28	51	1	0	1	22	0	8	0	0	2	12	0	0
Ministry of Communications	213	170	39	36	38	41	14	1	1	43	0	17	7	0	1	18	0	0
Ministry of Post and Telecommunications	327	271	47	95	83	41	4	0	1	56	4	43	0	0	0	9	0	0
Ministry of Culture	17	17	0	1	3	13	0	0	0	0	0	0	0	0	0	0	0	0
Ministry of Radio,Film and Television	111	90	20	19	18	32	1	0	0	21	1	17	0	0	0	3	0	0
Ministry of Public Health	989	489	11	0	271	1	2	204	0	500	160	2	0	337	0	1	0	0
State Statistics Bureau	1	0	0	0	0	0	0	0	0	1	0	1	0	0	0	0	0	0
State Bureau of Building Materials	389	387	98	1	265	23	0	0	0	2	1	0	0	0	1	0	0	0
China Meteological Bureau	1	1	1	0	0	0	0	0	0	0	0	0	0	0	0	0	0	0

Continued

Name of Department	Total	Constituent Classification of Standards																
		Product Standards								General Standards								
		Total	Product	Quality	Method	Basic	Safety	Health	Others	Total	Method	Basic	Safety	Health	Environment Protection	Management	Engineering	Others
Civil Aviation Administration of China	15	2	1	0	0	0	0	0	1	13	1	1	0	1	0	10	0	0
State Bureau of Oceanlogy	18	1	0	1	0	0	0	0	0	17	0	7	0	0	0	10	0	0
State Bureau of Seismology	1	0	0	0	0	0	0	0	0	1	0	0	0	0	0	1	0	0
China National Tourism Administration	3	1	0	0	0	1	0	0	0	2	0	0	0	0	0	2	0	0
Press and Publication Administration	18	7	4	1	0	2	0	0	0	11	0	11	0	0	0	0	0	0
State Bureau of Technical Supervision	769	332	51	36	192	38	11	1	3	437	58	284	1	0	0	94	0	0
National Working Committee of Language and Characters	2	2	0	0	2	0	0	0	0	0	0	0	0	0	0	0	0	0
State Archives Bureau	2	0	0	0	0	0	0	0	0	2	0	0	0	0	0	2	0	0
State Mineral Resources Administration	11	0	0	0	0	0	0	0	0	11	1	0	0	0	0	10	0	0
China National Tobacco Corporation	22	22	6	2	10	3	0	0	1	0	0	0	0	0	0	0	0	0
State Pharmaceutical Administration of China	109	105	52	16	21	6	10	0	0	4	3	1	0	0	0	0	0	0
State Bureau of Commdity Inspection	27	26	3	1	22	0	0	0	0	1	1	0	0	0	0	0	0	0
State Bureau of Surveying and Mapping	38	13	2	0	7	4	0	0	0	25	8	10	0	0	0	6	0	1
State Bureau of Environmental Protection	255	94	0	0	94	0	0	0	0	161	72	4	0	0	77	8	0	0
State Administration of Traditional Chinese Medicine	28	26	10	7	1	8	0	0	0	2	0	1	1	0	0	0	0	0
Chinese Academy of Science	8	1	0	0	0	1	0	0	0	7	6	1	0	0	0	0	0	0
Chinese Academy of Social Science	1	0	0	0	0	0	0	0	0	1	0	1	0	0	0	0	0	0

Continued

Name of Department	Total	Constituent Classification of Standards																
		Product Standards								General Standards								
		Total	Product	Quality	Method	Basic	Safety	Health	Others	Total	Method	Basic	Safety	Health	Environment Protection	Management	Engineering	Others
National Council of Light Industry	1038	1032	331	49	462	122	52	3	13	6	1'	2	0	0	1	2	0	0
National Textile Council	361	358	49	13	231	55	0	0	10	3	1	2	0	0	0	0	0	0
Bank of China	1	0	0	0	0	0	0	0	0	1	0	1	0	0	0	0	0	0
China Ship Building Industry Corporation	374	359	146	73	61	76	3	0	0	15	3	6	0	0	0	6	0	0
China Petrochemical Corporation	275	274	59	9	178	26	0	0	2	1	0	0	0	0	0	1	0	0
China Non-Ferrous Metals Industry Corporation	934	932	247	10	642	28	1	0	4	2	0	2	0	0	0	0	0	0
China National Petroleum and Gas Corporation	18	17	8	1	8	0	0	0	0	1	0	1	0	0	0	0	0	0
China National Nuclear Industry Corporation	207	184	44	20	69	24	27	0	0	23	1	1	5	0	3	13	0	0
China General Weapons Industry Corporation	44	42	14	2	19	7	0	0	0	2	2	0	0	0	0	0	0	0
China Aviation Industry Corporation	20	16	2	2	10	1	1	0	0	4	1	3	0	0	0	0	0	0
China Space Industry Corporation	9	7	1	1	2	3	0	0	0	2	0	1	0	0	0	1	0	0
China National Package Corporation	37	33	17	1	8	4	0	0	3	4	0	0	0	0	0	2	0	2
China National Automotive Corporation (Former)	71	70	6	5	36	22	1	0	0	1	0	0	0	0	0	1	0	0

No. of Standards

Constituent Classification of Various Professional National Standards

Classification of Professions	Total	Constituent Classification of Standards																
		Product Standards								General Standards								
		Total	Product	Quality	Method	Basic	Safety	Health	Others	Total	Method	Basic	Safety	Health	Environment Protection	Management	Engineering	Others
Total	17720	15642	4115	1486	7093	2282	345	209	112	2078	388	801	46	340	120	379	0	4
A General	888	377	86	49	124	101	6	0	11	511	81	321	4	0	4	97	0	4
B Agriculture, Forestry	759	694	135	84	365	65	22	1	22	65	11	5	0	0	0	49	0	0
C Medicine, Public Health, Labour Protection	1327	763	129	43	291	31	65	203	1	564	164	20	25	339	0	16	0	0
D Ores and Mining Equipments	572	547	19	12	479	37	0	0	0	25	1	9	1	0	0	14	0	0
E Petroleum	281	278	64	17	163	31	2	0	1	3	1	1	0	0	0	1	0	0
F Energy Resources, Nuclear Technology	372	295	57	34	139	32	32	0	1	77	9	15	5	0	4	44	0	0
G Chemical Industry	2046	2037	556	32	1305	128	4	0	12	9	3	3	0	0	0	3	0	0
H Metallurgy	1919	1912	544	51	1211	93	1	0	12	7	0	6	0	0	0	1	0	0
J Machinery	2570	2480	791	472	343	831	32	0	11	90	6	56	1	0	1	26	0	0
K Electrotechnology	1103	1060	316	113	363	145	115	1	7	43	2	28	2	0	1	10	0	0
L Electronic Components and Information Technology	1323	1048	373	85	348	229	10	0	3	275	9	234	1	0	0	31	0	0
M Communication, Broadcasting	689	619	107	197	206	98	8	0	3	70	4	53	0	0	0	13	0	0
N Instruments and Meters	423	414	154	68	130	52	8	0	2	9	4	5	0	0	0	0	0	0
P Engineering Construction	113	93	21	13	44	10	5	0	0	20	1	1	0	0	3	15	0	0

Continued

Classification of Professions	Total	Constituent Classification of Standards															
		Product Standards							General Standards								
		Total	Product	Quality	Method	Basic	Safety	Health	Others	Total	Method	Basic	Safety	Health	Environment Protection	Management	Engineering	Others
Q Building Materials	542	538	120	3	375	34	1	0	5	4	0	0	0	0	4	0	0	0
R Highway and Waterway Transportation	91	55	9	16	13	7	9	1	0	36	0	12	7	0	0	17	0	0
S Railroad	112	95	4	14	27	46	4	0	0	17	0	5	0	0	2	10	0	0
T Road Vehicles	299	294	41	45	111	95	2	0	0	5	1	0	0	0	1	3	0	0
U Shipbuilding	401	383	160	80	53	89	1	0	0	18	4	7	0	0	0	7	0	0
V Aviation, Spaceflight	24	5	2	2	0	0	0	0	1	19	1	11	0	1	0	6	0	0
W Textiles	407	405	55	23	269	48	0	0	10	2	0	2	0	0	0	0	0	0
X Foodstuff	532	527	240	9	252	22	0	0	4	5	0	0	0	0	0	5	0	0
Y Light Industry, Cultural and Daily Article	587	582	132	23	345	55	18	3	6	5	1	1	0	0	0	3	0	0
Z Environmental Protection	339	140	0	1	136	3	0	0	0	199	85	6	0	0	100	8	0	0

2. Chinese Administrative Organizations for the Work of Standardization

CSBTS is a functional department of the State Council in charge of the whole country's work in the field of standardization, metrology, quality supervision and management, certification and review of testing laboratory. It is responsible for putting forward principles and policies, organizing, developing and implementing the long term program and plan and administrating the work of national standardization. Organizations working in the field of standardization directly under the leadership of CSBTS are: China Fibre Inspection Bureau, China Research Institute of Standardization and Information Classification and Coding, China Research Institute of Technical Supervision information and China Standards Press. Besides, there is China Association for Standardization which is responsible for the academic exchange activities in the field of standardization.

In the departments concerned of the State Council and in the provinces, autonomous regions and municipalities as well as in the industrial cities, in some prefectures and counties , there are standards administrative agencies responsible for the management of the standards work with their competence. 25 departments have set up 27 professional standards research institutes for strengthening the work of management and research of trade standards and the work of development and revision of standards.

Up to the end of 1996, the number of full time standardizers in the whole country reached, 23000 (not including those in enterprises) of which 600 were staff members of CSBTS and its subordinates, 3000 were administrative officers in the standardization administrative organizations of various departments and their standards research institutes, about 20000 persons worked in the standards administrative organizations and their subordinates of various provinces, autonomous regions and municipalities directly under the Central Government.

Specialized Standards Research Institutes in China

No.	Title	Competent Department
1	China Research Institute of Standardization and Information Classification and Coding	China State Bureau of Technical Supervision
2	China Technical Supervision Information Research Institure	China State Bureau of Technical Supervision
3	Machine Building Standards Research Institute of the Ministry of Machine Building Industry	Ministry of Machine Building Industry
4	Electronic Standards Research Institute of the Ministry of Electronics Industry	Ministry of Electronics Industry
5	Ordnance Standards Research Institute	China National Corporation of Ordnance Industry
6	Information and Standards Research Institute of the Ministry of Metallurgical Industry	Ministry of Metallurgical Insdustry
7	Standards Research Institute of China National Corporation of Nuclear Industry	China National Corporation of Nuclear Industry
8	Standards Programming Research Institute of the Ministry of Radio,Film and Television	Ministry of Radio,Film and Television
9	No. 708 Research Institute	China National Corporation of Airspace Industry
10	No. 301 Research Institute	China National Corporation of Aircraft Industry

Continued

No.	Title	Competent Department
11	Standards Research Institute of the Union of Light Industry	Union of Light Industry
12	Standards Research Institute of the Union of Textiles Industry	Union of Textiles Industry
13	Standards Research Institute of the Ministry of Chemical Industry	Ministry of Chemical Industry
14	Standards and Metrology Research Institute of the Ministry of Communications	Ministry of Communications
15	Standards Research Institute of the State Bureau of Building Materials	State Bureau of Building Materials
16	Standards Research Institute of the State Bureau of Surveying and Mapping	State Bureau of Surveying and Mapping
17	Standards Research Institute of the China National Corporation of Shipbuilding Industry	China National Corporation of Shipbuilding Industry
18	Standards and Metrology Research Institute of the China National Corporation of Nonferrous Metallurgical Industry	China National Corporation of Non-ferrous Metallurgical Industry
19	Standards Office of the Research Institute of Petrochemical Industry of the China National Corporation of Petrochemical Industry	China National Corporation of Petrochemical Industry
20	Urban and Rural Building Construction Standards and Specification Research Centre	Ministry of Construction
21	Standards Information Research Institute of Power Industry of the Ministry of Electric Power	Ministry of Electric Power
22	Engineering Construction Standards and Specification Research Centre	Ministry of Construction
23	Standards and Metrology Research Institute of the Ministry of Railways	Ministry of Railways
24	Institute of Telecommunication of the Ministry of Post and Telecommunication	Ministry of Post and Telecommunication
25	Standards Research Institute of China Scientific Research Institution for Environmental Protection	State Bureau of Environmental Protection
26	China Tobacco Standardization Research Centre	State Administrative Bureau on Tobacco
27	Standards Research Institute of China National Corporation of Petroleum and Natural Gas	China National Corporation of Petroleum and Natural Gas

3. Work of Standards Technical Committees

In order to fully display the effect of experts in the fields of production, utilization, scientific research, education, supervision and inspection, and management , and to further develop the work of standardization in every professionally technical regions to join the track of international convention, in 1996, there were 6 national specialized technical committees and 12 subcommittees newly established. They were listed in following table.

Up to the end of 1996, 224 national specialized technical committees and 384 subcommittees were established and more than 20000 experts, scientists and technicians were invited as members of the TCs and SCs. Also, professional or local standards technical committees and subcommittees were established one after another under relevant ministries and local governments, which played active role in developing and revising national standards, trade standards, local standards and enterprise standards as well as in implementation and propaganda of standards.

List of New National Standards Technical Committees

CSBTS		Title	Secretariat
TC 219		Garments	Shanghai Garments Research Institute
TC 220		Metal-Forming Machine	Jinan Foundry and Metalforming Machine Research Institute of the Ministry of Machine Building Industry
TC 221		Quality Management and General Requirement of Medical Appliances	Department of Administrative Supervision of Medical Appliances of the State Pharmaceutical Administration
TC 222		Mutual Inductor	Shenyang Transformer Research Institute
TC 223		Engineering Facilities of Highway	Highway Science Research Institute of the Ministry of Communications
TC 224		Electric Illuminator	Beijing Electric Light Source Research Institute
	SC 1	Electric Light and Its Accessories	Beijing Electric Light Source Research Institute
	SC 2	Lamps and Lanterns	Beijing Electric Light Source Research Institute
TC 63	SC5	Water Treatment Agent	Tianjin Chemical Engineering Research Institute
TC 114	SC 23	Spark Plug	Spark Plug Research Institute of Thunderbolt Company, Nanjing
	SC 24	Piston Ring	Automobile Spare Parts Manufactory, Wuhan
	SC 25	Filter	Automobile Spare Parts Manufactory, Wuhan
TC 118	SC4	Agricultural chemicals	Shenyang chemical engineering research institute of the Ministry of Chemical Industry
TC 193	SC1	Basis	Information and Standards Research Institute of the Ministry of Metallurgical Industry
	SC2	Products	Luoyang refractory material Factory
	SC3	Testing methods	Luoyang refractory material research institute
TC 209	SC4	Printing and dyeing of cotton textiles	Shanghai textiles standard and metrology research institute
	SC5	Silk	Zhejiang scientific research institute of silk

4. International Standardization Activities

Since participating the work of IEC in 1957, and ISO in 1978, China has paid close attention to international standardization activities. In the work of administration, China has elected as the member of ISO Council four terms in 12 years continuously. Mme. Li Rui, Deputy director general of CSBTS, is a member of Technical Management Board. Dr. Lu Shaozeng, former Deputy director general of CSBTS, was elected as the former vice chairman of IEC. China has been the member of executive committee of IEC for many years. During the important reform in ISO organization, Deputy secretary-general of the State Council, Mr. Xu Zhijian was invited as one of the 9 members of consultant group by ISO Chairman. In the technical work of both ISO and IEC, a great number of personnel, funds and equipments have been arranged by China. Nearly all trades in China , there were a certain amount of technical strength attending the technical activities of international standardization. In order to strengthen the administration , CSBTS has promulgated relevant rules on management.

(1) Technical work corresponding to ISO/IEC

Technical work corresponding to ISO/IEC is done mainly by appointed agencies corresponding to related technical committees or subcommittees of ISO and IEC. Those agencies are scientific research organizations in general, and a few enterprises and individual universities or colleges. Their main tasks are in charge of receiving and registering ISO/IEC technical documents, timely organizing personnel to analyze, study and verify these documents and to form China's comments and to vote in time, and organizing personnel to translate international standards into Chinese, and timely distributing technical documents to each agency concerned of China, and submitting suggestions and proposals on adoption of international standards to competent departments concerned.

① Aspect of appointed agencies

ISO has 185 TCs and 636 SCs now. China has participated 471 TCs or SCs as P members , approximately 56.6% of the total numbers of TCs and SCs of ISO. There are 249 appointed agencies which cover about 36 main trades throughout China, among them, 40 in machinery trade, more than 20 each in light, metallurgical and chemical trades and over 10 each in construction, non-ferro trades and petrochemical trade. Most of the appointed agencies are scientific research institutes, only 28 enterprises have undertaken the work corresponding to approximately 30 technical organizations of ISO, among them, 12 in metallurgical trade, 5 in non-ferro trade, 2 each in chemical, shipbuilding and petroleum trades and one each in automobile, electronics, packaging and tobacco trades. There are 500 personnel in charge of the technical work corresponding to ISO.

IEC has 88 TCs and 111 SCs now. China has participated in all TCs and SCs as P members. There are 71 appointed agencies which cover 12 main trades and distribute all over China, among them, 30 in machinery trade, 20 in electronics trade, 4 each in posts telecommunications, electric power and light industries, 2 in medicine trade and one each in the trades of shipbuilding, railways, automobile, public security, coal and nuclear industries. Most of the appointed agencies are also scientific research in-

stitutes, only 4 enterprises of electronics industry directly undertake the corresponding work of 4 technical organizations. There are 200 personnel or so are in charge of this work.

② Participating the forming process of technical documents of ISO/IEC

Technical documents mean those which are formed in several stages of standard preparation of ISO/IEC. There are 6 stages in the process of preparation of standard in ISO/IEC, namely preliminary stage, proposal stage (NP), working draft stage (WD), committee draft stage(CD), draft international standard stage (DIS), and publication stage formal ISO and IEC standards). In each stage, every member body can comment and vote. Preliminary stage is a new work stage introduced into ISO/IEC technical work program. It is mainly arranged for that new field , in this stage , some not matured items can be studied and its results can be issued in the form of technical report. Now, the working documents of preliminary stage are very few, China mainly participates in discussion and voting on the documents of the 5 stages at the rear. Relevant aspects are briefed as following:

(a) NP stage:
The number of China's proposals is very few. Up to now, there are approximately 20-30 proposals submitted by China in which nearly 20 have been defined as working items. Most of the work are commenting and voting on other member bodies' proposals. China is in favor of those proposals usually, 50%of which China is willing to participate actively.

(b) WD stage:
Once a working item is formed, working group should be set up immediately. When the working item is completed, the working group should dismissed. Up to now, about 10000 working groups have been set up by ISO/IEC. China has participated less than 200 WGs (in which 110 are ISO WGs), nearly 200 experts have been sent ,in most case, they are only corresponding members, who seldom take part in the meetings of WG to discuss the documents. Because those documents only deliver to the members of WG, China can not get the most of those documents. Therefore China is limited to express its opinions on development and revision of standards in the early stage, and can not obtain the newest technical information.

(c) CD stage:
It is the committee draft stage of international standards. In this stage, comments of the P members are collected widely. This is the key stage that China presents its technical comments. According to incomplete statistics, the rate which China voted on ISO/IEC CD documents was very low, about 50%, and the rate of comments on CD documents was about 30% to 40%, the adopted rate was approximately 50%.

During CD stage, there are a great contradiction in technical comments presented by each country. Intense controversy often arises on discussion. So, the rate of correspondence, which is a mode of work in common use, decreases, the probability of meetings increases greatly. It is easy to coordinate and set down the technical contents that all member bodies discuss them face to face. In the other side, it needs a lot of testing and verifying work which can offer a sound scientific foundation, in order to make their comments to have higher authorities. Similarly, due to lack of fund, China can not send more delegates to present many important technical meetings. The statistics which China presented the meeting in last few years, was listed as following.

Meetings Presented in Last Few Years

Year	ISO			IEC		
	Groups	Delegates	Meetings	Groups	Delegates	Meetings
1990	50	178	114	14	27	31
1991	48	134		19	55	60
1992	41	139		17	31	33
1993	30	80	26	20	25	21
1994	34	15	70	9	4	27
1995	26	106		18	70	62
1996	35	118	35	22	145	36

(d) DIS stage:

It is a stage of which international standards are basically matured. Technical comments shall not be accepted basically in this stage. All member bodies or national committees (whether it is P member or observer member O in technical organizations) shall vote on DIS. In this stage, requirements for P members are very high, if the rate of voting is lower than 90%, ISO central secretariat or IEC central office will give warning. If a P member body does not pay enough attention to it, membership of that member body will be changed from P to O. In 1993, China voted on 697 of 899 ISO/DIS needed to vote, voting rate was 77.5%.

(e) Review of ISO/IEC standards:

ISO/IEC standards shall be reviewed whether it is needed to affirm, revise and withdraw every five years. On some standards, China can point out the problems in those standards at any time and provide with revision comments, generally speaking, the voting rate of China is not high. It means that technical work corresponding to ISO/IEC is a key work of China to participate the activities of ISO/IEC, and is also an important basic work of adoption of international standards. In order to improve the work of adoption of international standards, technical work corresponding to ISO/IEC shall be strengthened.

(2) The aspect of undertaking secretariat

It is very important for safeguarding nation's interests to undertake the secretariat of ISO/IEC technical committee or subcommittee, because the secretariat has a certain priority on technical working item of the field authorized, developed countries show great interests on undertaking secretariat. Competition usually exists. In fact, most secretariats of ISO/IEC technical organizations are undertaken by developed countries, because undertaking secretariat needs enough funds and personnel, also masters English and French languages. So that only a few secretariats have been undertaken by developing countries. Up to now, China has undertaken 7 secretariats of ISO technical organizations, they are:

a. ISO/TC 17/SC 17 Steel wire rod and wire products (from 1993)
Secretariat: Standards Information Institute of the Ministry of Metallurgical Industry

b. ISO/TC 20/SC 1 Aerospace electrical requirements (from 1987)
Secretariat: Aviation Research Institute of Standardization

c. ISO/TC 122/SC 5 Terminology of package (from 1992)
Secretariat: China National Packing Import and Export Corporation

d. ISO/TC 179/SC 2 Reinforced masonry (from 1988)
Secretariat: North-Eastern Architectural Design Institute

e. ISO/TC 202 Microbeam analysis (from 1992)
Secretariat: Center of Instruments of Academy of Science of China

f. ISO/TC 202/SC 2 Electron probe microanalysis (from 1993)
Secretariat: Institute of Geology for Mineral Resources of China Non-Ferrous Metals Industry Corporation

g. ISO/TC 8/SC 4 Outfitting and deck machinery (from 1995)
Secretariat: Shanghai 704 Research Institute of China Ship Building Industry Corporation

(3) Active participation in the activities of ISO/IEC in 1996

① International meetings of ISO/TC100, ISO/TC 22/SC 11, ISO/TC 8/SC 4, ISO/TC 17/SC 1, ISO/TC 17/SC 12, IEC/TC 14, IEC/TC 90 and 3 working groups were undertaken by China.

② Assisting relevant ministries of the State Council, the domestic appointed agencies of IEC/TC 100, ISO/TC 172/SC 7, ISO/TC 213 and ISO/TC 214 were determined.

③ China attended the newly established technical committees TC 213 and TC 214 as P members.

④ From 27th October to 3rd November , president of ISO Mr. Mollmann visited China and made a speech on the world trade and standardization, who had met vice premier of the State Council Wu Bangguo.

⑤ In January 1996, Professor Reihlem, president of DIN from Germany, visited China. He made an academic report on the subject of environmental management in Europe at Beijing.

⑥ From 6th to 12th May, Senior Advisor of General Affairs of ISO, Mr. Aoki gave lectures in China.

5. Scientific Research and Technical Development Work in Standardization

In 1996, a new progress and grateful achievement have been made in the work of scientific research and development of standardization, which acted in the spirits of the 4th and 5th Plenary Sessions of the 14th Central Committee of the Party, adhered to the principle and policies of " economic construction must rely on science and technology, science and technology must face the economic construction" and "revitalizing the nation by relying on science and education" also adhered to the deepening of reform as well as placing equal emphasis on material progress and ethical and cultural progress. Following the development tendency of international standardization and facing enterprises and market as well as national economic construction, the new fields of standardization work were evolved vigorously.

(1) 18 scientific research projects were completed on schedule.

① Some key tasks of the State were completed, i. e. : "Research on quality monitoring technique of bar coded printing matters" descandcal by the State Commission of Science and Technology, and the scientific and technical key project " Movement of CIMS standardization research", and other important national projects. The achievements of those projects won the praises from experts, reached the international advanced level and provided a scientific base and technical foundation.

② The scientific research projects issued by CSBTS were completed, such as :

"Research on the standards system of professional safety and hygiene"
"Research on the standards system of classification and coding of environmental information in China"
"Research on the standards of EDI codes"
"Research on the design of EDI texts in newspapers"
"Preliminary research on the standards of reference model of open-ended EDI"
"Research and development of guidance of technical review and new grammar of EDIFACT"
"Research on Chinese definition and explanation of cross reference table of multilingual EDIFACT"
"System of service quality of bar code management organization"
"Research and compilation of subject words table of nomenclature of Chinese organizations"
"Research on developing procedure of national standards"
"Research on revision program of ' Law of Standardization'"
"Application research on analytical methods of dependability"
"Research on standardization system of urban geographical information system"
"Research on drafts of international standard of ISO 14000 Environmental Management System"
"Research on development and content of standard"
"Data bank of standardization terminology"
"First-aids in electrical accident".
Some of them were qualified and accepted by experts.

(2) progress was made in scientific and technological development in a certain extent.

Biaoxin corporation of China Standardization and Information Classification and coding(CSICCI) and Zhaogao high technology corporation (abbr. Guoma Corp.) of Academy of Science of China developed cooperatively IC card technique. A trial work of IC cards was carried out in Hangzhou and Ningbo to use copies of codes in the management of invoices of value added tax in their taxation bureaux. On the basis of the work in 1995, a new progress was obtained, 30000 IC cards were issued in issuing copies of codes, which was praised by the tax system of Hangzhou and relevant departments of Ningbo. Technology development section of Dongfang (Guangzhou) Bar Code Technology Training Center had mastered the production technology of bar code printers and put it in small serial production. This section cooperated with Symbol Company USA and Stone Corporation developed the equipment for assembling bar codes and at the same time, this section also cooperated with relevant domestic companies in producing the equipment of identification technique of 2-D bar codes. These were spread in the fields of industries, commerce, transportation, communication, post and telecommunication and electronic finance, and obtained good social economic results. CSICCI also associated with the 625 Research Institute of China Aviation Industry Corporation and No. 1 and No. 2 Motor Vehicle Plants established STEP Corporation, and in cooperation with Step Tool Corporation USA, GEDAS of Volkwagen and EP Corporation from Germany jointly developed softwares and sold foreign software products, therefore the standardization work of STEP were accelerated to join the international tracks. The work of "Development and sales of the bank of CAD standard software" was evolved positively, and obtained social recognition. After the products of anticounterfeit printing ink discolored by touching sold in the market, its marketing was enlarged over the sales of last year. The Quality Assurance Center of China Association for Standardization positively spread the work of ISO 9000 serial standards and developed consultant and servicing work for establishing the system of quality certification in enterprises, therefore praise was obtained from the consultant departments and enterprises.

6. Awards of the Achievement on Standardization

In 1996, based on the "Measures on Awarding Scientific and Technical Advancement for Standardization" of CSBTS, the Award Review Committee of CSBTS completed the reviewing work of the national standards approved and promulgated in 1993～1994, totally 81 standards were granted, among them 11 (2nd awards), 27 (3rd awards) and (43 4th awards).

Number of Standard	Title of item
2nd Award	
GB/T 15162—94	Technical guidelines for afforestation by aerial seeding
GB 8368—93	Infusion sets for single use
GB/T 15072. 1～15072. 20—94	Method for chemical analysis of precious metals and their alloys
GB/T 14636～14643—93	Test method of industrial circulating and borler water
GB 7717. 1～7717. 16—94	Acrylonitrile for industrial use and test method
GSB G 23048～23082—94	Analytical substantial standard samples of pesticide residue
GB/T 14593—93	Quantitative analysis method of cashmere, wool and their mixture fibers

Number of Standard	Title of item
GB/T 14391—93; GB15304—94;15216—94	Serial standards of global maritime distress and safety system(GMDSS)
GB/T 14617.1～14617.3—93	Propagation characteristics in land mobile service and fixed service
GB/T 15296—94	General specification of equipments for transportable satellite communication earth station
GB/T 13745—92	Classification and code of disciplines
	3rd Award
GB/T 2679.10—93	Paper and board—Compressive strength— Short span test
GB/T 14046—93	Lamps for railway signal
GB/T 15045—94	Fatty alkyl dimethyl tertiary amines
GB/T 2679.12—93	Paper and board—Qualitative analysis of mineral filler and mineral coating—Chemical method
GB/T 15163—94	Technical guidelines for setting apart hills (sand area) for tree growing
GB 15213—93	Medical electron accelerators—Functional performance characteristics and test methods
GB/T 15404—94	Test methods for manual sprayer
GB/T 14577—93	Textiles—Determination of water repellency of fabrics by the bundesmann rain-shower test
GB/T 14563～14565—93	Specification and test method of kaolinclay
GB/T 14306—93	VHS video cassette tape
GB 4491—93	Rubber transfusion tubes
GB 14591—93	Water clarifying agent—Polymeric ferric sulfate
GB/T 2405—94	Anthraquinone
GB/T 229—94	Metallic material—Charpy notch impact test
GB/T 14352.1～14352.18—93; GB/T 14353.1～14353.16—93	Methods for chemical analysis of tungsten ores, molybdenum ores, copper ores, lead ores and zinc ores
GB/T 15225～15228—94	Graduation of physical performances for building curtain walls and test method of deformation under wind pressure, water penetraion performance,air permeability performance
GB/T 14951—94	Measurement method of fuel saving technology for automobiles
GB/T 14494—93	Lead azide and lead trinitroresorcinate coprecipitation primary explosives
GB 15146.1～15146.9—94	Nuclear criticality safety for fissile materials outside reactor
GB/T 15154—94	Alumina powder for use in electron ceramics
GB/T 14960—94	Technical requirements and methods of measurement of infrared remote control radiation unit for television broadcast receivers
GB/T 15151.1～15151.2—94	Generic specification and measuring methods for frequency counters
GB/T 15189—94	Specification of DOS Chinese information processing system interface
GB/T 14857—93	Specification of encoding parameters of digital television for studio
GB/T 15118—94	Technical requirement for digital line systems on optical fibre cable at 4× 139264 kbit/s
GB/T 15410—94	Conformance test and procedures for the Chinese teletex system and terminal
GB 14821.1—93	Electrical installations of buildings—Protection against electric shock

Number of Standard	Title of item
	4th Award
GB/T 5177.5—93	Industrial alkylbenzene
GB/T 1914—93	Chemical analytical filter paper
GB/T 13524.3—93	Standard of artistic porcelain — Cultural ware
GB/T 2679.4—94	Paper and board— Determination of the roughness (Bendtsen method)
GB/T 14074.1～14074.18—93	Testing methods for wood adhesives and their resins
GB/T 9833.8—93	Brick tea— Mi zhuan tea
GB/T 9833.9—93	Brick tea— Qing zhuan tea
GB/T 14488.1—93	Method for determination of oil content in oilseeds
GB/T 14698—93	Method for the test of feed microscopy
GSB W50002—94	The national standards reference materials for polyester filament
GB/T 15101.1—94	Cultivation of penaeus Chinese osbeck—Parent shrimp
GB/T 14798～14800—93	Geotextiles—Determining apparent opening size of a geotexcile by dry sieving and test method for deterining the puncture resistance
GB/T 15343—94	Methods for chemical analysis of talc
GB/T 208—94	Standard test method for cement density
GB/T 14952.1～14952.3—94	Anodizing of Aluminium and Aluminium alloys—Test method for anodic oxide coating
GB/T 15071—94	Dysprosium metal
GB/T 3620.1～3620.2—94	Ti and Ti alloys—Designation, composition and permissibe variation of composition
GB/T 14603—93	Gases for electronic industry— Boron trifluoride
GB/T 15346—94	Chemical reagent— Packaging and marking
GB/T 4481.1—94	Food additive— Tartrazine
GB/T 15393—94	Zinc coating for steel wire
GB/T 2289—94	Viscous oil products of coal carbonization— Sampling
GB 446—93	Refined paraffin wax
GB/T 14158—93	Synthetic survey code for regional hydrogeology, engineering geology and environmental geology
GB/T 14498—93	Engineering geological terminology
GB/T 14782—93	Specification of grader
GB/T 3449—94	Measurement of noise inside railway vehicles
GB/T 14547—93	Electrical system design of electric and electrohydraulic steering gear in ships
GB/T 4300—94	General specification for marine gyrocompasses
GB/T 3037—94	Marine duo-eccentric-pivoted butterfly valves
GB/T 14360—93	Fixing arc step aluminium alloy accommodation ladders
GB/T 593—93	Marine bronze and cast iron flanged cocks
GB/T 15167—94	General specification for light source of semiconductor lasers
GB/T 15275—94	Standard for an 8-bit microcomputer bus system: STD bus
GB/T 2036—94	Terms for printed circuits

Number of Standard	Title of item
GB/T 15142—94	General specification for nickel-cadmium alkaline rechargeable single cells
GB/T 15394—94	General specification for probe tester
GB/T 15279—94	Specification of automatic telephone set
GB 1416—93	Envelopes
GB 5099—94	Seamless steel gas cylinders
GB 4387—94	Safety regulation for railway and road transportation in plants of industrial enterprises
GB/T 14503—93	General principle of nomenclature and classification of radioisotope products
GB 14318—93	Portable neutron ambient dose equivalent ratemeters for use in radiation protection

7. Local Standardization Work

In 1996, the work of local standardization was mainly based on the spirits of the 5th Plenary Session of the 14th Central Committee of the Party, taking "the two basic shifts" as its guidance, bringing the reform as impetus with the "quality as the core and standards and metrology as the foundation" , and fulfiled the functions of integral management and administrative enforcement overall. The standardization work proposed by the "National conference of the Directors of local bureaux of technical supervision" was accomplished, which played an important role in promotion of national economic development, technological progress in industries and specification of the market, as well as significant effect was obtained.

(1) The work of adoption of international and advanced foreign standards was vigorously carried out and the technological progress in industries was improved. In every locality, measures were taken actively, the plan and policies of adoption of international and advanced foreign standards were developed, the activities of "revitalizing the market by relying on quality","developing the manufactory by relying on quality" and "famous brand strategy" were enlivened, which encouraged the enterprises adopting international and advanced foreign standards vigorously also helped them developing enterprise standards with high level. Due to using the marks of international or advanced foreign standards and listing the items of key products adopted international or advanced foreign standards in the plan of trial production and the proposal of national new key products, the enthusiasm of enterprises and the rate of adoption of international or advanced foreign standards of them were highly raised. In 1996, there were 1070 products adopted the marks of international or advanced foreign standards, and 132 key products adopted international or advanced foreign standards were listed in the plan of trial production and appraisal of national key products.

(2) Around the reform and development of state owned enterprises, the work of enterprise standardization was conducted forcefully in accordance with its classification. The enterprise standardization work was positively strengthened, the establishment and perfection of standardization system in large and medium enterprises were conducted and the regulation on standard registration of enterprise products was implemented. So that the awareness of standardization and the level of enterprise standards

in enterprises were heightened.

(3) The work of propaganda, implementation and supervision of important national standards were vigorously evolved.

Because of further implementing the "Law of Standardization of China", during the work of standardization being carried out everywhere, the propaganda, implementation and supervision work of some important national standards were actively evolved, such as "General standard for the labelling of foods", "National flag", "Graphical symbols for use on public information signs", "Quality management and quality system elements—Part 2: Guidelines for service", "Working guidance of enterprise standardization" and "Directives for the work of reference materials". Those works made great economic and social results and were praised by all social sectors.

(4) The acceptance work of elimination of no standard production in trial counties (municipalities) in 1995 were carried out.

CSBTS issued the "Announcement on organizing the national acceptance work of elimination of no standard production in trial counties (municipalities)" to every technical supervision bureau of province, autonomous region, municipality directly under the Central Governmentl and independent planning municipality directly under the Central Government and the bureau of technical supervision of every trial county (municipality) at April 17th 1996 for doing well the 1st national acceptance work of elimination of no standard production in 1995. This announcement required that the acceptance work should be well organized in accordance with the "Acceptance measures of elimination of no standard production in trial counties (municipalities) national wide". According to the results of this acceptance work, there were 52 trial counties (municipalities) in 1995 met the requirement of that measures. Those counties (municipalities) were:

Beijing: Tongxian, Shunyixian

Tianjin: Tangguqu, Hebeiqu

Hebei: Pingquanxian, Sanheshi

Shanxi: Huomashi

Inner Mongolia Autonomous Region: suburb of Baotaoshi

Liaoning: Liaoyangxian, Donggangshi, Haichengshi, Lushunkuoqu of Dalianshi

Jilin: Huadianshi

Helongjiang: Qinganxian, Yilanxian

Shanghai: Songjiangxian

Jiangsu: Xishanshi, Taizhoushi, Yangzhongshi

Anhui: Tongchengxian, suburb of Hefeishi

Zhejiang: Linanxian, Shaoxingxian

Jiangxi: Gaoanshi

Fujian: Shaowushi, Huianxian, Ronganxian

Shandong: Zhangqiushi, Penglaishi, Jiaozhoushi

Henan: Yingyangshi, Xiuwuxian

Hubei: Dayeshi, Hanchuanxian

Hunan: Hengdongxian, Zhijiang Dong Nationality Autonomous county

Guangdong: Nanhaishi, Heshanshi
Guangxi Autonomous Region: Yulinshi, Lipuxian
Hainan: Wenchangxian
Sichuan: Jinniuqu of Chengdushi, Shapingbaqu of Chongqingshi, Shizhongqu of Deyangshi
Guizhou: Zunyixian
Yunnan: Luliangxian
Shaanxi: Nanzhengxian, Huxian
Gansu: Xiguqu of Lanzhoushi
Qinghai: Huangzhongxian
Ningxia Autonomous Region: Zhongweixian
Xinjiang Autonomous Region: Shihezishi
CSBTS issued honorable certificates and brocade banners of "National county (municipality) of Elimination of No Standard Production" to those 52 counties (municipalities).

(5) The trial counties (municipalities) of elimination of no standard production in 1996 were disposed. CSBTS approved 53 counties (municipalities), among them 2 prefectural municipalities, as the trial counties (municipalities) in 1996, in considering the recommendation from various provincial technical supervision departments and the application from the People's Governments of various counties (municipalities) as well as to further enlarge the working extent of elimination of no standard production in trial counties (municipalities). Those counties (municipalities) were:

Beijing: Miyunxian, Pingguxian
Tianjin: Nankaiqu, Beichenqu
Hebei: Zhuozhoushi, Xingtaixian
Shanxi: Linyixian
Inner Mongolia Autonomous Region: Wongniuteqi
Liaoning: Xinminshi, Dawaxian, Lianshanqu of Huludaoshi
Jilin: Meihekuoshi
Helongjiang: Kedongxian, Mulingshi
Jiangsu: Changshushi, Jiangyinshi, Wuxianshi, Nantongshi (prefectural)
Shanghai: Baoshanqu, Jiadingqu
Anhui: Tianchangshi, Ningguoxian, Wuhushi (prefectural, including Wuhuxian, Fanchangxian and Nanlingxian)
Zhejiang: Yuhangshi, Deqingxian
Shandong: Zhangdianqu of Ziboshi, Shuoguangshi, Lingxian
Fujian: Gutianxian, Longyanxian
Jiangxi: Ruichangshi, Ganxian
Henan: Weihuishi, Zhenpingxian
Hubei: Xiantiaoshi, Yichangxian
Hunan: Lengshuijiangshi, Linwuxian
Guangdong: Sihuishi, Lianzhoushi
Guangxi Autonomous Region: Beiliushi, Xinganxian
Hainan: Zhanzhoushi
Sichuan: Ya'anshi, Yuzhongqu of Chongqingshi

Guizhou: Bijieshi
Yunnan: Rongrenxian
Shaanxi: Qishanxian, Hantaiqu of Hanzhongshi
Gansu: Gaotaixian
Qinghai: Leduxian
Ningxia Autonomous Region: Yanchixian
Xinjiang Autonomous Region: Yanqi Hui Nationality Autonomous County

(6) The executive plan of elimination of no standard production of trial counties (municipalities) was promulgated.

This plan was promulgated by CSBTS at August 4th 1996 for implementing the "Law of Standardization of China" and the "Law of PRC on Product Quality" in compliance with the necessary of the development of socialist market economy, promoting the technological progress in enterprises, stabilizing and raising the quality of enterprise products and specifying the work of elimination of no standard production. In this plan, the working organizations, application procedure, confirmation, necessary conditions, working requirements and objectives of the trial county (municipality) of elimination of no standard production, and definitions of no standard production and executive measures and procedure of elimination of no standard production were specified. The implementation of this plan would promote the work of elimination of no standard production in trial counties (municipalities) in our country forward healthily and orderly.

8. Legislation Establishment in the Field of Standardization

Since December 29th 1988, the 7th standing committee of the National People's Congress adopted the "Law of Standardization of the People's Republic of China", the laws and regulations of standardization were continuously completed in our country, which provided a more perfect basis of law and regulation for management of standardization work in accordance with legislation. In 1995, CSBTS issued the No. 40 Order "Provision on Investigating and Dealing with the Food Labelling in Violation of Laws" for further promoting the implementation of compulsory national standard "General Standard for the Labelling of Food". Till the end of 1996, there were laws, regulations and rules refer to standardization work as following:

"Law of Standardization of the People's Republic of China"
"Regulation on Implementing the Law of Standardization of the People's Republic of China"
"Explanation of Clauses in the Law of Standardization of the People's Republic of China"
"Regulation on Product Quality Certification"
"Rule on the Administration of National Standards"
"Rule on the Administration of Professional Standards"
"Rule on the Administration of Local Standards"
"Rule on the Administration of Standardization in Enterprise"
"Rule on the Administration of Energy Resource Standardization"
"Rule of the Agriculture Standardization Management"
"Rule on the Administration of Standards Archives"
"Rule on Standards Publishing and Distribution"

"Rules on Adoption of International Standards and Advanced Overseas Standards"

"Measures on Management of Marks of Product Production in Accordance with International Standards (on Trial)"

"Constitution of the National Specialized Standards Technical Committees"

"Provision on Investigating and Dealing with the Food Labelling in Violation of the Law"

"Rules on the Management of Information Classification and Coding"

"Rules on the Management of National Certificated Reference Materials"

"Rules on the Examination Management of Standardization of New Mechanical and Electrical Products"

"Rules on the Examination Management of Standardization of Imported Technology and Equipments"

"Regulation on Implementation of High Quality with Preferential Prices for Industrial Products Adopted International Standards".

9. China Association for Standardization and Its Main Activities

China Association for Standardization (CAS) is an academic mass organization organized voluntarily by standardizers of the whole country. It is a part of China Association for Science and Technology, and attached to CSBTS. Its secretariat is jointly led by both China Association for Science and Technology and CSBTS.

CAS was set up in 1973. In 1979, it held its first National Congress. At its 4th National Congress in August 1994, the 4th Council of CAS was elected. In consideration of current situation, objectives and academic characteristics of standardization, the constitution of CAS was revised once again.

The working organizations of this Council are: Academic Committee, Popularization and Education Committee, Foreign Affairs Committee and Financial Administration Committee. Now, the professional standardization associations of CAS are: Standardization Association of Chemical Industry, Metallurgical Standardization Association, Machine Building Standardization Association, Electronics Standardization Association, Ordnance Standardization Association, Fibre Inspection Standardization Subcommittee and Branch Association of Enterprises Standardization. Those associations are the components of CAS.

CAS has more than 25000 individual members and over 500 member bodies. In 29 provinces, autonomous regions and municipalities directly under the Central Government, local standardization associations have been established. They are body members of the Council of CAS, receive professional instruction and carry out all kinds of activities in compliance with the necessities of their enterprises and professions under the leadership of CAS.

CAS has paid great attention to academic theoretical exchange in the field of standardization. The local standards associations organized academic studies at various levels. In order to give full role played by the local standards associations, CAS specifically held a academic exchange conference at which the orientation and key points of the future standards theoretical study were discussed, i. e. firstly , on the basis of the past 40 years of standards work , the experience was summarized to push the standards theory and discipline construction to a new stage; secondly, academic activities must closely combine with the practice of national economic construction, through implement the Law of Standardization, to put forward recommendations to standards administrative departments for macro-decision; thirdly, the theory and practice of standardization with the Chinese characteristics should be investigated in accordance with the socialist market economic system. For these purposes, CAS had supported the development of academic activities of local standards associations, additionally, positively propagated and implemented the standards and undertook the supervision work on implementation of standards. Thus, a positive effect was developed in promoting the development of standardization work.

CAS implemented standardization training and education for enterprises in the whole country. So far, it had set up correspondent training courses on standardization for small and medium industrial enterprises , on standardization and normalization for commercial enterprises, and on international trade and standardization. Nearly 245 thousand trainees finished different courses and got certificates. They have taken important roles when they went back to their posts of standardization work. CAS organized activities for standardization associations of different level to evaluate widely the propaganda activities by taking the chance of commemoration of the Day of Standards in each year. Hundreds of thousands of peoples took part in those activities and accepted the education of standardization to strengthen their awareness of standardization.

In 1996,CAS carried out a series of activities with grateful effect to fulfil the demands of service for scientific management and scientific and technological progress. Those activities, surrounding the key tasks of the front of standardization and the deepening reform in our country, were accomplished under the leadership and support of CSBTS and China Association for Science and Technology (CAST). At the same time, There were a lot of successes obtained in the fields of rationalizing the interior organizations and structures, adjusting the human resources and evolving the new services to comply the change of big environment of market economy.

(1) Popularizing the applied industrial engineering enlarged the social influence of CAS and made a great economic efficiency for enterprises, and obtained praise from CSBTS and CAST. Also the applied industrial engineering was popularized and related standards were developed. Based on those results, CSBTS and CAS jointly convened the 2nd National Conference of achievements releases of applied industrial engineering in March 1996. Li Chuanqing, Director General of CSBTS, and other leading cadres attended this conference and made instructions. Wang Zhiguo, Secretary of CAST, Yuan Baohua, Honorary Director of the Council of CAS, Wang Dahang, an famous expert and academician of both the Academy of Science and the Academy of Engineering, attended this conference too and expressed their congratulations. In the near 3 years, CAS has done a lot of investigation and research work, and obtained successful experience and social economic efficiency in organizing enterprises applying the principle of industrial engineering to develop working and management standards. According to statistics, 63 achievements of 22 enterprises, which were commended in this conference, won the direct economic efficiency up to 320 million yuan. This popularization work was one project of the plan of Golden Bridge Engineering of CAST, which had won the first prize of excellent organization unit and third prize of excellent project of the Golden Bridge Engineering in the 5th national representative conference of CAST in May 1996.

(2) The 3rd Sino-Japanese technical exchange meeting on standardization was successfully organized, and a great deal of benefits were given to both sides. In accordance with the bilateral agreements between CAS and JSA in October 1996, CAS sent a delegation of 7 delegates to Japan for developing the academic exchange. The theme discussed in this exchange was the "Knowledge and practice on ISO 14000 environmental management". Our delegation not only provided typical domestic cases of implementation of ISO 14000 for exchange and also brought practical experience of the combination of ISO 9000 and ISO 14000 system for exchange, thus a new content was added to this exchange, which was praised by the Japanese trade. Also, our delegation obtained Japanese practical experiences on development of ISO 14000 in Japan.

(3) 1996 Seminar on standardization and market management of computer was held, that forcefully brought the reorganization of computer market forward in Beijing.

Through a prompt inspection by the inspection organization of Beijing against the computer market at Zhongguanchun, it was very serious that "Four No" products (production not in obedience to the national standards, no production licenses, products no Chinese labelling, no inspection facilities) were exposed. Leaders from CSBTS and Beijing Bureau instructed that the management of computer market should be strengthened. Therefore, CAS committed by CSBTS, the Ministry of Electronics Industry and Beijing Bureau of Technical Supervision convened a seminar on standardization and market management of computers in Beijing, and organized more than 20 domestic famous branded computer aggregated corporations and relevant responsible departments to discuss the specification management of computer market in the spirit of fostering the superior and restricting the inferior, specifying the market and serving enterprises. In this seminar, 18 well known enterprises jointly proposed that their production, sales and user service were in obedience to the national standards firstly among numerous computer enterprises. This seminar gave a great shock to the trade of computer and brought about very profound social respond.

(4) A seminar on the standards of environmental management of ISO 14000 was successfully held and laid a foundation for developing the work of propaganda and implementation of ISO 14000 standard. In November 1996, the first seminar on the standards of environmental management of ISO 14000 was successfully convened in the support of relevant departments of CSBTS. About 50 representatives from every local system of technical supervision, enterprises, institutions, colleges, universities and research units attended this seminar.

(5) The training and education work was fit in with the demands of enterprises much more, and obtained success and breakthrough in the fields of technical and professional training. The correspondence training of "Market economy and Standardization" began at the lower half of 1995, and completed in 1996, 17 provinces and municipalities participated this training and approximately 3000 trainees were enrolled. Except individual province, most regions completed this training. Additionally, there were some training work organized, such as ;a propagating and implementing training course on ISO 9000 serial standards nearly thousand people attended , 4 terms of training course for national registered auditors, 3 terms of propagating and implementing training courses on national standards of electrical graphical symbols, fire, places of hazardous goods, and a training course of propagating and implementing national standards on plug and socket, a training course on national standard on cement

and wire poles, and 4 terms of propagating and implementing training courses on ISO 9000 standards for internal auditors of enterprises. The trainees were all come from the professional technical posts of the production front, who accepted those courses and made direct effect on implementation of national standards and promotion of the technological progress in enterprises.

(6) The education of propagating and popularizing standardization was developed by utilizing the important social activities. The 27th " World Standards Day" in 1996 took the "Calling on Service Standards" as its theme. During this period, a serial activities of propaganda and popularization of standardization and specification in service enterprises were evolved. More than 30 thousand pictorial posters and 10 thousand propaganda documents were printed. High level lectures were held and the news were reported in national newspapers and on CCTV therefore the propagating effect was enlarged. Otherwise, CAS helped the 1st China exhibition of children's goods to develop activities and examine the safety and hygienic quality of children's goods exhibited, so that a certain social benefit was obtained.

With the development of standardization, CAS extended the limit of international cooperation. It established cooperative relation with ANSI, ASTM, JSA and DIN etc. CAS also kept close contact with many other foreign standardization organizations. The Chinese edition of "Standardization News" was published together by CAS and ASTM, and the Chinese edition of "German Standardization" was jointly published by CAS and DIN. Those editions brought information of ISO/IEC and standardization technology and achievements in developed countries to Chinese experts and scholars in the fields of enterprises, science and technology and education. As an assistant of CSBTS, CAS is taking an important role to carry out standardization in China.

List of the Associations for Standardization of Provinces, Autonomous Regions and Municipalities Directly under Central Government

Titles	Addresses	Postcodes
Beijing Municipal Association for Standardization	20 Hepingli Nankou, Beijing	100013
Tianjing Municipal Association for Standardization	265 Erma Road, Nankai, Tianjing	300100
Shanghai Municipal Association for Standardization	1227 Changle Road, Shanghai	200040
Heilongjiang Provincial Association for Standardization	67, Situ Road, Xiangfang District Harbin	150036
Jilin Provincial Association for Standardization	8 Minkang Road, Changchuen, Jilin	130041
Liaoning Provincial Association for Standardization	9-3 Xiang, Wenhua Road Heping District, Shenyang	110003
Iner Mongolian Association for Standardization	1 Xinhua Street, Huhehot	010055
Shanxi Provincial Association for Standardization	85 Fuxijie Street, Taiyuan	030002
Hebei Provincial Association for Standardization	10 South-Friendship Street Shijiazhuang, Hebei	050010
Shandong Provincial Association for Standardization	218 Shunhe Street, Jinan, Shandong	250001
Henan Provincial Association for Standardization	21 Garden Road, Zhengzhou, Henan	450003
Jiangsu Provincial Association for Standardization	309 Zhongshan North Road, Nanjing, Jiangsu	210003
Zhejiang Provincial Association for Standardization	66 Tianmushan Road Hangzhou, Zhejiang	310013
Anhui Provincial Association for Standardization	145 Ciaohu Lake Road, Hefei	230001
Hubei Provincial Association for Standardization	297 Zhongshan Road, Wuchang Wuhan, Hubei	430061
Hunan Provincial Association for Standardization	41 West Xinjian Road, Changsha	410007
Jiangxi Provincial Association for Standardization	Provincial Government Building West Beijing Road, Nanchang	330046
Fujian Provincial Association for Standardization	10 Hualin Road, Fuzhou City, Fujian	350003
Guangdong Provincial Association for Standardization	No. 3 Taishanmiao Qian, Henan nan cun, Guangzhou	510220
Guangxi Zhuang Autonomous Regional Association for Standardization	9 Xinghu Road, Nanning City Guangxi	530022
Yunnan Provincial Association for Standardization	151 East-Dongfeng Road, Kunming	650041
Guizhou Provincial Association for Standardization	No. 51 Touqiao Haimachong Guiyang City	550003

Titles	Addresses	Postcodes
Sichuan Provincial Association for Standardization	26 Bei-er-xiang, Dongfeng Road, Chengdu	610061
Shaanxi Provincial Association for Standardization	Provincial Government Office Xincheng District, Xi'an	710003
Gansu Provincial Association for Standardization	441 Nanchang Road, Lanzhou	730030
Qinghai Provincial Association for Standardization	1392-4 Changjiang Road, Xining	810000
Ningxia Hui Autonomous Regional Association for Standardization	No. 6 Building, Jiefang Xijie Yinchuan City	750001
Xinjiang Uygur Autonomous Regional Association for Standardization	32 Xinhuanan Road, Urümqi	830002
Hainan Provincial Association for Standardization	Nanbaolou, Haixiounanlu, Haikou	570003

10. Standards Information and Consultative Work

Under the authority of CSBTS, China Standards Information Center (CSIC), one of the five major national information agencies in scientific and technical information system, is professionally engaged in collection, processing and analysis of those standards documentation from domestic and overseas and finally providing service for whom standards information requested. CSIC has a quite solid technical force also possesses a set of advanced equipments with a local net work of more than 50 microcomputers, a hardware service 2000MB, and plentiful collection of more than 470000 standard documents from 61 countries, over 70 international and regional organizations, as well as more than 450 foreign professional institutions. There are also a collection of more than 160 kinds foreign standardization periodicals and over 6000 copies special publications. Over 10 thousand person/time readers from enterprises of industries and mining, and the departments of education, science, research and information all over the country were received.

CSIC established the standards data bank itself, including data from GB, ISO, IEC, DIN, BS, JIS, NF, ANSI, GOST, and EN. This data bank has comprehensive content with the numbering of Chinese Standards Classification, headings in Chinese and English and description subjects in Chinese and English as well as with unified format for retrieval in Chinese or English. This center owned advanced optical disk retrieval system for standards data-base and introduced several hundreds standards from American professional institutions and associations and regional standards HIS data banks from many countries, such as Canada, Australia and India etc.

Following service are available in CSIC: reading and copying standard documents, text translation and copies, publication and distribution of standard catalogue and information, sales of standard data bank, retrieval of standard documents by computer system, standards by correspondence, rapidly defining a subject, consultant service under special requirement, technical consultant of standard data bank system etc.

In 1996, CSIC collected 34 thousand standard documents, exchanged standard documents with 42 countries and regions and standardization periodicals with more than 50 countries and regions. Its purchasing work stressed on " to supplement the short", so that more than 20 thousand enterprise standards were purchased and about 2800 translated texts were collected. In this period, CSIC received standard readers 11 thousand person/time, and standard translation readers 2000 person/time, as well as edited and published the catalogue of translated texts of standards. CSIC completed the format conversions of exchanged data from foreign standards and the format conversion of GB. This center also renewed 7 data banks concerning GB, ISO, IEC, BS, NF, DIN and JIS, and accomplished the production of data bank of exchanged translated texts from DIN. It completed the work of data input and output and the system maintenance work of collating of magnetic discs and servers of Oracle system. In this year, the computer network was realized, and more than 1000 consultant letters of various categories of standards and 136 foreign consultant letters were handled, also over 3000 consultant phone calls and 6000 person/time readers inquiring were received. In this year, 1. 2 million pages were copied.

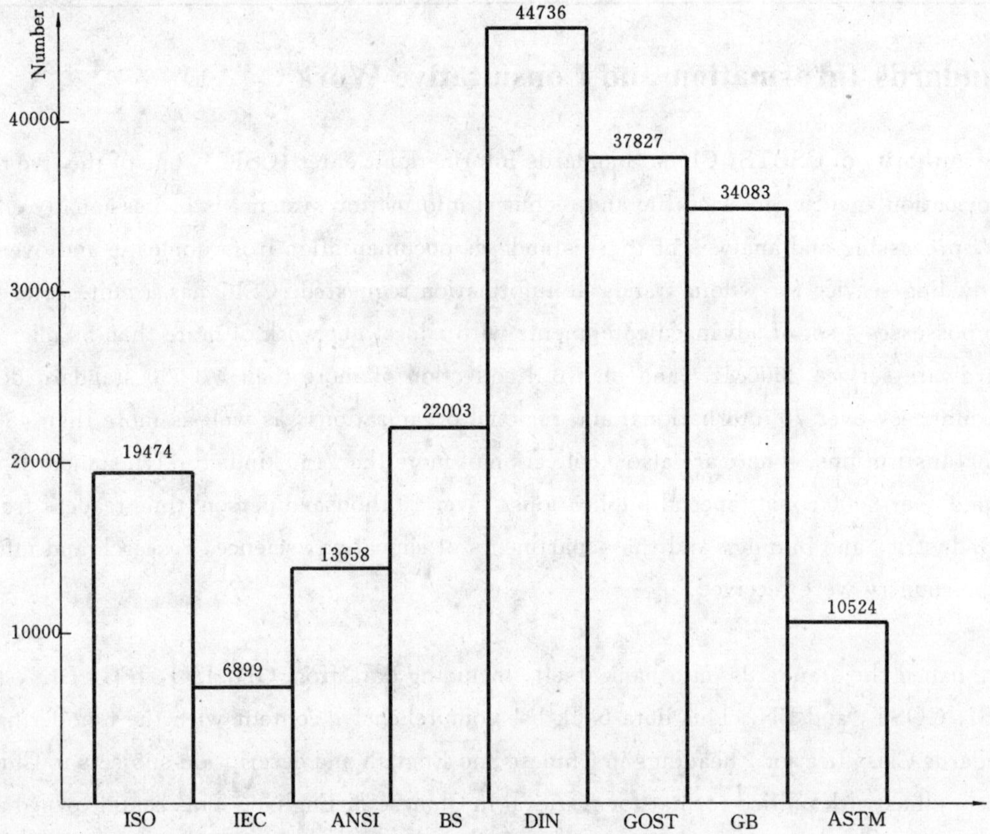

No. of Documents Storaged

11. Editing, Publishing and Distribution of Standards

The work of editing, publishing and distribution of standards is an important constituent of standardization work. It directly influences the work of propaganda, implementation and enforcement of standards. The implementation of the "Rules on Standards Publishing and Distribution" puts the management of standards publishing in our country in obedience to the track of legislation and specified the work of standards publishing. China Standards Press (CSP) undertakes the publishing and distribution tasks of national standards (Chinese and English edition) and most of the part of trade standards, books and audio-video products concerning standardization, except the standards of engineering construction, medicine, food hygiene, veterinary medicine and environmental protection.

The 5th national working conference of distribution work of standards and books was held in September 1996 to fulfil the promotion in specifying and scaling the distribution work of standards and books in the period of two basic shifts. At this conference, experience of the work of distribution of standards and books was summarized and the detailed opinion and measures of the work of distribution of standards and books were proposed. The titles of "pioneer of advanced unit", "Standard of outstanding results" and" model in management" were awarded separately to distribution stations of Shanghai, Sichuan and Liaoning. Silk banners, prizes and honorable certificates were issued separately to 17 distribution stations of Tianjin and others.

In 1996, CSP delivered 119. 89 million words manuscripts for press, compared with the annual plan of manuscripts delivered for press 50 million words, up to 240% of that planned. The varieties of those manuscripts were 2346, among them, 219 kinds of standards and 155 kinds of books. There were 2795 kinds of publications published, among them, 2592 kinds of standards and 203 kinds of books, i. e. 186% of the annual plan. The average publishing period was 121 days compared with the period in 1995 (134 days), 13 days shortened. The annual sales value was 41. 03 million yuan (list price), 127% of the annual plan were completed, and the annual profit will reach 5. 14 million yuan.

12. National Standards Approved and Promulgated in 1996

中标分类	标 准 号	标 准 名 称	实施日期
		A 综合 **A General**	
A00	GB/T 1.2—1996	标准化工作导则 第1单元：标准的起草与表述规则 第2部分：标准出版印刷的规定 Directives for the work of standardization—Unit 1: Drafting and presentation of standards—Part 2: Rules for publishing standards	1996-11-01
A00	GB/T 3935.1—1996	标准化和有关领域的通用术语 第1部分：基本术语 General terms and their definitions concerning standardization and related activities—Part 1: Basic terms	1996-11-01
A00	GB/T 15000.6—1996	标准样品工作导则(6) 标准样品包装通则 Directives for the work of materials(6)—General rules for package of cerfiffied refevence materials	1997-04-01
A00	GB/T 19015—1996	质量管理 质量计划指南 Quality management—Guidelines for quality plans	1997-07-01
A00	GB/T 19023—1996	质量手册编制指南 Guidelines for developing quality manuals	1996-10-01
A11	GB/T 16711—1996	银行业 银行电信报文 银行标识代码 Banking—Banking telecommunication messages—Bank identifier codes	1997-07-01
A12	GB 5296.5—1996	消费品使用说明 玩具使用说明 Instructions for use of products of consumer interest—Insetruction for use of toys	1998-01-01
A13	GB/T 16704—1996	计算机软件著作权登记文件格式 Document formats for registration of copyright in computer software	1997-07-01
A13	GB/T 16707.1—1996	产品品种立案通则 第1部分：产品品种档案卡格式 General rule for putting on record of product variety—Part 1: Record card form of product variety	1997-07-01
A13	GB/T 16707.2—1996	产品品种立案通则 第2部分：产品品种代码卡格式 General rule for putting on record of product variety—Part 2: Code card form of product variety	1997-07-01
A13	GB/T 16707.3—1996	产品品种立案通则 第3部分：产品品种立案管理规则 General rule for putting on record of product variety—Part 3: Managerial regulations for putting on record of product variety	1997-07-01
A14	GB/T 16159—1996	汉语拼音正词法基本规则 Basic rules for hanyu pinyin orthography	1996-07-01
A14	GB/T 16570—1996	汽车柴油机架装直列式喷油泵 安装尺寸 Motor vehicles cradle-mounted in-line fuel injection pumps for diesel engimes—Mounting dimensions	1997-04-01

中标分类	标准号	标准名称	实施日期
A15	GB/T 7516—1996	缩微摄影技术　图形符号 Micrographics—Graphical symbols	1997-05-01
A15	GB/T 16573—1996	缩微摄影技术　在16mm和35mm银-明胶型缩微卷片上拍摄文献的操作程序 Micrographics—Microfilming of documents on 16mm and 35mm silver-gelatin type microfilm-Operating procedures	1997-05-01
A22	GB/T 4728.13—1996	电气简图用图形符号　第13部分:模拟元件 Graphical symbols for electrical diagrams—Part 13: Analogue elements	1997-07-01
A22	GB/T 16273.1—1996	设备用图形符号　通用符号 Graphical symbols for use on equipment—Common symbols	1996-10-01
A22	GB/T 16273.2—1996	设备用图形符号　机床通用符号 Graphical symbols for use on equipment—Common symbols for machine tools	1996-10-01
A22	GB/T 16431—1996	中国盲文音乐符号 China braille musical signs	1996-12-01
A22	GB 16689—1996	香港特别行政区区旗 Regional flag of Hong Kong special adiministrative region	1997-02-01
A22	GB 16690—1996	香港特别行政区区徽 Regional emblem of Hong Kong special adiministrative region	1997-02-01
A24	GB/T 12406—1996	表示货币和资金的代码 Codes for the representation of currencies and funds	1997-07-01
A24	GB/T 16295—1996	通用键盘汉字输入技能测试方法 The test method for universal keyboard chinese character input skill	1996-10-01
A24	GB/T 16472—1996	货物类型、包装类型和包装材料类型代码 Codes for types of cargo,packages and packaging materials	1997-01-01
A24	GB/T 16502—1996	劳动合同制用人形式分类与代码 Classification and code of employment form in labour contract system	1997-05-01
A24	GB/T 16713—1996	计算机硬件分类与代码 Classification and codes for computer hardware	1997-07-01
A25	GB 1251.2—1996	人类工效学　险情视觉信号　一般要求、设计和检验 Ergonomics—Visual danger signals—General requirements, disign and testing	1996-10-01

中标分类	标 准 号	标 准 名 称	实施日期
A25	GB 1251.3—1996	人类工效学　险情和非险情声光信号体系 Ergonomics—System of danger and non-danger signals with sound and light	1996-10-01
A25	GB/T 16251—1996	工作系统设计的工效学原则 Ergonomic principles in the design of work systems	1996-10-01
A25	GB/T 16252—1996	成年人手部号型 Hand sizing system—Adult	1996-10-01
A25	GB/T 16440—1996	振动与冲击　人体的机械驱动点阻抗 Vibration and shock—Mechanical driving point impedance of the human body	1996-12-01
A25	GB/T 16441—1996	振动与冲击　人体Z轴向的机械传递率 Vibration and shock—Mechanical transmissibility of the human body in the Z direction	1996-12-01
A28	GB/T 16418—1996	颗粒系统　术语 Particle system—Vocabulary	1997-04-01
A29	GB/T 16166—1996	滨海电厂海水冷却水系统牺牲阳极阴极保护 Sacrificial anode cathodic protection for seawater cooling system in coastal power station	1996-10-01
A41	GB/T 16306—1996	产品质量监督复查程序及抽样方案 Procedures and the plan of sampling for repeat test or inspection in product quality audit	1996-11-01
A41	GB/T 16307—1996	计量截尾序贯抽样检验程序及抽样表(适用于标准差已知的情形) Sequential sampling plans for inspection by variables for percent nonconforming (knownstandard deviation)	1996-11-01
A53	GB/T 13823.17—1996	振动与冲击传感器的校正方法　声灵敏度测试 Methods for the calibration of vibration and shock pick-ups—Testing of acoustic sensitivity	1996-10-01
A59	GB/T 3767—1996	声学　声压法测定噪声源声功率级　反射面上方近似自由场的工程法 Acoustics—Determination of sound power levels of noise sources using sound pressure—Engineering merthod in an essentially free field over a reflecting plane	1996-12-01
A59	GB/T 3768—1996	声学　声压法测定噪声源声功率级　反射面上方采用包络测量表面的简易法 Acoustics—Determination of sound power levels of noise sources using sound pressure—Survey method using an enveloping measurement surface over a reflecting plane	1996-12-01
A59	GB/T 3947—1996	声学名词术语 Acoustical terminology	1997-03-01

中标分类	标准号	标准名称	实施日期
A59	GB/T 16296—1996	声学　测听方法　第2部分:用纯音及窄带测试信号的声场测听 Acoustics—Audiometric test methods—Part 2: Sound field audiometry with pure tone and narrow-band test signals	1996-11-01
A59	GB/T 16402—1996	声学　插入式耳机纯音基准等效阈声压级 Acoustics—Reference equivalent threshold sound pressure levels for pure tones and insert earphones	1996-12-01
A59	GB/T 16403—1996	声学　测听方法　纯音气导和骨导听阈基本测听法 Acoustics—Audiometric test methods—Basic pure tone air and bone conduction threshold audiometry	1996-12-01
A59	GB/T 16404—1996	声学　声强法测定噪声源的声功率级　第1部分:离散点上的测定 Acoustics—Determination of sound power levels of noise sources using sound intensity—Part 1: Measurement at discrete points	1996-12-01
A59	GB/T 16405—1996	声学　管道消声器无气流状态下插入损失测量　实验室简易法 Acoustics—Measurement of insertion loss of ducted silencers without flow—Laboretory survey method	1996-12-01
A59	GB/T 16406—1996	声学　声学材料阻尼性能的弯曲共振测试方法 Acoustics—Flexural resonance testing method for damping properties of acoustical materials	1996-12-01
A59	GB/T 16407—1996	声学　医用体外压力脉冲碎石机声场特性及其测量 Acoustics—Characteristics and measurements of field of pressure pulse lithotripters	1996-12-01
A59	GB/T 16538—1996	声学　声压法测定噪声源声功率级　使用标准声源简易法 Acoustics—Determination of sound power levels of noise sources using sound pressure—Survey method using a reference sound source	1997-03-01
A59	GB/T 16539—1996	声学　振速法测定噪声功率级　用于封闭机器的测量 Acoustics—Determination of sound power levels of noise sources using vibration velocity—Measurement for seal machinery	1997-03-01
A59	GB/T 16540—1996	声学　在0.5～15MHz频率范围内的超声场特性及其测量水听器 Acoustics—Measurement and characterisation of ultrasonic fields in the frequency range 0.5MHz to 15MHz—Hydrophone method	1997-03-01
A80	GB/T 4122.1—1996	包装术语　基础 Packaging terms—Basic terms	1996-10-01

中标分类	标 准 号	标 准 名 称	实施日期
A80	GB/T 4122.2—1996	包装术语 机械 Packaging terms—Machinery	1996-10-01
A80	GB 12982—1996	国旗 National flag	1997-02-01
A80	GB/T 16469—1996	缝纫机包装 Sewing machine packing	1996-10-01
A80	GB/T 16716—1996	包装废弃物的处理与利用 通则 General rule of packaging waste disposal and utilization	1997-05-01
A82	GB/T 16265—1996	包装材料试验方法 相容性 Test of packaging materials —Compatability	1996-09-01
A82	GB/T 16266—1996	包装材料试验方法 接触腐蚀 Test of packaging materials—Contact corrosivity	1996-09-01
A82	GB/T 16267—1996	包装材料试验方法 气相缓蚀能力 Test of packaging materials—Vapors corrosion inhibiting ability	1996-09-01
A82	GB/T 16268—1996	家用电冰箱包装 The packaging for household refrigerator	1996-09-01
A82	GB/T 16473—1996	黄磷包装 Packing for yellow phosphorus	1997-01-01
A82	GB/T 16717—1996	包装容器 重型瓦楞纸箱 Packing containers—Heavy duty corrataed box	1997-05-01
A82	GB/T 16718—1996	包装材料 重型瓦楞纸板 Packing material—Heavy duty corrataed fibre board	1997-05-01
A82	GB/T 16719—1996	双向拉伸聚苯乙烯(BOPS)片材 Biaxially oriented polystyrene (BOPS) sheet	1997-05-01
A83	GB/T 4892—1996	硬质直方体运输包装尺寸系列 Dimensions of rigid rectangular packages—Transport packages	1997-01-01
A85	GB/T 2934—1996	联运通用平托盘 主要尺寸及公差 General-purpose flat pallets for through transit of goods—Principal dimensions and tolerances	1997-08-01
A85	GB/T 4995—1996	联运通用平托盘 性能要求 General-purpose flat pallets for through transit of goods—Performance requirements	1997-08-01
A85	GB/T 4996—1996	联运通用平托盘 试验方法 General-purpose flat pallets for through transit of goods—Test methods	1997-08-01
A85	GB/T 16563—1996	系列 1：液体、气体及加压干散货罐式集装箱 技术要求和试验方法 Series 1：Tank containers for liquids，gases and pressurized dry bulk—Specification and testing	1997-06-01

中标分类	标 准 号	标 准 名 称	实施日期
A85	GB/T 16564—1996	系列1：平台式、台架式集装箱　技术要求和试验方法 Series 1: Platform and platform-based containers—Specification and testing	1997-06-01
A87	GB/T 16470—1996	托盘包装 Pallet package	1996-10-01
A87	GB/T 16471—1996	运输包装件尺寸界限 Dimensional constraints for transport package	1996-10-01
A87	GB/T 16561—1996	集装箱设备交接单 Equipment interchange receipt for freight container	1997-06-01
A91	GB/T 4718—1996	火灾报警设备专业术语 Terms in connection with fire alarm equipments	1996-11-01
A91	GB 10408.7—1996	超声和被动红外复合入侵探测器 Combination ultrasonic and passive infrared intrusion detector	1997-05-01
A91	GB 16282—1996	119火灾报警系统通用技术条件 General technical conditions for 119 fire alarm system	1996-11-01
A91	GB/T 16283—1996	固定式灭火系统基本术语 Fundamental terminology of fixed extinguishing systems	1996-11-01
A91	GB/T 16571—1996	文物系统博物馆安全防范工程设计规范 Designed criterion of security and alarm enginering for cultural museums series	1997-05-01
A91	GB/T 16572—1996	防盗报警中心控制台 Security alarm centre control stations	1997-05-01
A91	GB/T 16676—1996	银行营业场所　安全防范工程设计规范 Security and alarm enginering specification for banking business place	1997-07-01
A91	GB/T 16677—1996	报警图像信号有线传输装置 Transfer equipment of alarm picture signal through cable	1997-07-01
A94	GB/T 16624—1996	防暴枪通用技术条件 General specification of anti-riot gun	1997-04-01

B 农业、林业
B Agriculture Forestry

中标分类	标 准 号	标 准 名 称	实施日期
B04	GB/T 16290—1996	感官分析　方法学　使用标度评价食品 Sensory analysis—Methodology—Evaluation of food products by methods using scales	1996-09-01
B04	GB/T 16291—1996	感官分析　专家的选拔、培训与管理导则 Sensory analysis —General guidance for the selection, training and monitoring of experes	1996-09-01

中标分类	标 准 号	标 准 名 称	实施日期
B11	GB/T 16453.1—1996	水土保持综合治理 技术规范 坡耕地治理技术 Regulation of techniques for comprehensive control of soil erosion—Technique for erosion control of slope land	1996-09-01
B11	GB/T 16453.2—1996	水土保持综合治理 技术规范 荒地治理技术 Regulation of techniques for comprehensive control of soil erosion—Technique for erosion control of waste land	1996-09-01
B11	GB/T 16453.3—1996	水土保持综合治理 技术规范 沟壑治理技术 Regulation of techniques for comprehensive control of soil erosion—Technique for erosion control of gullies	1996-09-01
B11	GB/T 16453.4—1996	水土保持综合治理 技术规范 小型蓄排引水工程 Regulation of techniques for comprehensive control of soil erosion—Small engineering of store, drainage and draw water	1996-09-01
B11	GB/T 16453.5—1996	水土保持综合治理 技术规范 风沙治理技术 Regulation of techniques for comprehensive control of soil erosion—Technique for control of wind erosion	1996-09-01
B11	GB/T 16453.6—1996	水土保持综合治理 技术规范 崩岗治理技术 Regulation of techniques for comprehensive control of soil erosion—Technique for erosion control of collapse hill	1996-09-01
B21	GB 4404.1—1996	粮食作物种子 禾谷类 Seeds of food corps—Cereals	1997-06-01
B21	GB 4404.2—1996	粮食作物种子 豆类 Seeds of food corps—Legumina	1997-06-01
B30	GB 4407.1—1996	经济作物种子 纤维类 Seeds of economic crops—Fibres	1997-06-01
B30	GB 4407.2—1996	经济作物种子 油料类 Seeds of economic crops —Oil crops	1997-06-01
B31	GB/T 16715.1—1996	瓜菜作物种子 瓜类 Seeds of gourd and vegetable—Melon crop	1997-06-01
B35	GB/T 16448—1996	烟草品种命名原则 Rule for name of tobacco cultivar	1997-01-01
B35	GB/T 16449—1996	香料烟 形状和尺寸特征的测定 Oriental leaf tobacco—Determination of form and size characteristics	1997-01-01
B40	GB 16548—1996	畜禽病害肉尸及其产品无害化处理规程 Code for the bio-safety disposal of carcasses and by-products from diseased livestock and poultry	1997-02-01

中标分类	标 准 号	标 准 名 称	实施日期
B41	GB 16549—1996	畜禽产地检疫规范 Quarantine requirements for livestock and poultry at the places of production	1997-02-01
B41	GB 16550—1996	新城疫检疫技术规范 Technical code of quarantine for newcastle disease	1997-02-01
B41	GB 16551—1996	猪瘟检疫技术规范 Technical code of quarantine for swine fever	1997-02-01
B41	GB 16567—1996	种畜禽调运检疫技术规范 Code of quarantine technology for the movement of breeding livestock and poultry	1997-02-01
B41	GB 16568—1996	奶牛场卫生及检疫规范 Health and quarantine requirement for dairy cattle farms	1997-02-01
B45	GB/T 16569—1996	畜禽产品消毒规范 Disinfection requirement for livestock and poultry products	1997-02-01
B61	GB/T 16619—1996	林木采种技术 Tree seed collection	1997-07-01
B61	GB/T 16620—1996	林木育种及种子管理术语 Terminology of forest tree breeding and seed management	1997-07-01
B61	GB/T 16621—1996	母树林营建技术 The techniques used in siluiculture for seed production stand	1997-07-01
B90	GB 10395.5—1996	农林拖拉机和机械　安全技术要求　第5部分:驱动式耕作机械 Tractors and machinery for agriculture and forestry—Technical means for ensuring safety—Part 5: Power-driven soil-working equipment	1997-07-01
B90	GB 10395.9—1996	农林拖拉机和机械　安全技术要求　第9部分:播种、栽种和施肥机械 Tractors and machinery for agriculture and forestry—Technical means for ensuring safety—Part 9: Equipment for sowing, planting and distributing fertilizer	1997-07-01
B90	GB 10395.13—1996	农林拖拉机和机械　安全技术要求　第13部分:后操纵式动力草坪修整机和草坪修边机 Tractors and machinery for agriculture and forestry—Technical means for ensuring safety—Part 13: Powered walk-behind and hand-held lawn trimmers and lawn edge trimmers	1997-07-01
B91	GB/T 8097—1996	收获机械　联合收割机　试验方法 Equipment for harvesting—Combine harvesters—Test procedure	1997-07-01

中标分类	标准号	标准名称	实施日期
B91	GB 16151.1—1996	农业机械运行安全技术条件　轮式拖拉机 Safe technical requirements for agricultural machinery operating—Wheeled tractor	1996-04-01
B91	GB 16151.2—1996	农业机械运行安全技术条件　履带式拖拉机 Safe technical requirements for agricultural machinery operating—Tracklaing tractor	1996-04-01
B91	GB 16151.3—1996	农业机械运行安全技术条件　手扶拖拉机 Safe technical requirements for agricultural machinery operaiing—Walking tractor	1996-04-01
B91	GB 16151.4—1996	农业机械运行安全技术条件　固定式柴油机 Safe technical requirements for agricultural machinery operating—Stationary diesel engine	1996-04-01
B91	GB 16151.5—1996	农业机械运行安全技术条件　农用挂车 Safe technical requirements for agricultural machinery operating—Agricultural trailer	1996-04-01
B91	GB 16151.6—1996	农业机械运行安全技术条件　铧式犁 Safe technical requirememts for agricultural machinery operating—Bottom plow	1996-04-01
B91	GB 16151.7—1996	农业机械运行安全技术条件　旋耕机 Safe technical requirements for agricultural machinery operating—Rotary tiller	1996-04-01
B91	GB 16151.8—1996	农业机械运行安全技术条件　圆盘耙 Safe technical requirements for agricultural machinery operating—Disk harrow	1996-04-01
B91	GB 16151.9—1996	农业机械运行安全技术条件　播种机 Safe technical requirements for agricultural machinery operating—Seeder	1996-04-01
B91	GB 16151.10—1996	农业机械运行安全技术条件　筒式脱粒机 Safe technical requirements for agricultural machinery operating—Simple thresher	1996-04-01
B91	GB 16151.11—1996	农业机械运行安全技术条件　复式及半复式脱粒机 Safe technical requirements for agricultural machinery operating—Complex thresher	1996-04-01
B91	GB 16151.12—1996	农业机械运行安全技术条件　谷物联合收割机 Safe technical requirements for agricultural machinery operating—Grain combine	1996-04-01
B91	GB 16151.13—1996	农业机械运行安全技术条件　农副产品加工机械 Safe technical requirements for agricultural machinery operating—Process machinery for farm and sideline	1996-04-01
B91	GB/T 16714—1996	连续式粮食干燥机 Continuous-flow grain dryer	1997-07-01

中标分类	标准号	标准名称	实施日期
B97	GB/T 16485—1996	制材机械通用技术条件 General technical conditions for lumber machine	1997-02-01

C 医药、卫生、劳动保护

C Medicine, Public Health, Labour Protection

中标分类	标准号	标准名称	实施日期
C05	GB 16408.1—1996	民用航空飞行人员体格检查鉴定标准 Appraisal standard of physical examination for civil aviation aircrew	1996-10-01
C05	GB 16408.2—1996	民用航空空中交通管制员体格检查鉴定标准 Appraisal standard of physical examination for civil aviation air traffic controllers	1996-10-01
C05	GB 16408.3—1996	民用航空招收飞行学生体格检查鉴定标准 Appraisal standard of physical examination for recruitment of civil aviation airman trainees	1996-10-01
C05	GB/T 16408.4—1996	民用航空空中乘务员体格检查鉴定标准 Appraisal standard of physical examination for civil aviation flight attendants	1996-10-01
C05	GB/T 16432—1996	残疾人辅助器具　分类 Technical aids for disabled persons—Classification	1996-12-01
C05	GB/T 16433—1996	残疾人田径运动员医学和功能分级标准 Medical and functional classification standard of athletics for disabled athletes	1996-12-01
C08	GB 5197.1—1996	玻璃输液瓶盖　第1部分:铝盖 Caps for infusion glass bottles—Part 1:Aluminium caps	1997-07-01
C08	GB 5197.2—1996	玻璃输液瓶盖　第2部分:铝塑组合盖 Caps for infusion glass bottles—Part 2:Caps made of aluminium-plastics combinations	1997-07-01
C08	GB 5198.1—1996	抗生素玻璃瓶盖　第1部分:铝盖 Caps for injction glass vials of antibiotics—Part 1:Aluminium caps	1997-07-01
C08	GB 5198.2—1996	抗生素玻璃瓶盖　第2部分:铝塑组合盖 Caps for injection glass vials of antibiotics—Part 2:Caps made of aluminium-plastics combinations	1997-07-01
C10	GB/T 16292—1996	医药工业洁净室(区)悬浮粒子的测试方法 Test method for airborne particles in clean room (area) of the pharmaceutical industry	1996-10-01
C10	GB/T 16293—1996	医药工业洁净室(区)浮游菌的测试方法 Test method for airborne microbe in clean room (area) of the pharmaceutical industry	1996-10-01
C10	GB/T 16294—1996	医药工业洁净室(区)沉降菌的测试方法 Test method for settling microbe in clean room (area) of the pharmaceutical industry	1996-10-01

中标分类	标 准 号	标 准 名 称	实施日期
C46	GB 16174.1—1996	心脏起博器　第1部分：植入式心脏起博器 Cardiac pacemakers—Part 1: Implantable pacemakers	1996-10-01
C48	GB/T 16175—1996	医用有机硅材料生物学评价试验方法 Organic silicon material for medical use—Biological evaluation test methods	1996-10-01
C52	GB 16182—1996	车间空气中乙苯卫生标准 Health standard for ethyl benzene in the air of workplace	1996-09-01
C52	GB 16183—1996	车间空气中铊卫生标准 Health standard for thallium in the air of workplace	1996-09-01
C52	GB 16184—1996	车间空气中硫酰氟卫生标准 Health standard for sulfuryl fluoride in the air of workplace	1996-09-01
C52	GB 16185—1996	车间空气中萘卫生标准 Health standard for naphthalene in the air of workplace	1996-09-01
C52	GB 16186—1996	车间空气中溴氰菊酯卫生标准 Health standard for deltamethrin in the air of workplace	1996-09-01
C52	GB 16187—1996	车间空气中叠氮化钠卫生标准 Health standard for sodium azide in the air of workplace	1996-09-01
C52	GB 16188—1996	车间空气中氧化乐果卫生标准 Health standard for omethoate in the air of workplace	1996-09-01
C52	GB 16189—1996	车间空气中异稻瘟净卫生标准 Health standard for kitazin-p in the air of workplace	1996-09-01
C52	GB 16190—1996	车间空气中乙二醇卫生标准 Health standard for ethylene glycol in the air of workplace	1996-09-01
C52	GB 16191—1996	车间空气中三氟甲基次氟酸酯卫生标准 Health standard for trifluoromethyl hypofluorite in the air of workplace	1996-09-01
C52	GB 16192—1996	车间空气中氯甲烷卫生标准 Health standard for methyl chloride in the air of workplace	1996-09-01
C52	GB 16193—1996	车间空气中二异氰酸甲苯酯(TDI) 卫生标准 Heatth standard for toluene diisocyanate in the air of workplace	1996-09-01
C52	GB 16194—1996	车间空气中电焊烟尘卫生标准 Health standard for welding fume in the air of workplace	1996-09-01
C52	GB 16195—1996	车间空气中氧化镁(烟)卫生标准 Health standard for magnesium oxide (fume) in the air of workplace	1996-09-01

中标分类	标准号	标准名称	实施日期
C52	GB 16196—1996	车间空气中凝聚二氧化硅粉尘卫生标准 Health standard for condensed silica dust in the air of workplace	1996-09-01
C52	GB 16197—1996	车间空气中木粉尘卫生标准 Health standard for wood dust in the air of workplace	1996-09-01
C52	GB 16198—1996	车间空气中棉尘卫生标准 Health standard for cotton dust in the air of workplace	1996-09-01
C52	GB 16199—1996	车间空气中二月桂酸二丁基锡卫生标准 Health standard for dibutylting dilaurate in the air of workplace	1996-09-01
C52	GB 16200—1996	车间空气中氰戊菊酯卫生标准 Health standard for fenvalerate in the air of workplace	1996-09-01
C52	GB 16201—1996	车间空气中二氧化碳卫生标准 Health standard for carbon dioxide in the air of workplace	1996-09-01
C52	GB 16202—1996	车间空气中氯丁二烯卫生标准 Health standard for chloroprene in the air of workplace	1996-09-01
C52	GB 16203—1996	作业场所工频电场卫生标准 Health standard for electric field in the work environment	1996-09-01
C52	GB 16204—1996	车间空气中四氯乙烯卫生标准 Health standard for tetrachloroethylene in the air of workplace	1996-09-01
C52	GB 16205—1996	车间空气中杀螟松卫生标准 Health standard for sumithion in the air of workplace	1996-09-01
C52	GB 16206—1996	车间空气中硅藻土粉尘卫生标准 Health standard for diatomite dust in the air of workplace	1996-09-01
C52	GB 16207—1996	车间空气中大理石粉尘卫生标准 Health standard for marble dust in the air of workplace	1996-09-01
C52	GB 16208—1996	车间空气中聚乙烯卫生标准 Health standard for polyethylene in the air of workplace	1996-09-01
C52	GB 16209—1996	车间空气中聚丙烯卫生标准 Health standard for polypropylene in the air of workplace	1996-09-01
C52	GB 16210—1996	车间空气中镍及其无机化合物卫生标准 Health standard for nickel and its inorganic compounds in the air of workplace	1996-09-01
C52	GB 16211—1996	车间空气中久效磷卫生标准 Health standard for monocrotophos in the air of workplace	1996-09-01

中标分类	标准号	标准名称	实施日期
C52	GB 16212—1996	车间空气中硝化甘油卫生标准 Health standard for nitroglycerine in the air of workplace	1996-09-01
C52	GB 16213—1996	车间空气中丙烯酸卫生标准 Health standard for acrylic acid in the air of workplace	1996-09-01
C52	GB 16214—1996	车间空气中乙胺卫生标准 Health standard for ethylamine in the air of workplace	1996-09-01
C52	GB 16215—1996	车间空气中邻苯二甲酸酐卫生标准 Health standard for phthalic anhydride in the air of workplace	1996-09-01
C52	GB 16216—1996	车间空气中二氧化锡卫生标准 Health standard for tin dioxide in the air of workplace	1996-09-01
C52	GB 16217—1996	车间空气中硒卫生标准 Health standard for selenium in the air of workplace	1996-09-01
C52	GB 16218—1996	车间空气中二氯甲烷卫生标准 Health standard for dichloromethane in the air of workplace	1996-09-01
C52	GB 16219—1996	车间空气中三氯甲烷卫生标准 Health standard for trichlormethane in the air of workplace	1996-09-01
C52	GB 16220—1996	车间空气中白僵菌孢子卫生标准 Health standard for beauveria bassiana in the air of workplace	1996-09-01
C52	GB 16221—1996	车间空气中肼卫生标准 Health standard for hydrazine in the air of workplace	1996-09-01
C52	GB 16222—1996	车间空气中一甲基肼卫生标准 Health standard for monomethyl-hydrazine in the air of workplace	1996-09-01
C52	GB 16223—1996	车间空气中偏二甲基肼卫生标准 Health standard for unsymmetric dimethylhydrazine in the air of workplace	1996-09-01
C52	GB 16224—1996	车间空气中白云石粉尘卫生标准 Health standard for dolomite dust in the air of workplace	1996-09-01
C52	GB 16225—1996	车间空气中呼吸性矽尘卫生标准 Health standard for respirable silica dust in the air of workplace	1996-09-01
C52	GB 16226—1996	车间空气中石灰石粉尘卫生标准 Health standard for limestone dust in the air of workplace	1996-09-01
C52	GB 16227—1996	车间空气中汞卫生标准 Health standard for element mercury vapour in the air of workplace	1996-09-01

中标分类	标准号	标准名称	实施日期
C52	GB 16228—1996	车间空气中氟化物卫生标准 Health standard for fluorides in the air of workplace	1996-09-01
C52	GB 16229—1996	车间空气中钨卫生标准 Health standard for tungsten in the air of workplace	1996-09-01
C52	GB 16230—1996	车间空气中异丙醇卫生标准 Health standard for isopropyl alcohol (IPA) in the air of workplace	1996-09-01
C52	GB 16231—1996	车间空气中四氢呋喃卫生标准 Health standard for tetrahydrofuran in the air of workplace	1996-09-01
C52	GB 16232—1996	车间空气中石膏粉尘卫生标准 Health standard for gypsum dust in the air of workplace	1996-09-01
C52	GB 16233—1996	车间空气中乙酸卫生标准 Health standard for acetic acid in the air of workplace	1996-09-01
C52	GB 16234—1996	车间空气中异佛尔酮二异氰酸酯卫生标准 Health standard for isophorone diisocyanate in (IPDI) the air of workplace	1996-09-01
C52	GB 16235—1996	车间空气中呋喃卫生标准 Health standard for furan in the air of workplace	1996-09-01
C52	GB 16236—1996	车间空气中三次甲基三硝基胺(黑索今)卫生标准 Health standard for cyclonite(RDX) in the of workplace	1996-09-01
C52	GB 16237—1996	车间空气中谷物粉尘卫生标准 Health standard for grain dust in the air of workplace	1996-09-01
C52	GB 16238—1996	车间空气中呼吸性水泥粉尘卫生标准 Health standard for respirable cement dust in the air of workplace	1996-09-01
C52	GB 16239—1996	车间空气中桑蚕丝尘卫生标准 Health standard for mulberry silk dust in the air of workplace	1996-09-01
C52	GB 16240—1996	车间空气中稀土粉尘卫生标准 Health standard for rare-earth dust in the air of workplace	1996-09-01
C52	GB 16241—1996	车间空气中石棉纤维卫生标准 Health standard for asbestos fibre in the air of workplaces	1996-09-01
C52	GB 16242—1996	车间空气中对硝基苯胺卫生标准 Health standard for p-nitroaniline in the air of workplace	1996-09-01
C52	GB 16243—1996	车间空气中邻苯二甲酸二丁酯卫生标准 Health standard for dibutyl phthalate in the air of workplace	1996-09-01

中标分类	标 准 号	标 准 名 称	实施日期
C52	GB 16244—1996	车间空气中麻尘(亚麻、黄麻和苎麻)卫生标准 Health standard for flax, jute and ramie dusts in the air of workplace	1996-09-01
C52	GB 16245—1996	车间空气中草酸卫生标准 Health standard for oxalic acid in the air of workplace	1996-09-01
C52	GB 16246—1996	车间空气中硫酸二甲酯卫生标准 Health standard for dimethyl sulfate in the air of workplace	1996-09-01
C52	GB 16247—1996	车间空气中氯化锌(烟)卫生标准 Health standard for zinc chloride (fume) in the air of workplace	1996-09-01
C52	GB 16248—1996	作业场所空气中呼吸性煤尘卫生标准 Health standard for respirable coal dust in the air of workplace	1996-09-01
C52	GB 16249—1996	车间空气中甲酚卫生标准 Health standard for cresol in the air of workplace	1996-09-01
C52	GB 16250—1996	车间空气中考的松卫生标准 Health standard for cortisone in the air of workplace	1996-09-01
C53	GB 2710—1996	鲜(冻)禽肉卫生标准 Hygienic standard for fresh (frozen) poultry	1997-02-01
C53	GB 2713—1996	淀粉类制品卫生标准 Hygienic standard for starch products	1997-02-01
C53	GB 2714—1996	酱腌菜卫生标准 Hygienic standard of salted vegetables	1997-02-01
C53	GB 2717—1996	酱油卫生标准 Hygienic standard of soy sauce	1997-02-01
C53	GB 2718—1996	酱卫生标准 Hygienic standard of soybean paste	1997-02-01
C53	GB 2719—1996	食醋卫生标准 Hygienic standard of vinegar	1997-02-01
C53	GB 2720—1996	味精卫生标准 Hygienic standard for sodium glutamate	1997-02-01
C53	GB 2721—1996	食盐卫生标准 Hygienic standard of salt	1997-02-01
C53	GB 2726—1996	酱卤肉类卫生标准 Hygienic standard for cooked meat	1997-02-01
C53	GB 2744—1996	海水贝类卫生标准 Hygienic standard of sea shellfish	1997-01-01
C53	GB 2748—1996	蛋卫生标准 Hygienic standard for eggs	1997-02-01
C53	GB 2749—1996	蛋制品卫生标准 Hygienic standards for egg products	1997-02-01

中标分类	标准号	标准名称	实施日期
C53	GB 2759.1—1996	冷冻饮品卫生标准 Hygienic standard for freezing drinks	1997-09-01
C53	GB 2759.2—1996	碳酸饮料卫生标准 Hygienic standard for carbonated drinks	1997-09-01
C53	GB 2760—1996	食品添加剂使用卫生标准 Hygienic standard for uses of food additives	1997-07-01
C53	GB/T 5009.1—1996	食品卫生检验方法　理化部分　总则 Method of food hygienic analysis—physical and chemical section—General principles	1997-09-01
C53	GB/T 5009.11—1996	食品中总砷的测定方法 Method for determination of total arsenic in food	1997-09-01
C53	GB/T 5009.12—1996	食品中铅的测定方法 Method for determination of lead in foods	1997-09-01
C53	GB/T 5009.13—1996	食品中铜的测定方法 Method for determination of copper in foods	1997-09-01
C53	GB/T 5009.14—1996	食品中锌的测定方法 Method for determination of zinc in foods	1997-09-01
C53	GB/T 5009.15—1996	食品中镉的测定方法 Method for determination of cadmium in foods	1997-09-01
C53	GB/T 5009.16—1996	食品中锡的测定方法 Method for determination of tin in foods	1997-09-01
C53	GB/T 5009.17—1996	食品中总汞的测定方法 Method for determination of total mercury in foods	1997-09-01
C53	GB/T 5009.18—1996	食品中氟的测定方法 Method for determination of fluorine in foods	1997-09-01
C53	GB/T 5009.19—1996	食品中六六六、滴滴涕残留量的测定方法 Method for determination of BHC and DDT residues in foods	1997-09-01
C53	GB/T 5009.20—1996	食品中有机磷农药残留量的测定方法 Method for defermination of organophosphorus pesticide residues in foods	1997-09-01
C53	GB/T 5009.21—1996	粮、油、菜中西维因残留量的测定方法 Mehtod for determination of Carbaryel (1-naphthyl N-methyl carbamate) residues in cereals, oils and vegetables	1997-09-01
C53	GB/T 5009.22—1996	食品中黄曲霉毒素 B1 的测定方法 Method for determination of aflatoxin B1 in foods	1997-09-01
C53	GB/T 5009.23—1996	食品中黄曲霉毒素 B1、B2、G1、G2 的测定方法 Method for determination of aflatoxins B1, B2, G1, G2 in foods	1997-09-01
C53	GB/T 5009.24—1996	食品中黄曲霉毒素 M1 与 B1 的测定方法 Method for determination of aflatoxions M1 and B1 in foods	1997-09-01

中标分类	标准号	标准名称	实施日期
C53	GB/T 5009.25—1996	食品中杂色曲霉素的测定方法 Method for determination of sterigmatocystin in foods	1997-09-01
C53	GB/T 5009.26—1996	食品中N-亚硝胺类的测定方法 Method for determination of N-nitrosamines in foods	1997-09-01
C53	GB/T 5009.27—1996	食品中苯并(a)芘的测定方法 Method for determination of benzo (a) pyrene in foods	1997-09-01
C53	GB/T 5009.28—1996	食品中糖精钠的测定方法 Method for determination of saccharin sodium in foods	1997-09-01
C53	GB/T 5009.29—1996	食品中山梨酸、苯甲酸的测定方法 Method for determination of sorbic acid and benzico acid in foods	1997-09-01
C53	GB/T 5009.30—1996	食品中叔丁基羟基茴香醚(BHA)与2,6-二叔丁基对甲酚(BHT)的测定方法 Method for determination of buty lated bydroxyanisole and butylated hydroxytoluene in foods	1997-09-01
C53	GB/T 5009.32—1996	油脂中没食子酸丙酯(PG)的测定方法 Method for determination of propylgallate in oils and fats	1997-09-01
C53	GB/T 5009.33—1996	食品中亚硝酸盐与硝酸盐的测定方法 Method for determination of nitrite and nitrate in foods	1997-09-01
C53	GB/T 5009.34—1996	食品中亚硫酸盐的测定方法 Method for determination of sulphite in foods	1997-09-01
C53	GB/T 5009.35—1996	食品中合成着色剂的测定方法 Method for determination of synthetic colour in foods	1997-09-01
C53	GB/T 5009.36—1996	粮食卫生标准的分析方法 Method for analysis of hygienic standard of grain	1997-09-01
C53	GB/T 5009.37—1996	食用植物油卫生标准的分析方法 Method for analysis of hygienic standard of edible oils	1997-09-01
C53	GB/T 5009.38—1996	蔬菜、水果卫生标准的分析方法 Method for analyss of hygienic standard of vegetables and fruits	1997-09-01
C53	GB/T 5009.39—1996	酱油卫生标准的分析方法 Method for analysis of hygienic standard of soybean sauce	1997-09-01
C53	GB/T 5009.40—1996	酱卫生标准的分析方法 Method for analysis of hygienic standard for thick sauce made from soya beans flouretc	1997-09-01
C53	GB/T 5009.41—1996	食醋卫生标准的分析方法 Method for analysis of hygienic standard of vinegar	1997-09-01
C53	GB/T 5009.42—1996	食盐卫生标准的分析方法 Method for analysis of hygienic standard of table salt	1997-09-01

中标分类	标准号	标准名称	实施日期
C53	GB/T 5009.43—1996	味精卫生标准的分析方法 Method for analysis of hygienic standard of monosodium glutamate	1997-09-01
C53	GB/T 5009.44—1996	肉与肉制品卫生标准的分析方法 Method for analysis of hygienic standard of meat and meat products	1997-09-01
C53	GB/T 5009.45—1996	水产品卫生标准的分析方法 Method for analysis of hygienic standard of fish and other aquatic products	1997-09-01
C53	GB/T 5009.46—1996	乳与乳制品卫生标准的分析方法 Method of analysis of hygienic standard of milk and milk products	1997-09-01
C53	GB/T 5009.47—1996	蛋与蛋制品卫生标准的分析方法 Method for analysis of hygienic standard of egg and egg products	1997-09-01
C53	GB/T 5009.48—1996	蒸馏酒及配制酒卫生标准的分析方法 Method for analysis of hygienic standard of distilled wines and mixed wines	1997-09-01
C53	GB/T 5009.49—1996	发酵酒卫生标准的分析方法 Method for analysis of hygienic standard of fermented wine	1997-09-01
C53	GB/T 5009.50—1996	冷饮食品卫生标准的分析方法 Method for analysis of hygienic standard of cold drink and foods	1997-09-01
C53	GB/T 5009.51—1996	非发酵性豆制品及面筋卫生标准的分析方法 Method for analysis of hygienic standard of nonfermented bean products and gluten	1997-09-01
C53	GB/T 5009.52—1996	发酵性豆制品卫生标准的分析方法 Method for analysis of hygienic standard of fermented bean product	1997-09-01
C53	GB/T 5009.53—1996	淀粉类制品卫生标准的分析方法 Method for analysis of hygienic standard of product made by starch	1997-09-01
C53	GB/T 5009.54—1996	酱腌菜卫生标准的分析方法 Method for analysis of hygienic standard of picked vegetables	1997-09-01
C53	GB/T 5009.55—1996	食糖卫生标准的分析方法 Method for analysis of hygienic standard of sugars	1997-09-01
C53	GB/T 5009.56—1996	糕点卫生标准的分析方法 Method for analysis of hygienic standard of pastry	1997-09-01
C53	GB/T 5009.57—1996	茶叶卫生标准的分析方法 Method for analysis of hygienic standard of tea	1997-09-01

中标分类	标准号	标准名称	实施日期
C53	GB/T 5009.58—1996	食品包装用聚乙烯树脂卫生标准的分析方法 Method for analysis of hygienic standard of polyethylene resin for food packaging	1997-09-01
C53	GB/T 5009.59—1996	食品包装用聚苯乙烯树脂卫生标准的分析方法 Method for analysis of hygienic standard of polystyrene resin for food packaging	1997-09-01
C53	GB/T 5009.60—1996	食品包装用聚乙烯、聚苯乙烯、聚丙烯成型品卫生标准的分析方法 Method for analysis of hygienic standard of products of polyethylene, polystyrene and polypropyrene for food packaging	1997-09-01
C53	GB/T 5009.61—1996	食品包装用三聚氰胺成型品卫生标准的分析方法 Method for analysis of hygienic standard of products of tripolycyanamide for food packaging	1997-09-01
C53	GB/T 5009.62—1996	陶瓷制食具容器卫生标准的分析方法 Method for analysis of hygienic standard of ceramics for food containers	1997-09-01
C53	GB/T 5009.63—1996	搪瓷制食具容器卫生标准的分析方法 Method for analysis of hygienic standard of enamel for food containers	1997-09-01
C53	GB/T 5009.64—1996	食品用橡胶垫片(圈)卫生标准的分析方法 Method for analysis of hygienic standard of rubber sheet (ring) for food use	1997-09-01
C53	GB/T 5009.65—1996	食品用高压锅密封圈卫生标准的分析方法 Method for analysis of hygienic standard of rubber sealing ring for pressure cooker for food use	1997-09-01
C53	GB/T 5009.66—1996	橡胶奶嘴卫生标准的分析方法 Method for analysis of hygienic standard of nipple of a feeding bottle	1997-09-01
C53	GB/T 5009.67—1996	食品包装用聚氯乙烯成型品卫生标准分析方法 Method for analysis of hygienic standard of product of polyvinyl chloride for food packaging	1997-09-01
C53	GB/T 5009.68—1996	食品容器内壁过氯乙烯涂料卫生标准分析方法 Method for analysis of hygienic standard of perchorovinyl-coating for inner wall of food container	1997-09-01
C53	GB/T 5009.69—1996	食品罐头内壁环氧酚醛涂料卫生标准分析方法 Method for analysis of hygienic standard of epoxy phenolic coatings for inner wall of food cans	1997-09-01
C53	GB/T 5009.70—1996	食品容器内壁聚酰胺环氧树脂涂料卫生标准分析方法 Method for analysis of hygienic standard of epoxy coating for inner wall of food container	1997-09-01

中标分类	标 准 号	标 准 名 称	实施日期
C53	GB/T 5009.71—1996	食品包装用聚丙烯树脂卫生标准的分析方法 Method for analysis of hygienic standard of polypropyrene resin for food packaging	1997-09-01
C53	GB/T 5009.72—1996	铝制食具容器卫生标准分析方法 Method for analysis of hygienic standard of aluminum-wares for food use	1997-09-01
C53	GB 7096—1996	食用菌卫生标准 Hygienic standard for edible fungi	1997-09-01
C53	GB 7098—1996	食用菌罐头卫生标准 Hygienic standard for canned edible fungi	1997-09-01
C53	GB/T 12399—1996	食品中硒的测定 Determination of selenium in foods	1997-09-01
C53	GB 13120—1996	食品容器及包装材料用聚酯树脂及其成型品中锑的测定方法 Method for determination of antimony in polyester resin and products for food containers and packaging materials	1997-09-01
C53	GB 16319—1996	食品中敌百虫最大残留限量标准 Maximum residue limits of trichlorfon in foods	1997-09-01
C53	GB 16320—1996	食品中亚胺硫磷最大残留限量标准 Maximum residue limits of phosmet in foods	1997-09-01
C53	GB 16321—1996	乳酸菌饮料卫生标准 Hygienic standard for yoghurt beverage	1997-09-01
C53	GB 16322—1996	植物蛋白饮料卫生标准 Hygienic standards of vegetable protein drinking	1997-09-01
C53	GB 16323—1996	食品中阿特拉津最大残留限量卫生标准 Maximum residue limits of atrazine in food	1997-09-01
C53	GB 16324—1996	海水贝类干制品卫生标准 Hygienic standards of dried sea-shellfish product	1997-09-01
C53	GB 16325—1996	干果食品卫生标准 Hygienic standard for dried fruits	1997-09-01
C53	GB 16326—1996	坚果卫生标准 Hygienic standard of nut	1997-09-01
C53	GB 16327—1996	肉干、肉脯卫生标准 Hygienic standard of roast dried mea-product	1997-09-01
C53	GB 16328—1996	烤鱼片卫生标准 Hygienic standard of roasted fish fillet	1997-09-01
C53	GB 16329—1996	小麦、面粉、玉米及玉米粉中脱氧雪腐镰刀菌烯醇限量标准 Tolerance limits for deoxynivalenol in wheat, wheat flour, corn and corn flour	1997-09-01

中标分类	标准号	标准名称	实施日期
C53	GB 16330—1996	饮用天然矿泉水厂卫生标准 Hygienic specifications of factory for drinking natural mineral water	1997-09-01
C53	GB 16331—1996	食品包装材料用尼龙 6 树脂卫生标准 Hygienic standard of nylon 6 resins for food packaging material	1997-09-01
C53	GB 16332—1996	食品包装材料用尼龙成型品卫生标准 Hygienic standard of products of nylon for food packaging material	1997-09-01
C53	GB 16333—1996	双甲脒等农药在食品中的最大残留量限量标准 Maximum residue limits of amitraz and other pesticides in food	1997-09-01
C53	GB 16334—1996	γ 辐照装置食品加工实用剂量学导则 Practical guide of dosimetry in a gamma irradiation facility for food processing	1997-09-01
C53	GB/T 16335—1996	食品中亚胺硫磷残留量的测定方法 Method for determination of phosmet residues in food	1997-09-01
C53	GB/T 16336—1996	食品中阿特拉津残留量的测定 Determination of atrazine residue in food	1997-09-01
C53	GB/T 16337—1996	大豆及谷物中氟磺胺草醚残留量的测定　高效液相色谱法 Determination of fomesaten residues in soya and cereals—High performance liquid chromatography	1997-09-01
C53	GB/T 16338—1996	粮食中绿麦隆残留量的测定 Determination of chlorotoluron residue in cereals	1997-09-01
C53	GB/T 16339—1996	大米中禾大壮残留量的测定 Determination of molinate residue in rice	1997-09-01
C53	GB/T 16340—1996	食品中灭幼脲残留量的测定 Determination of mieyouniao residues in foods	1997-09-01
C53	GB/T 16341—1996	食品中五氯硝基苯残留量的测定 Determination of quintozene residues in foods	1997-09-01
C53	GB/T 16342—1996	食品中锑的测定 Determination of antimony in foods	1997-09-01
C53	GB/T 16343—1996	食品中镍的测定 Determination of nickel in foods	1997-09-01
C53	GB/T 16344—1996	饮料中咖啡因的测定方法 Method for determination of caffeine in beverages	1997-09-01
C53	GB/T 16345—1996	饮料中乙酰磺胺酸钾(安赛蜜)的测定 Determination of acesulfame K in bererage	1997-09-01
C53	GB/T 16346—1996	食品中诱惑红的测定 Determination of allura red in foods	1997-09-01

中标分类	标准号	标准名称	实施日期
C53	GB/T 16347—1996	乳酸菌饮料中乳酸菌的微生物学检验 Microbiological examination of lactic acid bacteria in yoghurt beverage	1997-09-01
C53	GB 16565—1996	油炸小食品类卫生标准 Hygienic standard for fried food	1997-02-01
C57	GB 16348—1996	X线诊断中受检者放射卫生防护标准 Radiological protection standard for the examinee in X-ray diagnosis	1996-12-01
C57	GB 16349—1996	育龄妇女和孕妇的X线检查放射卫生防护标准 Radiological health protection standards for X-ray examinations of child-bearing age women and pregnant women	1996-12-01
C57	GB 16350—1996	儿童X线诊断放射卫生防护标准 Radiological protection standards for the children in X-ray diagnosis	1996-12-01
C57	GB 16351—1996	医用γ射线远距治疗设备放射卫生防护标准 Radiological health protection standard on—Gamma-beam tele therapy equipment in medicine	1996-12-01
C57	GB 16352—1996	一次性医疗用品γ射线辐射灭菌标准 Standards for γ-rays radiation sterilization of disposable medical appliances	1996-12-01
C57	GB 16353—1996	含放射性物质消费品的放射卫生防护标准 Radiological protection standards for consumer products containing radioactive substances	1996-12-01
C57	GB 16354—1996	使用密封放射源的放射卫生防护要求 Radiological protection reguirements for using sealed radioactive sources	1996-12-01
C57	GB 16355—1996	X射线衍射仪和荧光分析仪放射卫生防护标准 Radiation protection standards for X-ray diffraction and fluorescence analysis equipment	1996-12-01
C57	GB 16356—1996	地下建筑氡及其子体控制标准 Standard for controlling radon and its daughters in underground space	1996-12-01
C57	GB 16357—1996	工业X射线探伤放射卫生防护标准 Radiological protection standards for industrial X-ray detection	1996-12-01
C57	GB 16358—1996	油(气)田非密封型放射源测井放射卫生防护标准 Radiological protection standards for unsealed radioactive sources logging in oil and gas-field	1996-12-01
C57	GB 16359—1996	放射性发光涂料的放射卫生防护标准 Radiological protection standard for radioactive luminescent paint	1996-12-01

中标分类	标准号	标准名称	实施日期
C57	GB 16360—1996	临床核医学放射卫生防护标准 Radiological protection standard for clinical nuclear medicine	1996-12-01
C57	GB 16361—1996	临床核医学中患者的放射卫生防护标准 Radiological protection standards for the patient in clinical nuclear medicine	1996-12-01
C57	GB 16362—1996	体外射束放射治疗中患者的放射卫生防护标准 Radiological protection standards for the patient in exteral beam radiological therapy	1996-12-01
C57	GB 16363—1996	X射线防护材料屏蔽性能及检验方法 Shielding performance and test methods of protection material against X-rays	1996-12-01
C57	GB 16364—1996	后装γ源近距离治疗放射卫生防护标准 Radiological proterction standard for gamma-ray afterloading brachytherapy	1996-12-01
C57	GB 16365—1996	离子感烟火灾探测器放射卫生防护标准 Radiological protection standards for ionization smoke fire detectors	1996-12-01
C57	GB 16366—1996	汽灯纱罩生产的放射卫生防护标准 Radiological health protection standards for producing gas mantles	1996-12-01
C57	GB 16367—1996	地热水应用中的放射卫生防护标准 Radiological protection standards for using geothermal water	1996-12-01
C57	GB 16368—1996	含密封源仪表的放射卫生防护标准 Radiological protection standards for gauges containing sealed radioactive source	1996-12-01
C57	GB 16369—1996	医用电子加速器放射卫生防护标准 Radiological protection standard for using of medical electron accelerator	1996-12-01
C59	GB 16383—1996	医疗卫生用品辐射灭菌消毒质量控制标准 Quality control standards for radistion sterilization of medical and hygienical products	1996-12-01
C59	GB 16384—1996	职业性急性钡中毒诊断标准及处理原则 Diagnostic criteria and principles of management of occupational acute barium poisoning	1996-12-01
C59	GB 16393—1996	新生儿破伤风诊断标准及处理原则 Diagnostic criteria and principle of management for tetanus neonatorum	1996-12-01
C59	GB 16394—1996	脊髓灰质炎诊断标准和处理原则 Diagnostic criteria for and principle of management poliomyelitis	1996-12-01

中标分类	标准号	标准名称	实施日期
C60	GB 3231—1996	职业性慢性三硝基甲苯中毒诊断标准及处理原则 Diagnostic criteria and principles of management of occupational chronic trinitrotoluene poisoning	1996-12-01
C60	GB 4866—1996	职业性急性氯气中毒诊断标准及处理原则 Diagnostic criteria and principles of management of occupational acute chlorine poisoning	1996-12-01
C60	GB 4867—1996	职业性急性有机氟中毒诊断标准及处理原则 Diagnostic critermia and principles of managemnt of occupational acute organic fluoride poisoning	1996-12-01
C60	GB 4868—1996	职业性铍病诊断标准及处理原则 Diagnostic criteria and principles of management of occupational beryllium disease	1996-12-01
C60	GB 9663—1996	旅店业卫生标准 Hygienic standard for hotel	1996-09-01
C60	GB 9664—1996	文化娱乐场所卫生标准 Hygienic standard for public place of entertainment	1996-09-01
C60	GB 9665—1996	公共浴室卫生标准 Hygienic standard for public bathroom	1996-09-01
C60	GB 9666—1996	理发店、美容店卫生标准 Hygienic standard for barber shop and beauty shop	1996-09-01
C60	GB 9667—1996	游泳场所卫生标准 Hygienic standard for swimming place	1996-09-01
C60	GB 9668—1996	体育馆卫生标准 Hygienic standard for gymnasium	1996-09-01
C60	GB 9669—1996	图书馆、博物馆、美术馆、展览馆卫生标准 Hygienic standard for library, museum, art gallery and exhibition	1996-09-01
C60	GB 9670—1996	商场(店)、书店卫生标准 Hygienic standard for shopping centre book store	1996-09-01
C60	GB 9671—1996	医院候诊室卫生标准 Hygienic standard for hospital waiting room	1996-09-01
C60	GB 9672—1996	公共交通等候室卫生标准 Hygienic standard for waiting room of publictransit means	1996-09-01
C60	GB 9673—1996	公共交通工具卫生标准 Hygienic standard for public means of transportation	1996-09-01
C60	GB 16152—1996	职业性噪声聋诊断标准及处理原则 Diagnostic criteria and principles of management of occupational noise-induced hearing loss	1996-09-01
C60	GB 16153—1996	饭馆(餐厅)卫生标准 Hygienic standard for dining room	1996-09-01

中标分类	标准号	标准名称	实施日期
C60	GB/T 16180—1996	职工工伤与职业病致残程度鉴定 Assessment and gradation of disability caused by work-related injuries and occupational diseases	1996-10-01
C60	GB 16370—1996	职业性慢性丙烯酰胺中毒诊断标准及处理原则 Diagnostic criteria and principles of management of occupational chronic acrylamide poisoning	1996-12-01
C60	GB 16371—1996	职业性化学性皮肤灼伤诊断标准及处理原则 Diagnostic criteria and principles of management of chemical skin burns	1996-12-01
C60	GB 16372—1996	职业性急性氨基甲酸酯杀虫剂中毒诊断标准及处理原则 Diagnostic criteria and principles of management of occupational acute carbamate insecticides poisoning	1996-12-01
C60	GB 16373—1996	职业性急性甲醇中毒诊断标准及处理原则 Diagnostic criteria and principles of management of occupational acute methanol poisoning	1996-12-01
C60	GB 16374—1996	职业性化学性眼灼伤诊断标准及处理原则 Diagnostic criteria and principles of management of occupational chemical eye burns	1996-12-01
C60	GB 16375—1996	职业性痤疮诊断标准及处理原则 Diagnostic criteria and principles of management of occupational acne	1996-12-01
C60	GB 16376—1996	棉尘病诊断标准及处理原则 Diagnostic criteria and principles of management of byssinosis	1996-12-01
C60	GB 16377—1996	职业性哮喘诊断标准及处理原则 Diagnostic criteria and principles of management of occupational asthma	1996-12-01
C60	GB 16378—1996	职业性急性二氧化硫中毒诊断标准及处理原则 Diagnostic criteria and principles of management of occupational acute sulfur dioxide poisoning	1996-12-01
C60	GB 16379—1996	职业性中毒性肝病诊断标准及处理原则 Diagnostic criteria and principles of management of occupational toxic hepatopathy	1996-12-01
C60	GB 16380—1996	职业性急性变应性肺泡炎诊断标准及处理原则 Diagnostic criteria and principles of management of occupational acute allergic alveolitis	1996-12-01
C60	GB 16381—1996	职业性牙酸蚀病诊断标准及处理原则 Diagnostic criteria and principles of management of occupational dental erosion	1996-12-01
C60	GB 16382—1996	职业性皮肤溃疡诊断标准及处理原则 Diagnostic criteria and principles of management of occupatoanal ulcers	1996-12-01

中标分类	标 准 号	标 准 名 称	实施日期
C60	GB 16385—1996	职业性急性铊中毒诊断标准及处理原则 Diagnostic criteria and principles of management of occupational acute thallium poisoning	1996-12-01
C60	GB 16386—1996	放射性肿瘤判断标准及处理原则 Diagnostic criteria and principles of management of radiogenic neoplasms	1996-12-01
C60	GB 16387—1996	放射工作人员的健康标准 Health standards for radiation workers	1996-12-01
C60	GB 16388—1996	外照射亚急性放射病诊断标准及处理原则 Diagnostic criteria and principles of management for subacute radiation sickness from external exposure	1996-12-01
C60	GB 16389—1996	外照射放射性骨损伤诊断标准及处理原则 Diagnostic criteria and principles of management for external radiation bone injuries	1996-12-01
C60	GB 16390—1996	放射性甲状腺疾病诊断标准及处理原则 Diagnostic criteria and principles of management for radiation thyroid diseases	1996-12-01
C60	GB 16391—1996	放冲复合伤诊断标准及处理原则 Diagnostic criteria and principles of management for combined radiation-blast injury	1996-12-01
C60	GB 16392—1996	放烧复合伤诊断标准及处理原则 Diagnostic criteria and principles of management for combined radiation-burn injury	1996-12-01
C61	GB 16395—1996	大骨节病病区判定和划分标准 Criteria of decide and delimi of Kashin—Beck disease endemic area	1996-12-01
C61	GB 16396—1996	地方性氟骨症临床分度诊断 Diagnosis of clinical classification for endemic skeletal fluorosis	1996-12-01
C61	GB 16397—1996	大骨节病防制效果判定 judging criteria of preventive effect on Kashin—Beck disease	1996-12-01
C61	GB 16398—1996	儿童少年甲状腺容积正常值 Normal value of thyroid volume in children and adolescents	1996-12-01
C65	GB 2894—1996	安全标志 Safety signs	1996-10-01
C65	GB 16179—1996	安全标志使用导则 Guidelines for the use of safety signs	1996-10-01
C65	GB 16483—1996	危险化学品安全技术说明书编写规定 General rules to drafting safety data sheet for dangerous chemicals	1997-01-01

中标分类	标准号	标准名称	实施日期
C66	GB 16541—1996	竖井罐笼提升信号系统安全技术要求 Safety technical requirements for shaft cage hoisting signal system	1997-03-01
C66	GB 16542—1996	罐笼安全技术要求 Safety technical requirements for cage	1997-03-01
C67	GB 16543—1996	高炉喷吹烟煤系统防爆安全规程 Safety regulations for the explosion precautions of bituminous coal injection into blast furnace	1997-03-01
C68	GB 16163—1996	瓶装压缩气体分类 Clasificetion of cylinder compressed gases	1996-10-01
C68	GB 16164—1996	小容积溶解乙炔气瓶 Small volume dissolved acetylene cylinders	1996-10-01
C68	GB/T 16178—1996	厂内机动车辆安全检验技术要求 Safe examinations and technical requirements for the automobiles in gates of factories	1996-10-01
C68	GB 16272—1996	木材加工圆锯机安全技术要求 Safety technical requirements for woodworking circular saw bench	1996-10-01
C72	GB 16423—1996	金属非金属露天矿山安全规程 Safety regulations for metal and nonmetal opencast mines	1997-04-01
C72	GB 16424—1996	金属非金属地下矿山安全规程 Safety regulations for metal and nonmetal underground mines	1997-04-01
C72	GB/T 16438—1996	半导体少长针消雷装置使用的安全要求 The safety demands of using semiconductor lightning eliminator	1997-07-01
C73	GB 16556—1996	自给式空气呼吸器 Self-contained compressed air breathing apparatus	1997-06-01
C80	GB/T 16172—1996	建筑材料热释放速率试验方法 Test method for heat release of building materials	1996-09-01
C80	GB/T 16173—1996	建筑材料燃烧或热解发烟量的测定方法(双室法) Test method for smoke generation from burning or pyrolysis of building materials(dual-chamber test)	1996-09-01
C81	GB 16280—1996	线型感温火灾探测器技术要求及试验方法 Technical requirements and test methods for line type heat detectors	1996-11-01
C81	GB 16281—1996	有线火警调度台技术要求和试验方法 Technical requirements and test methods for wired fire alarm dispatching console	1996-11-01
C83	GB 16668—1996	干粉灭火系统部件通用技术条件 General technical specifications for components of powder extinguishing systems	1997-06-01

中标分类	标准号	标准名称	实施日期
C83	GB 16669—1996	二氧化碳灭火系统及部件通用技术条件 General technical specification for components of carbon dioxide fire extinguishing systems	1997-06-01
C83	GB 16670—1996	柜式气体灭火装置性能要求和试验方法 Performance requirements and test methods for cabinet gas fire extinguishing equipment	1997-06-01
C84	GB 4452—1996	室外消火栓通用技术条件 General technical specificaton for hydrant	1997-03-01
C84	GB 16279—1996	消防车定型试验规程 Fire vehicle-engineering approval evaluation program	1996-11-01
C90	GB/T 5593—1996	电子元器件结构陶瓷材料 Structure ceramic materials usec in electronic components	1997-05-01
C91	GB/T 16312—1996	中药用喷雾干燥装置 Chinese medicinal spray dryer system	1997-01-01

D 矿业

D Ores and Mining Equipments

中标分类	标准号	标准名称	实施日期
D09	GB/T 16425—1996	粉尘云爆炸下限浓度测定方法 Determination for minimum explosive concentration of dust cloud	1997-04-01
D09	GB/T 16426—1996	粉尘云最大爆炸压力和最大压力上升速率测定方法 Determination for maximum explosion and maximum rate of pressure rise of dust cloud	1997-04-01
D09	GB/T 16427—1996	粉尘层电阻率测定方法 Determination for electrical resistivity of dust in layer	1997-04-01
D09	GB/T 16428—1996	粉尘云最小着火能量测定方法 Determination of the minimum ignition energy of dust cloud	1997-04-01
D09	GB/T 16429—1996	粉尘云最低着火温度测定方法 Determination of the minimum ignition temperature of dust cloud	1997-04-01
D09	GB/T 16430—1996	粉尘层最低着火温度的测定方法 Determination of the minimum ignition temperature of dust layer	1997-04-01
D16	GB/T 16417—1996	煤炭可选性评定方法 Method for evaluating the washability of coal	1997-02-01
D20	GB 474—1996	煤样的制备方法 Preparation of coal sample	1997-02-01
D20	GB 475—1996	商品煤样采取方法 Sampling for commercial coal	1997-02-01

中标分类	标准号	标准名称	实施日期
D20	GB/T 3715—1996	煤质及煤分析有关术语 Terms relating to properties and analysis of coal	1997-07-01
D20	GB/T 16414—1996	煤矿科技术语　岩石力学 Terms relating to coal mining—Rock mechanics	1997-02-01
D20	GB/T 16660—1996	选煤厂用图形符号 Coal preparation plant—Graphical symbols	1997-07-01
D21	GB/T 211—1996	煤中全水分的测定方法 Determination of total moisture in coal	1997-02-01
D21	GB/T 213—1996	煤的发热量测定方法 Determination of calorific value of coal	1997-07-01
D21	GB/T 214—1996	煤中全硫的测定方法 Determination of total sulfur in coal	1997-07-01
D21	GB/T 215—1996	煤中各种形态硫的测定方法 Determination of forms of sulfur in coal	1997-02-01
D21	GB/T 216—1996	煤中磷的测定方法 Determination of phosphorous in coal	1997-02-01
D21	GB/T 217—1996	煤的真相对密度测定方法 Determination of true relative density of coal	1997-02-01
D21	GB/T 218—1996	煤中碳酸盐二氧化碳含量的测定方法 Determination of carbon dioxide content in the mineral carbonates associated with coal	1997-07-01
D21	GB/T 219—1996	煤灰熔融性的测定方法 Determination of fusibility of coal ash	1997-07-01
D21	GB/T 3058—1996	煤中砷的测定方法 Determination of arsenic in coal	1997-07-01
D21	GB/T 3558—1996	煤中氯的测定方法 Determination of chlorine in coal	1997-07-01
D21	GB/T 4634—1996	煤灰中钾、钠、铁、钙、镁、锰的测定方法(原子吸收分光光度法) Determination of potassium,sodium,iron,calcium,magnesium and manganese in coal ash by atomic absorption spectrometric method	1997-07-01
D21	GB/T 16415—1996	煤中硒的测定方法　氢化物发生原子吸收法 Determination of selenium in coal—Hydride generation-atomic absorption method	1997-02-01
D21	GB/T 16416—1996	褐煤中溶于稀盐酸的钠和钾测定用的萃取方法 Method of extraction for the determination of sodium and potassium in brown coal soluble in ditute hydrochloric acid	1997-02-01
D21	GB/T 16658—1996	煤中铬、镉、铅的测定方法 Determination of chromium, cadmium and lead in coal	1997-07-01

中标分类	标准号	标准名称	实施日期
D21	GB/T 16659—1996	煤中汞的测定方法 Determination of mercury in coal	1997-07-01
D51	GB/T 2460—1996	硫铁矿和硫精矿　采样与样品制备方法 Pyrites and concentrate—Methods for sampling and preparation sample	1997-05-01
D51	GB/T 2461—1996	硫铁矿和硫精矿水分的测定　重量法 Pyrites and concentrate—Determination of moisture—Gravimetric method	1997-05-01
D51	GB/T 2462—1996	硫铁矿和硫精矿中有效硫含量的测定　燃烧中和法 Pyrites and concentrate—Determination of effective sulfur content—Combustion neutralization method	1997-05-01
D51	GB/T 2463.1—1996	硫铁矿和硫精矿中全铁含量的测定　第1部分：硫酸铈容量法 Pyrites and concentrate—Determination of total iron content—Part 1：Cerium sulfate volumetric method	1997-05-01
D51	GB/T 2463.2—1996	硫铁矿和硫精矿中全铁含量的测定　第2部分：三氯化钛　重铬酸钾容量法 Pyrites and concentrate—Determination of total iron content—Part 2：Titanium trichloride—Potassium dichromate volumetric method	1997-05-01
D51	GB/T 2464—1996	硫铁矿和硫精矿中砷含量的测定　Ag-DDTC分光光度法 Pyrites and concentrate—Determination of arsenic content—Ag-DDTC spectrophotometric method	1997-05-01
D51	GB/T 2465—1996	硫铁矿和硫精矿中氟含量的测定　离子选择电极法 Pyrites and concentrate—Determination of fluorine content—Ion-selective electrode method	1997-05-01
D51	GB/T 2466.1—1996	硫铁矿和硫精矿中铜含量的测定　第1部分：火焰原子吸收光谱法 Pyrites and concentrate—Determination of copper content—Part 1：Flame atomic absorption spectrometric method	1997-05-01
D51	GB/T 2466.2—1996	硫铁矿和硫精矿中铜含量的测定　第2部分：示波极谱法 Pyrites and concentrate—Determination of lead content—Part 2：Oscilloscopic polarography method	1997-05-01
D51	GB/T 2466.3—1996	硫铁矿和硫精矿中铜含量的测定　第3部分：BCO分光光度法 Pyrites and concentrate—Determination of copper content—Part 3：BCO Spectrophotometric method	1997-05-01

中标分类	标准号	标准名称	实施日期
D51	GB/T 2467.1—1996	硫铁矿和硫精矿中铅含量的测定　第1部分：火焰原子吸收光谱法 Pyrites and concentrate—Determination of lead content—Part 1：Flame atomic absorption spectrometric method	1997-05-01
D51	GB/T 2467.2—1996	硫铁矿和硫精矿中铅含量的测定　第2部分：示波极谱法 Pyrites and concentrate—Determination of lead content—Part 2：Oscilloscopic polarography method	1997-05-01
D51	GB/T 2467.3—1996	硫铁矿和硫精矿中铅含量的测定　第3部分：EDTA容量法 Pyrites and concentrate—Determination of lead content—Part 3：EDTA Volumetric method	1997-05-01
D51	GB/T 2468.1—1996	硫铁矿和硫精矿中锌含量的测定　第1部分：火焰原子吸收光谱法 Pyrites and concentrate—Determination of zinc content—Part 1：Flame atomic absorption spectrometric method	1997-05-01
D51	GB/T 2468.2—1996	硫铁矿和硫精矿中锌含量的测定　第2部分：示波极谱法 Pyrites and concentrate—Determination of zinc content—Part 2：Qscilloscpic polarography method	1997-05-01
D51	GB/T 2468.3—1996	硫铁矿和硫精矿中锌含量的测定　第3部分：PAN分光光度法 Pyrites and concentrate—Determination of zinc content—Part 3：PAN Spectrophotometric method	1997-05-01
D51	GB/T 2469—1996	硫铁矿和硫精矿中碳含量的测定　烧碱石棉重量法 Pyrites and concentrate—Determination of carbon content—Caustic asbestos gravimetric method	1997-05-01
D51	GB/T 16574—1996	硫铁矿和硫精矿中硅含量的测定　重量法 Pyrites and concentrate—Determination of silicon content—Gravimetric method	1997-05-01
D51	GB/T 16575—1996	硫铁矿和硫精矿中铝含量的测定　EDTA容量法 Pyrites and concentrate—Determination of aluminium content—EDTA volumetric method	1997-05-01
D58	GB/T 16554—1996	钻石分级 Diamond grading	1997-05-07
D59	GB/T 16552—1996	珠宝玉石　名称 Gems—Nomenclature	1997-05-07
D59	GB/T 16553—1996	珠宝玉石　鉴定 Gems—Testing	1997-05-07

中标分类	标准号	标准名称	实施日期
		E 石油 **E Petroleum**	
E30	GB 16629—1996	6号抽提溶剂油 No. 6 solvent—extracted oil	1997-05-01
E34	GB/T 16630—1996	冷冻机油 Refrigerator oils	1997-05-01
		F 能源、核技术 **F Energy Resources, Nuclear Technology**	
F00	GB/T 16509—1996	辐射加工剂量测量不确定度评估导则 Standard guide for estimating uncertainties in dosimetry for radiation processing	1997-09-01
F00	GB/T 16510—1996	辐射加工剂量学校准实验室的能力要求 The requirements for the competence of a radiation processing dosimetry calibration laboratory	1997-09-01
F04	GB/T 4960.1—1996	核科学技术术语　核物理与核化学 Glosary of terms: nuclear science and technology—Nuclear physics and nuclear chemistry	1996-10-01
F04	GB/T 4960.2—1996	核科学技术术语　裂变反应堆 Glossary of terms: nuclear science and technology — Fission reactor	1996-10-01
F04	GB/T 4960.3—1996	核科学技术术语　核燃料与核燃料循环 Glossary of terms: nuclear science and technology—Nuclear fuel and nuclear fuel cycle	1996-10-01
F04	GB/T 4960.4—1996	核科学技术术语　放射性核素 Glossary of terms: nuclear science and technology—Radionuclide	1996-10-01
F04	GB/T 4960.5—1996	核科学技术术语　辐射防护与辐射源安全 Glossary of terms: nuclear science and technology—Radiation protection and safety of radiation sources	1996-10-01
F04	GB/T 4960.6—1996	核科学技术术语　核仪器仪表 Glossary of terms: nuclear science and technology—Nuclear instrumentation	1997-01-01
F04	GB/T 4960.7—1996	核科学技术术语　核材料管制 Glossary of terms: nuclear science and technology—Nuclear material control	1997-01-01
F04	GB/T 4960.8—1996	核科学技术术语　放射性废物管理 Glossary of term: nuclear science and technology—Radioactive waste management	1997-01-01
F04	GB/T 11790—1996	设备及管道保冷技术通则 General principles for low-temperature insulation technique of equipments and pipes	1997-06-01

中标分类	标 准 号	标 准 名 称	实施日期
F04	GB/T 16614—1996	企业能量平衡统计方法 Statistical method of energy balance in enterprises	1997-06-01
F04	GB/T 16615—1996	企业能量平衡表编制方法 Methods of drawing up energy balance table in enterprises	1997-06-01
F04	GB/T 16616—1996	企业能源网络图绘制方法 Methods of drawing energy network diagram in enterprises	1997-06-01
F04	GB/T 16617—1996	设备及管道保冷效果的测试与评价 Methods of measuring and evaluating low-temperature insulation effects for equipments and pipes	1997-06-01
F04	GB/T 16618—1996	工业炉窑保温技术通则 General principles for thermal insulation technique of industrial furnaces	1997-06-01
F04	GB/T 16664—1996	企业供配电系统节能监测方法 Monitoring and testing method for energy saving of power supply distribution system of industrial enterprise	1997-07-01
F04	GB/T 16665—1996	空气压缩机组及供气系统节能监测方法 Monitoring and testing method for energy saving of air compressor unit and air distribution system	1997-07-01
F04	GB/T 16666—1996	泵类及液体输送系统节能监测方法 Monitoring and testing method for energy saving of motor-pump liquid transport system	1997-07-01
F04	GB/T 16667—1996	电焊设备节能监测方法 Monitoring and testing method for energy saving of electrical welding installation	1997-07-01
F04	GB/T 16698—1996	α粒子发射率的测量大面积正比计数管法 Measurement of emission rate of α particle—Method for large area proportional counter	1997-12-01
F19	GB 16663—1996	醇基液体燃料 Alcohol base liquid fuel	1997-07-01
F20	GB/T 16434—1996	高压架空线路和发电厂、变电所环境污区分级及外绝缘选择标准 Enviromental pollution classification and external insulation selection for high voltage transmission line, power plant and substation	1997-01-01
F21	GB/T 16435.1—1996	远动设备及系统　接口(电气特性) Telecontrol equipment and systems —Interfaces (electrical characteristics)	1997-01-01
F21	GB/T 16436.1—1996	远动设备及系统　第1部分:总则　第2篇　制定规范的导则 Telecontrol equipment and systems—Part 1: General considerations —Section 2:Guide for specifications	1997-01-01

中标分类	标 准 号	标 准 名 称	实施日期
F22	GB/T 14598—1996	电气继电气　第22部分:量度继电器和保护装置的电气干扰试验　第4篇:快速瞬变干扰试验 Electrical relays—Part 22: Electrical disturbance tests for measuring relays and protection equipment—Section 4: Fast transient disturbance test	1997-11-01
F46	GB/T 11813—1996	压水堆燃料棒氦质谱检漏 Helium leak testing of nuclear fuel rod for pwr	1997-12-01
F46	GB/T 11851—1996	压水堆燃料棒焊缝X射线照相检验方法 Radiographic inspection of welds for PWR fuel rods	1997-12-01
F51	GB 10252—1996	钴-60辐射装置的辐射防护与安全标准 Standards for radiation protection and safety of ^{60}Coirradiation facility	1997-12-01
F51	GB 12951—1996	离子感烟火灾探测器用镅241 α放射源的技术条件 Specification of americium-24l alpha sources for ionization smoke fire detectors	1997-12-01
F54	GB/T 16699—1996	放射免疫分析试剂盒的基本要求 Principal requirements for radioimmunoassay kits	1997-12-01
F69	GB/T 16702—1996	压水堆核电厂核岛机械设备设计规范 Design rules for mechanical components of pwr nuclear islemds	1997-12-01
F73	GB/T 16639—1996	辐射加工用丙氨酸-EPR剂量测量系统 Alanine-EPR dosimetry system for radiation processing	1997-06-01
F73	GB/T 16640—1996	辐射加工剂量测量系统的选择和校准导则 Standard guide for selection and calibration of closimetry systems for radiation processing	1997-06-01
F80	GB/T 7167—1996	锗γ射线探测器测试方法 Test procedures for germanium gamma-ray detectors	1997-08-01
F80	GB/T 10255—1996	γ放射免疫计数器 Gamma radioimmunoassay counter	1996-10-01

G 化工
G Chemical Industry

中标分类	标 准 号	标 准 名 称	实施日期
G04	GB/T 16631—1996	柱液相色谱分析法通则 General rules for analytical methods of liquid column chromatography	1997-05-01
G12	GB/T 2899—1996	工业沉淀硫酸钡 Barium sulphate,precipitated for industrial use	1997-05-01
G12	GB/T 4209—1996	工业硅酸钠 Sodium silicate for industrial use	1997-05-01
G12	GB 6549—1996	氯化钾 Potassium chloride	1997-05-01

中标分类	标准号	标准名称	实施日期
G13	GB/T 3494—1996	直接法氧化锌 Zinc oxide produced by direct method	1997-04-01
G13	GB/T 5138—1996	工业用液氯 Liquid chlorine for industrial use	1997-05-01
G16	GB 6819—1996	溶解乙炔 Dissolved acetylene	1997-06-01
G17	GB/T 16451—1996	天然脂肪醇 Natural fatty alcohols	1997-01-01
G18	GB/T 2281—1996	焦化轻油类产品密度试验方法 Light oil products of coal carbonization—Test method of density	1996-10-01
G23	GB/T 16587—1996	农药有效成份的气相色谱快速分析方法　第1部分：十二种农药 Fast gas chromatographic method for analyzing active ingredients of pesticides—Part 1：12 kinds of pesticides	1997-06-01
G31	GB/T 2035—1996	塑料术语及其定义 Terms and definitions for plastics	1997-04-01
G31	GB/T 2408—1996	塑料燃烧性能试验方法　水平法和垂直法 Plastics—Determination of the burning behaviour of horizontal and vertical specimens in contact with a small-flame ignition source	1997-04-01
G31	GB/T 5476—1996	离子交换树脂预处理方法 Methods for pretreating ionexchange resins	1997-05-01
G31	GB/T 6342—1996	泡沫塑料与橡胶　线性尺寸的测定 Cellular plastics and rubbers—Determination of linear dimensions	1996-12-10
G31	GB/T 6344—1996	软质泡沫聚合物材料　拉伸强度和断裂伸长率的测定 Ploymeric materlals, cellular flexible—Determination of tensile strength and elongation at break	1996-12-01
G31	GB/T 16276—1996	塑料薄膜粘连性试验方法 Test method for blocking of plastic film	1996-12-01
G31	GB/T 16419—1996	塑料弯曲性能小试样试验方法 Plastics—Determination of flexural properties by use of small specimens	1997-04-01
G31	GB/T 16420—1996	塑料冲击性能小试样试验方法 Plastics—Determination of impact properties by use of small specimens	1997-04-01
G31	GB/T 16421—1996	塑料拉伸性能小试样试验方法 Plastics—Determination of tensile propeties by use of small specimens	1997-04-01

中标分类	标 准 号	标 准 名 称	实施日期
G31	GB/T 16422.1—1996	塑料实验室光源曝露试验方法　第1部分:通则 Plastics—Methods of exposure to laboratory light sources—Part 1: General guidance	1997-04-01
G31	GB/T 16422.4—1996	塑料实验室光源曝露试验方法　第4部分:开放式碳弧灯 Plastics—Methods of exposure to laboratory light sources—Part 4: Open flame carbon arc lamp	1997-04-01
G31	GB/T 16578—1996	塑料薄膜和薄片耐撕裂性能试验方法　裤形撕裂法 Plastics—Film and sheeting-dtermination of tear resistance—Trouser tear method	1997-05-01
G31	GB/T 16581—1996	绝缘液体燃烧性能试验方法　氧指数法 Test method for the determination of oxygen index of insulating liquids	1997-05-01
G31	GB/T 16582—1996	部分结晶聚合物熔点试验方法　毛细管法 Determination of melting point of semi-crystalline polymers—Capillary tube method	1997-05-01
G32	GB/T 1843—1996	塑料悬臂梁冲击试验方法 Plastics—Determination of izod impact strength	1997-04-01
G32	GB/T 7134—1996	浇铸型工业有机玻璃板材、棒材和管材 Poly (methyl methacrylate) cast sheets, rods and tubes	1997-04-01
G32	GB/T 12004.2—1996	聚氯乙烯糊树脂　糊的制备 PVC paste resins—Preparation of a paste	1997-05-01
G32	GB/T 16576—1996	三羟基聚醚多元醇 Tri-hydroxy polyether polyols	1997-05-01
G32	GB/T 16577—1996	四羟基醚多元醇 Tetra-hydroxy polyether polyols	1997-05-01
G32	GB/T 16579—1996	D001大孔强酸性苯乙烯系阳离子交换树脂 D001 macrporous strongly acidic styrene type cation exchange resins	1997-05-01
G32	GB/T 16580—1996	D201大孔强碱性苯乙烯系阴离子交换对脂 D201 macroporous strongly basic styrene type anion exchange resins	1997-05-01
G32	GB/T 16613—1996	试验用聚氯乙烯(PVC)糊的制备　分散器法 Preparation of poly (vinyl chloride) (PVC) pastes for test purposes—Vissolver method	1997-05-01
G33	GB/T 4454—1996	硬质聚氯乙烯层压板材 Rigid polyvinyl chloride laminated plates	1997-12-28
G33	GB/T 10002.1—1996	给水用硬聚氯乙烯(PVC-U)管材 Unplasticized polyvinyl chloride (PVC-U) pipe for water supply	1997-05-01

中标分类	标 准 号	标 准 名 称	实施日期
G33	GB/T 10002.3—1996	埋地排污、废水用硬聚氯乙烯(PVC-U)管材 Unplasticized poly vinyl chloride (PVC-U) pipes for buried drainage and sewerage systems	1997-05-01
G38	GB/T 6329—1996	胶粘剂对接接头拉伸强度的测定 Adhesives—Determination of tensile strength of butt joints	1997-06-01
G38	GB/T 7122—1996	高强度胶粘剂剥离强度的测定 浮辊法 Adhesives—Determination of peel resistance of high-strength adhesive bonds—Floating roller	1997-06-01
G38	GB/T 13553—1996	胶粘剂分类 Classification of adbesives	1997-06-01
G40	GB/T 6029—1996	硫化橡胶中促进剂的检定 薄层色谱法 Vulcanized rubber—Determination of accelerant—Thin layer chromatographic method	1997-06-01
G40	GB/T 7535—1996	硫化橡胶分类 分类系统说明 Rubber, vulcarized—Classification—Description of the classification system	1997-06-01
G40	GB/T 7759—1996	硫化橡胶、热塑性橡胶 常温、高温和低温下压缩永久变形测量 Rubber, vulcanized or thermoplastic —Determination of compression set at ambient elevated or low temperatures	1997-06-01
G40	GB/T 9865.1—1996	硫化橡胶或热塑性橡胶样品和试样的制备 第1部分：物理试验 Rubber, vulcanized or thermoplastic—Preparation of samples and test pieces—Part 1: Physical tests	1997-06-01
G40	GB/T 16583—1996	不饱和橡胶中饱和橡胶的鉴定 第1部分 酸消化法 Rubbers saturated—Identification in unsaturated rubbers—Part 1: by acid digestion	1997-06-01
G40	GB/T 16584—1996	橡胶 用无转子硫化仪测定硫化特性 Rubber—Measurement of vulcanization characteristics with rotorless curemeters	1997-06-01
G40	GB/T 16585—1996	硫化橡胶人工气候老化(荧光紫 外灯)试验方法 Rubber, vulcanized—Test method of resistance to artificial weathering (fluorescent UV lamp)	1997-06-01
G40	GB/T 16586—1996	硫化橡胶与钢丝帘线粘合强度的测定 Rubber, vulcanized—Determination of adhesion to wire cord	1997-06-01
G40	GB/T 16589—1996	硫化橡胶分类 橡胶材料 Rubber, vulcanized—Classification—Rubber materials	1997-06-01
G40	GB/T 16593—1996	旋转轴唇形密封圈术语 Rotary shaft lip type seals—Vocabulary	1997-06-01

中标分类	标准号	标准名称	实施日期
G41	GB 1795—1996	轮胎气门芯 Tyre valve core	1997-05-01
G41	GB 1796—1996	轮胎气门嘴 Tyre valve	1997-05-01
G41	GB/T 4503—1996	轿车轮胎强度试验方法 Strength test method for passenger car tyres	1997-05-01
G41	GB/T 6327—1996	载重汽车轮胎强度试验方法 Strength test method for truck and bus tyres	1997-05-01
G41	GB/T 10823—1996	充气轮胎轮辋实心轮胎系列 Series of solid tyres for pneumatic tyres rims	1997-05-01
G41	GB/T 10824—1996	充气轮胎轮辋实心轮胎 Solid tyres for pneumatic tyre rims	1997-05-01
G41	GB/T 16622—1996	压配式实心轮胎系列 Series of pressed-on solid tyres	1997-05-01
G41	GB/T 16623—1996	压配式实心轮胎 Pressed-on solid tyres	1997-05-01
G42	GB/T 1171—1996	一般用普通 V 带 Classical V-belts for general use	1997-06-01
G42	GB/T 3685—1996	输送带酒精喷灯燃烧性能规范和试验方法 Conveyor belts—Flame retardation—Specifications and test method	1996-11-01
G42	GB/T 11545—1996	汽车 V 带疲劳试验方法 V-belt drives for the automotive industry—Fatigue test	1997-06-01
G42	GB 12732—1996	汽车 V 带 Automotive V-belts	1997-06-01
G42	GB/T 13352—1996	汽车 V 带尺寸 Automotive V-belts—Dimensions	1997-06-01
G42	GB/T 16412—1996	输送带丙烷燃烧器燃烧试验方法 The method for burn test of conveyor belt using propane burner	1997-04-01
G42	GB/T 16588—1996	工业用多楔带及带轮尺寸(PH、PJ、PK、PL 和 PM 型) V-ribbed belts and pulleys for industrial applications—Dimensions (PH PJ PK PL and PM profiles)	1997-06-01
G42	GB/T 16590.1—1996	消防用不可折叠型橡胶和塑料软管　第 1 部分：定位应急设施用轴卷半硬性软管 Rubber and plastics hoses，non-collapsible，for fire-fighting service—Part 1：semi-rigid reel hose for fixed first-aid installations	1997-06-01
G42	GB/T 16591—1996	输送无水氨用橡胶软管及软管组合件 Rubber hose and hose assemblies for transferring anhydrous ammonia	1997-06-01

中标分类	标准号	标准名称	实施日期
G45	GB 7543—1996	橡胶医用手套 Rubber surgical gloves	1997-03-01
G49	GB/T 3777—1996	橡胶用炭黑标准分类命名系统 Standard classification system for carbon blacks used in rubber products	1997-06-01
G49	GB/T 3780.7—1996	炭黑pH值的测定 Carbon black—Determination of pH value	1997-06-01
G50	GB/T 6739—1996	涂膜硬度铅笔测定法 Determination of film hardness by pencil test	1997-06-01
G50	GB/T 9276—1996	涂层自然气候曝露试验方法 Methods of exposure to natural weathering of coating	1997-06-01
G50	GB/T 16592—1996	粉末涂料　烘烤时质量损失的测定 Powder coating—Determination of loss mass on stoving	1997-06-01
G55	GB/T 3671.1—1996	水溶性染料溶解度和溶液稳定性的测定 Determination of application solubility and solution stability of water-soluble dyes	1997-03-01
G55	GB/T 3671.2—1996	水溶性染料冷水溶解度的测定 Determination of cold water solubility of water-soluble dyes	1997-03-01
G62	GB/T 1270—1996	化学试剂　六水合氯化钴(氯化钴) Chemical reagent—Cobalt(Ⅲ) chloride hexahydrate	1997-02-01
G62	GB/T 1282—1996	化学试剂　磷酸 Chemical reagent—Phosphoric acid	1997-02-01
G62	GB/T 16496—1996	化学试剂　硫酸钾 Chemical reagent—Potassium sulfate	1997-02-01
G63	GB/T 693—1996	化学试剂　三水合乙酸钠(乙酸钠) Chemical reagent—Sodium acetate trihydrate	1997-02-01
G63	GB/T 16493—1996	化学试剂　二水合柠檬酸三钠(柠檬酸三钠) Chemical reagent—Trisodium citrate dihydrate	1996-12-01
G63	GB/T 16494—1996	化学试剂　二甲苯 Chemical reagent—Xylene	1997-02-01
G63	GB/T 16495—1996	化学试剂　2,2'-联吡啶 Chemical reagent —2,2'-Bipyridyl	1997-02-01
G71	GB/T 10661—1996	荧光增白剂VBL Fluorescent whitening agent VBL	1997-05-01
G72	GB/T 6370—1996	表面活性剂　阴离子表面活性剂　水中溶解度的测定 Surface active agents—Anionic surface active agents—Determination of solubility in water	1997-03-01
G72	GB/T 7378—1996	表面活性剂　碱度的测定　滴定法 Surface active agents—Determination of alkalinity—Titrimetric method	1997-03-01

中标分类	标 准 号	标 准 名 称	实施日期
G72	GB/T 7384—1996	非离子表面活性剂　聚乙氧基化衍生物　羟值的测定　乙酐法 Non-ionic surface active agents—Polyethoxylated derivatives—Determination of hydroxyl value—Acetic anhydride method	1997-03-01
G72	GB/T 16497—1996	表面活性剂　油包水乳液稳定性试验方法　第1部分：油包水乳液贮藏稳定性的测定　烘箱法 Surface active agents—Test method for stability of water-in-oil emulsion—Part 1: Determination of storage stability of water-in-oil emulsion—Oven method	1997-03-01
G72	GB/T 16498—1996	表面活性剂　油包水乳液稳定性试验方法　第2部分：油包水乳液贮藏稳定性的测定　低温至室温循环法 Surface active agents—Test method for stability of water-in-oil emulsion—Part 2: Determination of storage stability of water-in-oil emulsion—Low to ambient temperature cycling method	1997-03-01
G76	GB/T 16632—1996	水处理剂阻垢性能的测定　碳酸钙沉积法 Determination of scale inhibition performance of water treatment agents—Calcium carbonate precipitation method	1997-05-01
G76	GB/T 16633—1996	工业循环冷却水中二氧化硅含量的测定　分光光度法 Industrial circulating cooling water —Determination of silica—Spectrophotometric method	1997-05-01
G76	GB/T 16634—1996	工业循环冷却水用磷锌预膜液中锌含量的测定　原子吸收光谱法 Industrial circulating cooling water—Determination of zinc for phosphous-zinc prefilming fluid—Atomic absorption spectrometric method	1997-05-01
G76	GB/T 16635—1996	工业循环冷却水用磷锌预膜液中钙含量的测定　原子吸收光谱法 Industrial circulating cooling water—Determination of calcium for phosphorus-zinc prefilmingfluid—Atomic absorption spectrometric method	1997-05-01
G76	GB/T 16642—1996	计算机集成制造系统体系结构 Computer integrated manufacturing system architecture	1997-05-01
G81	GB/T 7430—1996	安全摄影胶片规范 Photography—Photographic films—Specifications for safety film	1997-05-01
G81	GB/T 9185—1996	135规格胶片和暗盒规范 Photography—135-size film and magazine—Specification	1997-05-01
G86	GB/T 3864—1996	氮 Nitrogen	1997-05-01

中标分类	标准号	标准名称	实施日期
G86	GB/T 8979—1996	纯氮 Pure nitrogen	1997-05-01
G86	GB/T 8980—1996	高纯氮 High purity nitrogen	1997-05-01
G89	GB/T 16625—1996	地震堪探电雷管 Seismograph electric blasting cap	1997-04-01
G89	GB/T 16626—1996	紫胶造粒黑索今 Shellac granulated hexogen	1997-04-01
G89	GB/T 16627—1996	二硝基重氮酚 Diazodinitrophenol	1997-04-01
G89	GB/T 16628—1996	K·D 复盐起爆药 K·D double salt primary explosive	1997-04-01

H 冶金

H Metallurgy

中标分类	标准号	标准名称	实施日期
H10	GB/T 16597—1996	冶金产品分析方法 X 射线荧光光谱法通则 Analytical methods of metallurgical products—General rule for X-ray fluorescence spectrometric methods	1997-04-01
H13	GB/T 5121.1—1996	铜及铜合金化学分析方法 铜量的测定 Copper and copper alloys—Determination of copper content	1997-04-01
H13	GB/T 5121.2—1996	铜及铜合金化学分析方法 铁量的测定 Copper and copper alloys—Determination of iron content	1997-04-01
H13	GB/T 5121.3—1996	铜及铜合金化学分析方法 锌量的测定 Copper and copper alloys—Determination of zinc content	1997-04-01
H13	GB/T 5121.4—1996	铜及铜合金化学分析方法 铝量的测定 Copper and copper alloys—Determination of aluminium content	1997-04-01
H13	GB/T 5121.5—1996	铜及铜合金化学分析方法 锰量的测定 Copper and copper alloys—Determination of manganese content	1997-04-01
H13	GB/T 5121.6—1996	铜及铜合金化学分析方法 锡量的测定 Copper and copper alloys—Determination of tin content	1997-04-01
H13	GB/T 5121.7—1996	铜及铜合金化学分析方法 镍量的测定 Copper and copperr alloys—Determination of nickel content	1997-04-01
H13	GB/T 5121.8—1996	铜及铜合金化学分析方法 碳、硫量的测定 Copper and copper alloys—Determination of carbon and sulfur content	1997-04-01

中标分类	标准号	标准名称	实施日期
H13	GB/T 5121.9—1996	铜及铜合金化学分析方法　铅量的测定 Copper and copper alloys—Determination of lead content	1997-04-01
H13	GB/T 5121.10—1996	铜及铜合金化学分析方法　钴量的测定 Copper and copper alloys—Determination of cobalt content	1997-04-01
H13	GB/T 5121.11—1996	铜及铜合金化学分析方法　铬量的测定 Copper and copperr alloys—Determination of chromium content	1997-04-01
H13	GB/T 5121.12—1996	铜及铜合金化学分析方法　铍量的测定 Copper and copper alloys—Determination of bellium content	1997-04-01
H13	GB/T 5121.13—1996	铜及铜合金化学分析方法　镁量的测定 Copper and copper alloys—Determination of magnesium content	1997-04-01
H13	GB/T 5121.14—1996	铜及铜合金化学分析方法　银量的测定 Copper and copper alloys—Determination of silver content	1997-04-01
H13	GB/T 5121.15—1996	铅及铜合金化学分析方法　锆量的测定 Copper and copper alloys—Determination of zirconium content	1997-04-01
H13	GB/T 5121.16—1996	铜及铜合金化学分析方法　钛量的测定 Copper and copper alloys—Determination of titanium content	1997-04-01
H13	GB/T 5121.17—1996	铜及铜合金化学分析方法　氧量的测定 Copper and copper alloys—Determination of oxygen content	1997-04-01
H13	GB/T 5121.18—1996	铜及铜合金化学分析方法　镉量的测定 Copper and copper alloys—Determination of cadmium content	1997-04-01
H13	GB/T 5121.19—1996	铜及铜合金化学分析方法　磷量的测定 Copper and copper alloys—Determination of phosphorus content	1997-04-01
H13	GB/T 5121.20—1996	铜及铜合金化学分析方法　硅量的测定 Copper and copper alloys—Determination of silicon content	1997-04-01
H13	GB/T 5121.21—1996	铜及铜合金化学分析方法　砷量的测定 Copper and copper alloys—Determination of arsenic content	1997-04-01
H13	GB/T 5121.22—1996	铜及铜合金化学分析方法　锑量的测定 Copper and copper alloys—Determination of antimony content	1997-04-01

中标分类	标准号	标准名称	实施日期
H13	GB/T 5121.23—1996	铜及铜合金化学分析方法　铋量的测定 Copper and copperr alloys—Determination of bismuth content	1997-04-01
H14	GB/T 4698.1—1996	海绵钛、钛及钛合金化学分析方法　铜试剂分光光度法测定铜 Sponge titanium, titanium and titanium alloys—Determination of copper content—Diethyldithiocarbamate spectrophotometric method	1997-04-01
H14	GB/T 4698.2—1996	海绵钛、钛及钛合金化学分析方法　1,10-二氮杂菲分光光度法测定铁量 Sponge titanium, titanium and titanium alloys—Determination of iron content—1, 10-phenanthroline spectrophotometric method	1997-04-01
H14	GB/T 4698.3—1996	海绵钛、钛及钛合金化学分析方法　钼蓝分光光度法测定硅量 Sponge titanium, titanium and titanium alloys—Determination of silicon content—Molybdenum blue spectrophotometric method	1997-04-01
H14	GB/T 4698.4—1996	海绵钛、钛及钛合金化学分析方法　高碘酸盐分光光度法测定锰量 Sponge titanium, titanium and titanium alloys—Determination of manganese content—Potassium periodate spectrophotometric method	1997-04-01
H14	GB/T 4698.5—1996	海绵钛、钛及钛合金化学分析方法　硫氰酸盐分光光度法测定钼量 Sponge titanium, titanium and titanium alloys—Determination of molybdenum content—Thiocyanate spectrophotometric method	1997-04-01
H14	GB/T 4698.6—1996	海绵钛、钛及钛合金化学分析方法　次甲基蓝萃取分光光度法测定硼量 Sponge titanium, titanium and titanium alloys—Determination of boron content—Extraction-methylene blue spectrophotometric method	1997-04-01
H14	GB/T 4698.7—1996	海绵钛、钛及钛合金化学分析方法　蒸馏分离-奈斯试剂分光光度法测定氮量 Sponge titanium, titanium and titanium alloys—Determination of nitrogen content—Distillation-nessler reagent spectrophotometric method	1997-04-01
H14	GB/T 4698.8—1996	海绵钛、钛及钛合金化学分析方法　碱分离-EDTA 络合滴定法测定铝量 Sponge titanium, titanium and titanium alloys—Determination of aluminum content—Speparation with sodium hydroxide-EDTA complexometric titration method	1997-04-01

中标分类	标 准 号	标 准 名 称	实施日期
H14	GB/T 4698.9—1996	海绵钛、钛及钛合金化学分析方法 碘酸钾滴定法测定锡量 Sponge titanium, titanium and titanium alloys—Determination of tin content—Potassium iodate titration method	1997-04-01
H14	GB/T 4698.10—1996	海绵钛、钛及钛合金化学分析方法 硫酸亚铁铵滴定法测定铬量(含钒) Sponge titanium, titanium and titanium alloys—Determination of chromium content in the presence of vanadium—Ammonium ferrous sulfate titration method	1997-04-01
H14	GB/T 4698.11—1996	海绵钛、钛及钛合金化学分析方法 硫酸亚铁铵滴定法测定铬量(不含钒) Sponge titanium, titanium and titanium alloys—Determination of chromium content in the absence of vanadium—Ammonium ferrous sulfate titration method	1997-04-01
H14	GB/T 4698.12—1996	海绵钛、钛及钛合金化学分析方法 硫酸亚铁铵滴定法测定钒量 Sponge titanium, titanium and titanium alloys—Determination of vanadium content—Ammonium ferrous sulfate titration method	1997-04-01
H14	GB/T 4698.13—1996	海绵钛、钛及钛合金化学分析方法 EDTA 络合滴定法测定锆量 Sponge titanium, titanium and titanium alloys—Determination of zirconium content—EDTA complexometric titration method	1997-04-01
H14	GB/T 4698.14—1996	海绵钛、钛及钛合金化学分析方法 库仑法测定碳量 Sponge titanium, titanium and titanium alloys—Determination of carbon content—Combustion coulometric method	1997-04-01
H14	GB/T 4698.15—1996	海绵钛、钛及钛合金化学分析方法 真空加热气相色谱法测定氢量 Sponge titanium, titanium and titanium alloys—Determination of hydrogen content—Vacuum heating chromatographic method	1997-04-01
H14	GB/T 4698.16—1996	海绵钛、钛及钛合金化学分析方法 惰气熔融库仑法测定氧量 Sponge titanium, titanium and titanium alloys—Determination of oxygen content—Inert gas fusion coulometric method	1997-04-01

中标分类	标准号	标准名称	实施日期
H14	GB/T 4698.17—1996	海绵钛、钛及钛合金化学分析方法　火焰原子吸收光谱法测定镁量 Sponge titanium, titanium and titanium alloys—Determination of magnesium content—Flame absorption spectrometric method	1997-04-01
H14	GB/T 4698.18—1996	海绵钛、钛及钛合金化学分析方法　火焰原子吸收光谱法测定锡量 Sponge titanium, titanium and titanium alloys—Determination of tin content—Flame atomic absorption spectrometric method	1997-04-01
H14	GB/T 4698.19—1996	海绵钛、钛及钛合金化学分析方法　硫氰酸盐示差分光光度法测定钼量 Sponge titanium, titanium and titanium alloys—Determination of molybdenum content—Thiocyanate differential spectrophotometric method	1997-04-01
H14	GB/T 4698.20—1996	海绵钛、钛及钛合金化学分析方法　高碘酸钾分光光度法测定锰量 Sponge titanium, titanium and titanium alloys—Determination of manganese content—Potassium periodate spectrophotometric method	1997-04-01
H14	GB/T 4698.21—1996	海绵钛、钛及钛合金化学分析方法　发射光谱法测定锰、铬、镍、铝、钼、锡、钒、钇、铜、锆量 Sponge titanium, titanium and titanium alloys—Determination of manganese, chromium, nickel, aluminum, molybdenum, tin, vanadium, yttrium, copper, zirconium content—Emission spectrographic method	1997-04-01
H14	GB/T 4698.22—1996	海绵钛、钛及钛合金化学分析方法　5-Br-PADAP 分光光度法测量铌量 Sponge titanium, titanium and titanium alloys—Determination of niobium content-2-(5-Bromo-2-pyridyiazo)-5—Diethylaminophenol spectrophotometric method	1997-04-01
H14	GB/T 4698.23—1996	海绵钛、钛及钛合金化学分析方法　氯化亚锡-碘化钾分光光度法测定钯量 Sponge titanium, titanium and titanium alloys—Determination of palladium content—Stannous choride-potassium iodide spectrophotometric method	1997-04-01
H14	GB/T 4698.24—1996	海绵钛、钛及钛合金化学分析方法　丁二酮肟分光光度法测定镍量 Sponge titanium, titanium and titanium alloys—Determination of nickel content—Dimethylglyoxime spectrophotometric method	1997-04-01

中标分类	标准号	标准名称	实施日期
H14	GB/T 4698.25—1996	海绵钛、钛及钛合金化学分析方法　硫化银分光光度法测定氯量 Sponge titanium, titanium and titanium alloys—Determination chloric content—Silver sulfide spectrophotometric method	1997-04-01
H14	GB/T 16477.1—1996	稀土硅铁合金及镁硅铁合金化学分析方法　稀土总量测定 Methods for chemical analysis of rare earth ferrosilicon alloy and rare earth ferrosilicon magnesium alloy—Determination of total rare earth content	1997-01-01
H14	GB/T 16477.2—1996	稀土硅铁合金及镁硅铁合金化学分析方法　钙、镁、锰量的测定 Methods for chemical analysis of rare earth ferrosilicon alloy and rare earth ferrosilicon magnesium alloy—Determination of calcium, magnesium, and manganese contents	1997-01-01
H14	GB/T 16477.3—1996	稀土硅铁合金及镁硅铁合金化学分析方法　氧化镁量的测定 Methods for chemical analysis of rare earth ferrosilicon alloy and rare earth ferrosilicon magnesium alloy—Determination of magnesia content	1997-01-01
H14	GB/T 16477.4—1996	稀土硅铁合金及镁硅铁合金化学分析方法　硅量测定 Methods for chemical analysis of rare earth ferrosilicon alloy and rare earth ferrosilicon magnesium alloy—Determination of silica content	1997-01-01
H14	GB/T 16477.5—1996	稀土硅铁合金及稀土镁硅铁合金化学分析方法　钛量的测定 Methods for chemical analysis of rare earth ferrosilicon alloy and rare earth ferrosilicon magnesium alloy—Determination of titanium content	1997-01-01
H14	GB/T 16478.1—1996	硝酸钍化学分析方法　水溶解试验 Method for chemical analysis of thorium nitrate—Insoluble substance in water	1997-01-01
H14	GB/T 16478.2—1996	硝酸钍化学分析方法　钍量的测定 Methods for chemical analysis of thorium nitrate—Determination of thorium content	1997-01-01
H14	GB/T 16478.3—1996	硝酸钍化学分析方法　硫量的测定 Methods for chemical analysis of thorium nitrate—Determination of sulphate content	1997-01-01
H14	GB/T 16478.4—1996	硝酸钍化学分析方法　磷量的测定 Methods for chemical analysis fo thorium nitrate—Determination of phosphorus content	1997-01-01

中标分类	标准号	标准名称	实施日期
H14	GB/T 16478.5—1996	硝酸钍化学分析方法　氯量的测定 Methods for chemical analysis of thorium nitrate—Determination of chlorine content	1997-01-01
H14	GB/T 16478.6—1996	硝酸钍化学分析方法　铁量的测定 Methods for chemical analysis of thorium nitrate—Determination of iron content	1997-01-01
H14	GB/T 16478.7—1996	硝酸钍化学分析方法　钛量的测定 Methods for chemical analysis of thorium nitrate—Determination of titanium content	1997-01-01
H14	GB/T 16478.8—1996	硝酸钍化学分析方法　硅量的测定 Methods for chemical analysis of thorium nitrate—Determination of silicon content	1997-01-01
H14	GB/T 16478.9—1996	硝酸钍化学分析方法　铀量的测定 Methods for chemical analysis of thorium nitrate—Determination of uranium content	1997-01-01
H14	GB/T 16478.10—1996	硝酸钍化学分析方法　稀土总量的测定 Methods for chemical analysis of thorium nitrate—Determination of total rare earth content	1997-01-01
H14	GB/T 16478.11—1996	硝酸钍化学分析方法　铅量的测定 Methods for chemical analysis of thorium nitrate—Determination of lead content	1997-01-01
H14	GB/T 16480.1—1996	金属钇及氧化钇化学分析方法　氧化镧、氧化铈、氧化镨、氧化钕、氧化钐、氧化铕、氧化钆、氧化铽、氧化镝、氧化钬、氧化铒、氧化铥、氧化镱和氧化镥量的测定 Method for chemical analysis of yttrium and yttrium oxide—Determination of lanthanum oxide, cerium oxide, praseodymium oxide, neodymium oxide, samarium oxide, europium oxide, gadolinium oxide, terbium oxide, dysprosium oxide, holmium oxide, erbium oxide, thulium oxide, ytterbium oxide and lutecium oxide contents	1997-01-01
H14	GB/T 16480.2—1996	金属钇及氧化钇化学分析方法　钽、钛、铜和镍量的测定 Methods for chemical analysis of yttrium and yttrium oxide—Determination of tantaium, titanium, copper and nickel content	1997-01-01
H14	GB/T 16480.3—1996	金属钇及氧化钇化学分析方法　氟量的测定 Methods for chemical analysis of yttrium and yttrium oxide—Determination of fluorine content	1997-01-01
H14	GB/T 16480.4—1996	金属钇及氧化钇化学分析方法　硫量的测定 Methods for chemical analysis of yttrium and yttrium oxide—Determination of sulphur content	1997-01-01

中标分类	标准号	标准名称	实施日期
H14	GB/T 16480.5—1996	金属钇及氧化钇化学分析方法　金属钇中氮量的测定 Methods for chemical analysis of yttrium and yterium oxide—Determination of nitrogen content	1997-01-01
H14	GB/T 16481—1996	稀土元素微波等离子体炬发射光谱(MPT-AES)标准谱表 Standard spectrum tables of microwave plasma torch-atomic emitting spectrum of rare earth	1997-01-01
H14	GB/T 16484.1—1996	氧化稀土、碳酸稀土化学分析方法　氧化铈量的测定 Method for chemical analysis of rare earth chloride and carbonate—Determination of cerium oxide content	1997-01-01
H14	GB/T 16484.2—1996	氯化稀土、碳酸稀土化学分析方法　氧化铕量的测定 Methods for chemical analysis of rare earth chloride and carbonate—Determination of europium oxide content	1997-01-01
H14	GB/T 16484.3—1996	氯化稀土、碳酸稀土化学分析方法　氧化镧、氧化铈、氧化镨、氧化钕、氧化钐、氧化铕和氧化钇量的测定 Methods for chemical analysis of rare earth chloride and carbonate—Determination of lanthaoum oxide, Praseodymium oxide, neodymium oxide, sumarium oxide, europiumoxide and yterium, content	1997-01-01
H14	GB/T 16484.4—1996	氯化稀土、碳酸稀土化学分析方法　氧化钍量的测定 Methods for chemical analysis of rare earth chloride and carbonate—Determination of thorium oxide content	1997-01-01
H14	GB/T 16484.5—1996	氯化稀土、碳酸稀土化学分析方法　氯化稀土中氧化钡量的测定 Methods for chemical analysis of rare earth chloride and carbonate—Determination of barium oxide content in rare earth chloride	1997-01-01
H14	GB/T 16484.6—1996	氯化稀土、碳酸稀土化学分析方法　氧化钙量的测定 Methods for chemical analysis of rare earth chloride and carbonate—Determination of calcium oxide content	1997-01-01
H14	GB/T 16484.7—1996	氯化稀土、碳酸稀土化学分析方法　氧化镁量的测定 Methods for chemical analysis of rare earth chloride and carbonate Determination of magesium oxide content	1997-01-01
H14	GB/T 16484.8—1996	氯化稀土、碳酸稀土化学分析方法　氧化钠量的测定 Methods for chemical analysis of rare earth chloride and carbonate—Determination of sodium oxide content	1997-01-01
H14	GB/T 16484.9—1996	氯化稀土、碳酸稀土化学分析方法　氧化镍量的测定 Methods for chemical analysis of rare earth chloride and carbonate—Determination of nichel oxide conten	1997-01-01
H14	GB/T 16484.10—1996	氯化稀土、碳酸稀土化学分析方法　氧化锰量的测定 Methods for chemical analysis of rare earth chloride and carbonate—Determination of manganese oxide content	1997-01-01

中标分类	标准号	标准名称	实施日期
H14	GB/T 16484.11—1996	氯化稀土、碳酸稀土化学分析方法　氧化铅量的测定 Methods for chemical analysis of rare earth chloride and carbonate—Determination of lead oxide content	1997-01-01
H14	GB/T 16484.12—1996	氯化稀土、碳酸稀土化学分析方法　硫酸根量的测定 Methods for chemical analysis of rare earth chloride and carbonate—Determination of sulphate radicle content	1997-01-01
H14	GB/T 16484.13—1996	氯化稀土、碳酸稀土化学分析方法　氯化铵量的测定 Methods for chemical analysis of rare earth chloride and carbonate—Determination of ammonium chloride content	1997-01-01
H14	GB/T 16484.14—1996	氯化稀土、碳酸稀土化学分析方法　磷酸根量的测定 Methods for chemical analysis of rare earth chloride and carbonate—Determination of phosphorus radicle content	1997-01-01
H14	GB/T 16484.15—1996	氯化稀土、碳酸稀土化学分析方法　碳酸稀土中氯量的测定 Methods for chemical analysis of rare earth carbonate—Determination of chlorine content	1997-01-01
H14	GB/T 16484.16—1996	氯化稀土、碳酸稀土化学分析方法　氯化稀土中水不溶物量的测定 Methods for chemical analysis of rare earth chloride—Determination of water insoluble matter content	1997-01-01
H14	GB/T 16484.17—1996	氯化稀土、碳酸稀土化学分析方法　碳酸稀土中水分量的测定 Methods for chemical analysis of rare earth carbonate—Determination of water content	1997-01-01
H14	GB/T 16484.18—1996	氯化稀土、碳酸稀土化学分析方法　碳酸稀土灼减量的测定 Methods for chemical analysis of rare earth carbonate—Determination of ignition loss content	1997-01-01
H14	GB/T 16484.19—1996	氯化稀土、碳酸稀土化学分析方法　氧化稀土总量的测定 Methods for chemical analysis of rare earth chloride and carbonate—Determination of total rare earth oxide contents	1997-01-01
H14	GB/T 16599—1996	钼的发射光谱分析方法 Methods for emission spectrumanalysis of molybdenum	1997-04-01
H14	GB/T 16600—1996	钨的发射光谱分析方法 Methods for emission spectrum analysis of tungsten	1997-04-01
H21	GB/T 1423—1996	贵金属及其合金密度的测试方法 Method of measurement of density for precious metals and their alloys	1997-04-01

中标分类	标 准 号	标 准 名 称	实施日期
H21	GB/T 1424—1996	贵金属及其合金材料电阻系数测试方法 Method of measurement of resistivity of precious metals and their alloys	1997-04-01
H21	GB/T 1425—1996	贵金属及其合金熔化温度范围的测定 热分析试验方法 Determination of melting temperature range for precious metals and their alloys—Testing method of thermal analysis	1997-04-01
H21	GB/T 16596—1996	确定晶片坐标系规范 Specification for establishing a wafer coordinate system	1997-04-01
H22	GB/T 10120—1996	金属应力松弛试验方法 Metallic materials—Stress relaxation test	1997-04-01
H22	GB/T 12347—1996	钢丝绳弯曲疲劳试验方法 Steel wire rope—Bending fatigue testing	1997-04-01
H25	GB/T 16545—1996	金属和合金的腐蚀 腐蚀试样上腐蚀产物的清除 Corrosion of metals and alloys—Removal of corrosion products from corrosion test specimens	1997-04-01
H26	GB/T 5777—1996	无缝钢管超声波探伤检验方法 Seamless steel pipe and tubing—Methods for ultrsonic testing	1997-04-01
H26	GB/T 11260—1996	圆钢穿过式涡流探伤检验方法 Round steel—The inspection method for pass type eddy current test	1997-04-01
H26	GB/T 16544—1996	球形储罐γ射线全景曝光照相方法 Spherical tank—Radiographic method of gamma ray panoramic exposure	1997-04-01
H32	GB/T 4000—1996	焦炭反应性及反应后强度试验方法 Coke—Determination of reactivitg and strength after reaction	1996-10-01
H41	GB/T 4223—1996	废钢铁 Iron and steel scraps	1997-04-01
H42	GB/T 3648—1996	钨铁 Ferrotungsten	1997-04-01
H42	GB/T 3795—1996	锰铁 Ferromanganese	1997-04-01
H42	GB/T 4008—1996	锰硅合金 Ferromanganese-silicon	1997-04-01
H46	GB/T 2521—1996	冷轧晶粒取向、无取向磁性钢带(片) Cold-rolled grain-oriented and non-oriented magnetic steel strip(sheet)	1997-04-01
H46	GB 3531—1996	低温压力容器用低合金钢钢板 Low alloy steel plates for low temperature pressure vessels	1996-10-01

中标分类	标准号	标准名称	实施日期
H46	GB 6654—1996	压力容器用钢板 Steel plates for pressure vessels	1996-10-01
H46	GB/T 16270—1996	高强度结构钢热处理和控轧钢板、钢带 High-strength structural steel plates and strips, products supplied in the heat-treated or controlled rolled condition	1996-10-01
H49	GB/T 8918—1996	钢丝绳 Steel wire ropes	1996-10-01
H49	GB/T 8919—1996	制绳用钢丝 Wire for steel wire ropes use	1996-10-01
H49	GB/T 16269—1996	面接触钢丝绳 Facial contacted wire ropes	1996-10-01
H49	GB/T 16271—1996	钢丝绳吊索　插编索扣 Steel wire ropes—Spliced eye termination for slings	1996-10-01
H60	GB/T 3199—1996	铝及铝合金加工产品　包装、标志、运输、贮存 Wrought aluminium and aluminium alloy products—Packing, marking, transporting and storing	1997-02-01
H61	GB/T 3190—1996	变形铝及铝合金化学成分 Wrought aluminium and aluminium alloys—Chemical composition limits	1997-01-01
H61	GB 3198—1996	工业用纯铝箔 Aluminium foil for general purpose	1997-01-01
H61	GB/T 16474—1996	变形铝及铝合金牌号表示方法 Wrought aluminium and aluminium alloy—Designation system	1997-01-01
H61	GB/T 16475—1996	变形铝及铝合金状态代号 Temper designation system for wrought aluminium and aluminium alloy	1997-01-01
H61	GB/T 16501—1996	铝及铝合金热轧带材 Hot rolled strip of aluminium and aluminium alloy	1997-02-01
H64	GB/T 2965—1996	钛及钛合金棒材 Titanium and titanium alloy bars	1997-04-01
H64	GB/T 16598—1996	钛及钛合金饼和环 Titanium and titanium alloy disc and ring	1997-04-01
H65	GB/T 2525—1996	金属铈 Cerium metal	1997-01-01
H65	GB/T 2526—1996	氧化钆 Gadolinium oxide	1997-01-01
H65	GB/T 4150—1996	纱罩用硝酸钍 Thorium nitrate for gas mantie	1997-01-01
H65	GB/T 4151—1996	硝酸铈 Cerium nitrate	1997-01-01

中标分类	标准号	标准名称	实施日期
H65	GB 9968—1996	农用硝酸稀土 Pare earth nitrate agricultural use	1997-01-01
H65	GB/T 16476—1996	金属钪 Scandium metal	1997-01-01
H65	GB/T 16479—1996	碳酸稀土 Rare earth carbonate	1997-01-01
H65	GB/T 16482—1996	荧光级氧化钇铕 Yttrium—europium oxide—Phosphor grad	1997-01-01
H65	GB/T 16661—1996	碳酸铈 Cerium carbonate	1997-07-01
H82	GB/T 12962—1996	硅单晶 Monocrystalline silicon	1997-04-01
H82	GB/T 12963—1996	硅多晶 Polycrystalline silicon	1997-04-01
H82	GB/T 12964—1996	硅单晶抛光片 Monocrystalline silicon polished wafers	1997-04-01
H82	GB/T 12965—1996	硅单晶切割片和研磨片 Monocrystalline silicon as slices and lapped slices	1997-04-01
H82	GB/T 16595—1996	晶片通用网格规范 Specification for a universal wafer grid	1997-04-01

J 机械
J Machinery

中标分类	标准号	标准名称	实施日期
J04	GB/T 1167—1996	过渡配合螺纹 The threads for transition fit	1996-10-01
J04	GB/T 1182—1996	形状和位置公差　通则、定义、符号和图样表示法 Geometrical tolerancing—Generalities, definitions, Symbols, indications on drawings	1997-07-01
J04	GB/T 1184—1996	形状和位置公差　未注公差值 Genometrical tolerancing—Geometrical tolerances for features without individual tolerance indications	1997-07-01
J04	GB/T 4249—1996	公差原则 Tolerancing principle	1997-07-01
J04	GB/T 4459.6—1996	机械制图　动密封圈表示法 Mechanical drawings—Representation of seals for dynamic application	1997-07-01
J04	GB/T 12604.9—1996	无损检测术语　红外检测 Terminology for non-destructive testing—Infrared testing	1996-10-01
J04	GB/T 16671—1996	形状和位置公差　最大实体要求、最小实体要求和可逆要求 Geometrical tolerancing—Maximum material requirement, least material requirement and reciprocity requirement	1997-07-01

中标分类	标 准 号	标 准 名 称	实施日期
J04	GB/T 16673—1996	无损检测用黑光源(UV-A)辐射的测量 Measurement of UV-A radiation (black light) used in non destructive testing	1997-07-01
J04	GB/T 16675.1—1996	技术制图　简化表示法　第1部分:图样画法 Technical drawings—Simplified representation—Part 1: Pictorial presentation	1997-07-01
J04	GB/T 16675.2—1996	技术制图　简化表示法　第2部分:尺寸注法 Technical drawings—Simplified representation—Part 2: Dimensioning	1997-07-01
J04	GB/T 16722.1—1996	技术产品文件　计算机辅助技术信息处理　安全性要求 Technical product documentation—Handling of computer-based technical information—Security requirements	1997-07-01
J04	GB/T 16722.2—1996	技术产品文件　计算机辅助技术信息处理　原始文件 Technical product documentation—Handling of compuler—Based technical informaltion—Original documentation	1997-07-01
J04	GB/T 16722.3—1996	技术产品文件　计算机辅助技术信息处理　产品设计过程中的状态 Technical product documentation—Handling of computer—Based technical informalion—Phases in the product design process	1997-07-01
J04	GB/T 16722.4—1996	技术产品文件　计算机辅助技术信息处理文件管理与检索系统 Technical product documentation—Handling of computer—Based technical information—Document mangement and retrieval systems	1997-07-01
J07	GB/T 15049.3—1996	CAD标准件图形文件　几何图形和特性规范　铆钉 CAD standard parts file—Specification of geometry and parameters —Revets	1997-05-01
J07	GB/T 15049.4—1996	CAD标准件图形文件　几何图形和特性规范　销 CAD standard parts file—Specification of geometry and parameters—Pins	1997-05-01
J07	GB/T 15049.5—1996	CAD标准件图形文件　几何图形和特性规范　螺母 CAD Standard parts file—Specification of geometry and parameters—Nuts	1997-05-01
J07	GB/T 15049.6—1996	CAD标准件图形文件　几何图形和特性规范　螺栓 CAD Standard parts file—Specification of geometry and paramelers—Bolts	1997-05-01
J07	GB/T 15049.7—1996	CAD标准件图形文件　几何图形和特性规范　螺钉 CAD Standard parts file—Specification of geometry and parameters—Screws	1997-05-01

中标分类	标准号	标准名称	实施日期
J07	GB/T 15049.8—1996	CAD 标准件图形文件 几何图形和特性规范 挡圈 CAD Standard parts file—Specification of geometry and parameters —Rings	1997-05-01
J07	GB/T 15049.9—1996	CAD 标准件图形文件 几何图形和特性规范 垫圈 CAD Standard parts file—Specification of geometry and parameters—Washers	1997-05-01
J07	GB/T 16721—1996	工业自动化系统 制造报文规范 协议子集规范 Industrial automation systems—Specification of subsets of the protocol for the manufacturing—Message specification	1997-07-01
J09	GB/T 16181—1996	爆破片装置夹持器 型式和外形尺寸 Bursting disc devices—Type and outline dimensions for holders	1996-10-01
J09	GB 16454—1996	锯床 安全防护技术要求 Sawing machines—Safeguarding specification	1997-02-01
J11	GB/T 307.3—1996	滚动轴承 通用技术规则 Rolling bearings—General technical regulations	1997-07-01
J11	GB/T 4648—1996	滚动轴承 圆锥滚子轴承 凸缘外圈 外形尺寸 Rolling bearings—Metric tapered roller bearings—Flanged cups—Boundary dimensions	1997-07-01
J11	GB/T 6445.1—1996	滚动轴承 滚轮滚针轴承 外形尺寸 Rolling bearings—Needle roller bearings-track rollers—Bonndary dimensions	1997-07-01
J11	GB/T 6445.2—1996	滚动轴承 滚轮滚针轴承 公差 Rolling bearings—Needle roller bearings-track rollers—Tolerances	1997-07-01
J11	GB/T 16643—1996	滚动轴承 滚针和推力圆柱滚子组合轴承 外形尺寸 Rolling bearings—Combined needle roller-thrust roller bearings—Boundary dimensions	1997-07-01
J13	GB/T 3098.12—1996	紧固件机械性能 螺母锥形保证载荷试验 Mechanical properties of fasteners—Cone proof load test on nuts	1997-07-01
J13	GB/T 3098.13—1996	紧固件机械性能 螺栓与螺钉的扭矩试验和破坏扭矩公称直径 1～10mm Mechanical properties of fasteners—Torsional test and minimum torques for bolts and screws with nominal diameters 1mm to 10mm	1997-07-01
J13	GB/T 16674—1996	六角法兰面螺栓 小系列 Hexagon flange bolts—Small series	1997-07-01
J17	GB/T 16442—1996	平面二次包络环面蜗杆传动术语 Planar double—Enveloping worm gearing terminology	1996-12-01

中标分类	标准号	标准名称	实施日期
J17	GB/T 16443—1996	平面二次包络环面蜗杆传动几何要素代号 Planar double-enveloping worm gearing geometrical data symbols	1996-12-01
J17	GB/T 16444—1996	平面二次包络环面蜗杆减速器系列、润滑和承载能力 Planar double-enveloping worm gearsreducer-dimensions and load capacitys	1996-12-01
J17	GB/T 16445—1996	平面二次包络环面蜗杆传动精度 Planar double-enveloping worm gearing accuracy	1996-12-01
J17	GB/T 16446—1996	平面二次包络环面蜗杆减速器技术条件 Planar double-enveloping worm gearing reducer technical specification	1996-12-01
J31	GB/T 16253—1996	承压钢铸件 Steel castings for pressure purposes	1996-11-01
J33	GB/T 16672—1996	焊缝 工作位置 倾角和转角的定义 Welds—Working positions—Definitions of angles of slope and rotation	1997-07-01
J41	GB/T 1124.1—1996	凸凹半圆铣刀 第1部分：凹半圆铣刀的形式和尺寸 Convex and concave milling cutters—Part 1: The types and dimensions for concave milling cutters	1997-02-01
J41	GB/T 1124.2—1996	凸凹半圆铣刀 第2部分：凸半圆铣刀的型式和尺寸 Convex and concave milling cutters—Part 2: The types and dimensions for convex milling cutters—Fechnical specifications	1997-02-01
J41	GB/T 1124.3—1996	凸凹半圆铣刀 技术条件 Convex and concave milling cutters	1997-02-01
J41	GB/T 1438.1—1996	锥柄麻花钻 第1部分：莫氏锥柄麻花钻的型式和尺寸 Taper shank twist drills—Part 1: The types and dimensions for Morse taper shank twist drills	1997-02-01
J41	GB/T 1438.2—1996	锥柄麻花钻 第2部分：莫氏锥柄长麻花钻的型式和尺寸 Taper shank twist drills—Part 2: The types and dimensions for long Morse taper shank twist drills	1997-02-01
J41	GB/T 1438.3—1996	锥柄麻花钻 第3部分：莫氏锥柄加长麻花钻的型式和尺寸 Taper shank twist drills—Part 3: The types and dimensions for lengthened Morse taper shank twist drills	1997-02-01
J41	GB/T 1438.4—1996	锥柄麻花钻 第4部分：莫氏锥柄超长麻花钻的型式和尺寸 Taper shank twist drills—Part 4: The types and dimensions for extra-long morse taper shank twist drills	1997-02-01
J41	GB/T 1443—1996	机床和工具柄用自夹圆锥 Maching tools—Self-holding tapers for tool shanks	1997-02-01

中标分类	标准号	标准名称	实施日期
J41	GB/T 6117.1—1996	立铣刀　第1部分：直柄立铣刀的型式和尺寸 End mills—Part 1：Milling cutters with parallel shanks	1997-02-01
J41	GB/T 6117.2—1996	立铣刀　第2部分：莫氏锥柄立铣刀的型式和尺寸 End mills—Part 2：Milling cutters with Morse taper shanks	1997-02-01
J41	GB/T 6117.3—1996	立铣刀　第3部分：7/24锥柄立铣刀的型式和尺寸 End mills—Part 3：Milling cutters with 7/24 taper shanks	1997-02-01
J41	GB/T 6118—1996	立铣刀　技术条件 End mills—Technical specifications	1997-02-01
J41	GB/T 6119.1—1996	三面刃铣刀　型式和尺寸 Side and face milling cutter—Types and dimensions	1997-02-01
J41	GB/T 6119.2—1996	三面刃铣刀　技术条件 Side and face milling cutters—Technical specifications	1997-02-01
J41	GB/T 6120—1996	锯片铣刀　型式和尺寸 Metal slitting saws—Types and dimensions	1997-02-01
J41	GB/T 6121—1996	锯片铣刀　技术条件 Metal slitting saws—Technical specifications	1997-02-01
J41	GB/T 6124.1—1996	T型槽铣刀　第1部分：直柄T型槽铣刀的型式和尺寸 T-slot cutters—Part 1：Dimensions of T-slot cutters with plain or flated parallel shanks	1997-02-01
J41	GB/T 6124.2—1996	T型槽铣刀　第2部分：莫氏锥柄T型槽铣刀的型式和尺寸 T-slot cutters—Part 2：Dimensions of T-slot cutters with Morse taper shanks with tapped holes	1997-02-01
J41	GB/T 6125—1996	T型槽铣刀　技术条件 T-slot cutters—Technical specifications	1997-02-01
J41	GB/T 6128.1—1996	角度铣刀　第1部分：单角铣刀的型式和尺寸 Angle milling cutter—Part 1：The types and dimensions for single angle cutter	1997-02-01
J41	GB/T 6128.2—1996	角度铣刀　第2部分：不对称双角铣刀的型式和尺寸 Angle milling cutter—Part 2：The types and dimensions for double unequal-angle cutters	1996-07-02
J41	GB/T 6128.3—1996	角度铣刀　第3部分：对称双角铣刀的型式和尺寸 Angle milling cutter—Part 3：The types and dimensions for double equal-angle cutters	1997-02-01
J41	GB/T 6129—1996	角度铣刀　技术条件 Angle cutters—Technical specifications	1997-02-01
J41	GB/T 6131.1—1996	铣刀直柄　第1部分：普通直柄的型式和尺寸 Parallel shanks for milling cutters—Part 1：Dimensional characteristics of plain parallel shanks	1997-02-01

中标分类	标准号	标准名称	实施日期
J41	GB/T 6131.2—1996	铣刀直柄　第2部分：削平直柄的型式和尺寸 Parallel shanks for milling cutters—Part 2：Dimensional characteristics of flatted parallel shanks	1997-02-01
J41	GB/T 6131.3—1996	铣刀直柄　第3部分：2°斜削平直柄的型式和尺寸 Parallel shanks for milling cutters—Part 3：Dimensional characteristics of parallel shanks with 2°angular flate	1997-02-01
J41	GB/T 6131.4—1996	铣刀直柄　第4部分：螺纹柄的型式和尺寸 Parallel shanks for milling cutters—Part 4：Dimensional characteristics of screwed shanks	1997-02-01
J41	GB/T 6135.1—1996	直柄麻花钻　第1部分：粗直柄小麻花钻的型式和尺寸 Parallel shank twist drills—Part 1：The types and dimensions for small type twist drills with ovorsize parallol shank	1997-02-01
J41	GB/T 6135.2—1996	直柄麻花钻　第2部分：直柄短麻花钻的型式和尺寸 Parallel shank twist drills—Part 2：The types and dimensions for parallel shank stub series twist drills	1997-02-01
J41	GB/T 6135.3—1996	直柄麻花钻　第3部分：直柄麻花钻的型式和尺寸 Paraiiel shank twist drills—Part 3：The types and dimesions for parallel shank jobber series twist drills	1997-02-01
J41	GB/T 6135.4—1996	直柄麻花钻　第4部分：直柄长麻花钻的型式和尺寸 Parallel shank twist drills—Part 4：The types and dimensions for parallel shank long series twist drills	1997-02-01
J41	GB/T 6135.5—1996	直柄麻花钻　第5部分：直柄超长麻花钻的型式和尺寸 Parallel shank twist drills—Part 5：The types and dimensions for extra long parallel shank twist drills	1997-02-01
J41	GB/T 6335.1—1996	旋转和旋转冲击式硬质合金建工钻　第1部分：尺寸 Rotary and rotary impact masonry drill bits with hardmetal tips—Part 1：Dimensions	1997-02-01
J41	GB/T 6335.2—1996	旋转和旋转冲击式硬质合金建工钻　第2部分：技术条件 Rotary and rotary impact masonry drill bits with hardmetal tips—Part 2：Technical specifications	1997-02-01
J41	GB/T 16456.1—1996	硬质合金螺旋齿立铣刀　第1部分：直柄立铣刀　型式和尺寸 End mills with brazed helical hardmetal tips—Part 1：Dimensions of end mills with parallel shank	1997-02-01
J41	GB/T 16456.2—1996	硬质合金螺旋齿立铣刀　第2部分：7：24锥柄立铣刀　型式和尺寸 End mills withbrazed helical hardmetal tips—Part 2：Dimensions of end mills with 7:24 taper shank	1997-02-01

中标分类	标准号	标准名称	实施日期
J41	GB/T 16456.3—1996	硬质合金螺旋齿立铣刀　第3部分：莫氏锥柄立铣刀型式和尺寸 End mills with brazed helical hardmetal tips—Part 3: Dimensions of end mills with morse taper shank	1997-02-01
J41	GB/T 16456.4—1996	硬质合金螺旋齿立铣刀　第4部分：技术条件 End mills with brazed helical hardmetal tips—Part 4: Technical specifications	1997-02-01
J41	GB/T 16459—1996	面铣刀寿命试验 Tool life testing in face milling	1997-02-01
J41	GB/T 16460—1996	立铣刀寿命试验 Tool life testing in end milling	1997-02-01
J41	GB/T 16461—1996	单刃车削刀具寿命试验 Tool-life testing with single-point turning tools	1997-02-01
J42	GB/T 1214.1—1996	游标类卡尺　通用技术条件 The specification for callipers of vernier type	1997-02-01
J42	GB/T 1214.2—1996	游标类卡尺　游标卡尺 The vernier callipers for callipers of vernier type	1997-02-01
J42	GB/T 1214.3—1996	游标类卡尺　高度游标卡尺 The gauge high for callipers of vernier type	1997-02-01
J42	GB/T 1214.4—1996	游标类卡尺　深度游标卡尺 The depth gauge for callipers of vernier type	1997-02-01
J42	GB/T 6315—1996	游标万能角度尺 Vernier universal bevel protractor	1997-02-01
J42	GB/T 6316—1996	齿厚游标卡尺 Gear tooth vernier calipers	1997-02-01
J42	GB/T 16455—1996	条式和框式水平仪 Bar form and square levels	1997-02-01
J43	GB/T 2478—1996	普通磨料　棕刚玉 Conventional abrasive —Brown fused alumina	1997-02-01
J43	GB/T 2479—1996	普通磨料　白刚玉 Conventional abrasive—White fused alumina	1997-02-01
J43	GB/T 2480—1996	普通磨料　碳化硅 Conventional abrasive—Silicon carbide	1997-02-01
J43	GB/T 2495—1996	普通磨具　包装 Packing for bonded abrasive products	1997-02-01
J43	GB/T 5766—1996	摩擦材料洛氏硬度试验方法 Test method for Rockwell hardness for friction materials	1996-12-01
J43	GB/T 6406—1996	超硬磨料　金刚石或立方氮化硼颗粒尺寸 Super abrasive—Grain sizes of diamond or cubic boron nitride	1997-02-01

中标分类	标 准 号	标 准 名 称	实施日期
J43	GB/T 6409.2—1996	超硬磨料制品　金刚石或立方氮化硼磨具　形状和尺寸 Abrasive products—Diamond or cubic boron nitride grinding tools—Form and dimensions	1997-02-01
J43	GB/T 16457—1996	超硬磨料制品　切割石材和建筑物用锯片　钢基体尺寸 Abrasive products—Segmented saws for machining of stone and masonry cutting—Dimensions of steel blades	1997-02-01
J43	GB/T 16458.1—1996	磨料磨具术语　第1部分：磨料术语 Terminolory for abrasives and abrasive products—Part 1：Terminology for abrasives	1997-02-01
J43	GB/T 16458.2—1996	磨料磨具术语　第2部分：磨具术语 Terminology for abrasives and abrasive products—Part 2：Terminology for abrasives products	1997-02-01
J47	GB/T 16452—1996	电讯夹扭钳和剪切钳术语 Pliers and nippers for electronics—Nomenclature	1997-01-01
J50	GB/T 5226.1—1996	工业机械电气设备　第1部分：通用技术条件 Electrical equipment of industrial machines—Part 1：General requirements	1997-07-01
J52	GB/T 158—1996	机床工作台　T形槽和相应螺栓 Machine tool table—T-slots and corresponding bolts	1997-02-01
J53	GB/T 16462—1996	数控卧式车床　精度检验 Numerically controlled turning machines—Testing of the accuracy	1997-02-01
J57	GB/T 6472—1996	立式内拉床　精度检验 Vertical internal broaching machines—Testing of the accuracy	1996-02-01
J57	GB/T 6473—1996	立式外拉床　精度检验 Vertical surface broaching machines—Testing of the accuracy	1997-02-01
J64	GB/T 8366—1996	电阻焊设备的额定值与运行条件 Pating of resistance welding equipment	1997-07-01
J71	GB/T 7782—1996	计量泵 Metering pump	1997-07-01
J75	GB 16409—1996	板式换热器 Plate heat exchanger	1996-10-01
J76	GB 5842—1996	液化石油气钢瓶 Liquefied petroleum gas cylinders	1996-10-01
J76	GB 8337—1996	气瓶用易熔合金塞 Fusible plug for gas cylinders	1996-11-01
J78	GB/T 16709—1996	真空技术　管路配件　装配尺寸 Vacuum technology—Pipeline fittings—Mounting dimensions	1997-07-01

中标分类	标准号	标准名称	实施日期
J81	GB 16490—1996	振动给料机安全规范 Safety code for vibration feeder	1996-12-01
J83	GB/T 5182—1996	叉车　货叉　技术要求和试验 Fork-lift trucks—Fork arms—Technical characteristics and testing	1997-07-01
J83	GB/T 5184—1996	叉车　挂钩型货叉和货叉架　安装尺寸 Fork-lift trucks—Hook-on type fork arms and fork arm carriages—Mounting dimensions	1997-07-01
J98	GB 1576—1996	低压锅炉水质 Water quality for low pressure boilers	1996-12-01
J98	GB/T 16507—1996	固定式锅炉建造规程 Rules for construction of stationary boilers	1996-12-01
J98	GB/T 16508—1996	锅壳锅炉受压元件强度计算 Strength calculation of pressure parts for shell boilers	1996-12-01

K 电工
K Electrotechnology

中标分类	标准号	标准名称	实施日期
K00	GB/T 16499—1996	编制电气安全标准的导则 Guide to the drafting of electrical safety standards	1997-07-01
K04	GB/T 762—1996	标准电流 Standard current	1996-10-01
K04	GB/T 1980—1996	标准频率 Standard frequencies	1997-12-01
K04	GB/T 2900.7—1996	电工术语　电炭 Electrotechnical terminology—Electrical carbon	1997-01-01
K04	GB/T 2900.16—1996	电工术语　电力电容器 Electrotechnical terminology power capacitors	1997-01-01
K04	GB/T 4728.12—1996	电气简图用图形符号　第12部分:二进制逻辑元件 Graphical symbols for electrical diagrams—Part 12: Binary logic elements	1997-07-01
K04	GB 4798.2—1996	电工电子产品应用环境条件　运输 Environmental conditions existing in the application of electric and electronic products—Transportation	1997-07-01
K04	GB/T 4798.6—1996	电工电子产品应用环境条件　船用 Environmental conditions existing in the application of electric and electronic products—Ship environment	1997-12-01
K04	GB/T 5170.2—1996	电工电子产品环境试验设备基本参数检定方法　温度试验设备 Inspection methods for basic parameters of environmental testing equipments for electric and electronic products—Temperature testing equipments	1997-07-01

中标分类	标准号	标准名称	实施日期
K04	GB/T 5170.5—1996	电工电子产品环境试验设备基本参数检定方法　湿热试验设备 Inspection on methods for basic parameters of environmental testing equipments for electric and electronic products—Damp heat testing equipments	1997-11-01
K04	GB/T 5170.8—1996	电工电子产品环境试验设备基本参数检定方法　盐雾试验设备 Inspection methods for basic parameters of environmental testing equipments for electric and electronic products—Salt mist testing equipments	1997-11-01
K04	GB/T 5170.9—1996	电工电子产品环境试验设备基本参数检定方法　太阳辐射试验设备 Inspection methods for basic parameters of environmental testing equipments for electric and electronic products—Solar radiation testing equipments	1997-07-01
K04	GB/T 5170.10—1996	电工电子产品环境试验设备基本参数检定方法　高低温低气压试验设备 Inspection methods for basic parameters of environmental testing equipments for electric and electronic products—Combined high and low temperature/low air pressure testing equipment	1997-07-01
K04	GB/T 5170.11—1996	电工电子产品环境试验设备基本参数检定方法　腐蚀气体试验设备 Inspection methods for basic parameters of environmental testing equipments for electric and electronic products—Corrosive gas testing equipments	1997-11-01
K04	GB/T 5465.1—1996	电气设备用图形符号绘制原则 General principles for the creation of graphical symbols for use on electrical equipment	1997-05-01
K04	GB/T 5465.2—1996	电气设备用图形符号 Graphical symbols for use on electrical equipment	1997-05-01
K04	GB/T 12113—1996	接触电流和保护导体电流的测量方法 Methods of measurement of touch-current and protective conductor current	1997-07-01
K04	GB/T 16700—1996	集中网络控制装置的标准频率 Standard frequencies for centralized network control installations	1997-12-01
K09	GB 4706.2—1996	家用和类似用途电器的安全　电熨斗的特殊要求 Safety of houshold and similar electrical appliances — Particular requirements for electric irons	1997-01-01

中标分类	标准号	标准名称	实施日期
K09	GB 4706.15—1996	家用和类似用途电器的安全　皮肤及毛发护理器具的特殊要求 Safety of household and similar electrical appliances—Particular requirements for appliances for skin or hair care	1997-01-01
K09	GB/T 4706.17—1996	家用和类似用途电器的安全　电动机-压缩机的特殊要求 Safety of household and similar electrical appliances—Particular requirements for motor-compressors	1997-12-01
K09	GB 4706.21—1996	家用和类似用途电器的安全微波炉的特殊要求 Safety of household and similar electrical appliances—Particular requirements for microwave ovens	1997-09-01
K09	GB 4706.23—1996	家用和类似用途电器的安全　室内加热器的特殊要求 Safety of household and similar electrical appliances —Particular requirements for room heaters	1996-01-01
K09	GB 4706.32—1996	家用和类似用途电器的安全　热泵、空调器和除湿机的特殊要求 Safety of household and similar elecrioal appliances—Particular requirements for electrical heat pumps, air-conditioners and dehumidifiers	1997-01-01
K09	GB 4706.33—1996	家用和类似用途电器的安全　商用电深油炸锅的特殊要求 Safety of household and similar electrical appliances—Particular requirements for commercial electric deep fat fryers	1997-11-01
K09	GB 4706.34—1996	家用和类似用途电器的安全　商用电蒸锅的特殊要求 Safety of household and similar electrical appliances—Particular requirements for commercial electric steam cookers	1997-11-01
K09	GB 4706.35—1996	家用和类似用途电器的安全　商用电煮锅的特殊要求 Safety of household and similar electrical appliances—Particular requirements for commercial electric boiling pans	1997-11-01
K09	GB 14536.2—1996	家用和类似用途电自动控制器　家用电器用电控制器的特殊要求 Automatic electrical controls for household and similar use—Particular requirements for electrical controls for electrical household appliances	1997-07-01

中标分类	标 准 号	标 准 名 称	实施日期
K09	GB 14536.3—1996	家用和类似用途电自动控制器 电动机热保护器的特殊要求 Automatic electrical controls for household and similar use —Particular requirements for thermal motor protectors	1997-07-01
K09	GB 14536.4—1996	家用和类似用途电自动控制器 管形荧光灯镇流器热保护器的特殊要求 Automatic electrical controls for household and similar use particular requirements for thermal protectors for ballasts for tubular fluorescent lamps	1997-07-01
K09	GB 14536.5—1996	家用和类似用途电自动控制器 密封和半密封电动机-压缩机用电动机热保护器的特殊要求 Automatic electrical controls for household and similar use —Particular requirements for thermal motor protectors for motor-compressors of hermetic and semi-hermetic type	1996-07-01
K09	GB 14536.6—1996	家用和类似用途电自动控制器 燃烧器电自动控制系统的特殊要求 Automatic electrical controls for household and similar use—Particular requirements for automatic electrical burner control systems	1997-07-01
K09	GB 14536.7—1996	家用和类似用途电自动控制器 压力敏感电自动控制器的特殊要求(包括机械要求) Automatic electrical controls for household and similar use—Particular requirements for automatic electrical pressure sensing controls including mechanical requirements	1997-07-01
K09	GB 14536.8—1996	家用和类似用途电自动控制器 定时器和定时开关的特殊要求 Automatic electrical controls for household and similar use —Particular requirements for timers and time switches	1997-07-01
K09	GB 14536.9—1996	家用和类似用途电自动控制器 电动水阀的特殊要求(包括机械要求) Automatic electrical controls for household and similar use —Particular requirements for electrically operated water valves, including mechanical requirements	1997-07-01
K09	GB 14536.10—1996	家用和类似用途电自动控制器 温度敏感控制器的特殊要求 Automatic electrical controls for household and similar use —Particular requirements for temperature sensing contrls	1997-07-01

中标分类	标 准 号	标 准 名 称	实施日期
K09	GB 14536.11—1996	家用和类似用途电自动控制器　电动机用起动继电器的特殊要求 Automatic electical eontrols for household and similar use—Partieular requirements for electricaly operated motor starting relays	1997-07-01
K09	GB 14536.12—1996	家用和类似用途电自动控制器　能量调节器的特殊要求 Automatic electrcal controls for household and similar use—Particular requirements for energy regulators	1997-07-01
K09	GB 14536.13—1996	家用和类似用途电自动控制器　电动门锁的特殊要求 Automatic electrcal controls for household and similar use—Particular requirements for electrically operated door locks	1997-07-01
K15	GB/T 12802—1996	电容器用聚丙烯薄膜 Polypropylene film for capacitors	1997-01-01
K21	GB/T 7064—1996	透平型同步电机技术要求 Requirements for turbine type synchronous machine	1997-07-01
K30	GB 15934—1996	电线组件 Cord sets	1997-04-01
K40	GB/T 4473—1996	交流高压断路器的合成试验 Synthetic testing of high-voltage alternating current circuit-breakers	1997-07-01
K41	GB 1094.1—1996	电力变压器　第1部分：总则 Power transformers—Part 1：General	1996-12-01
K41	GB 1094.2—1996	电力变压器　第2部分　温升 Power transformers—Part 2：Temperature rise	1996-12-01
K41	GB 8286—1996	矿用隔爆型移动变电站 Mining flameproof movable substations	1996-12-01
K41	GB/T 16274—1996	油浸式电力变压器技术参数和要求 500kV 级 Specification and technical requirements for oil immersed power transformers 500kV	1996-12-01
K42	GB/T 4787—1996	断路器电容器 Circuit-breaker capacitors	1996-12-01
K48	GB/T 16316—1996	电气安装用导管配件的技术要求　第1部分：通用要求 Specification for conduit fittings for electrical installations —Part 1：General requirements	1997-01-01
K52	GB/T 4712—1996	自动化柴油发电机组分级要求 Automatic diesel generating set，requirements of classification	1996-12-01
K55	GB/T 2900.45—1996	电工术语　水轮机、蓄能泵和水泵水轮机 Electrotechnical terminology—Hydraulic turbine，storage pump and pump-turbine	1997-01-01

中标分类	标准号	标准名称	实施日期
K55	GB/T 10969—1996	水轮机通流部件技术条件 Specifications for water passage components of hydraulic turbines	1997-01-01
K58	GB/T 16637—1996	轻型燃气轮机电气设备通用技术要求 General specification for lightweight gas turbine electrical equipment	1997-06-01
K59	GB/T 16437—1996	小型风力发电机组结构安全要求 Safety requirements for small wind turbine generator structures	1997-01-01
K62	GB/T 16439—1996	交流伺服系统通用技术条件 General specification for A.C. servo system	1997-07-01
K63	GB/T 2900.36—1996	电工术语　电力牵引 Electrotechnical terminology —Electric traction	1997-01-01
K63	GB/T 16318—1996	旋转牵引电机基本试验方法 Basic test method for rotating traction electrical machines	1997-01-01
K64	GB/T 7442—1996	电动角向磨光机 Angle electric grinders	1997-01-01
K64	GB/T 7443—1996	电锤 Electric rotary hammers	1997-01-01
K64	GB 13960.2—1996	可移式电动工具的安全　圆锯的专用要求 Safety of transportable motor-operated electric tools particular requirements for circular saws	1997-01-01
K64	GB 13960.3—1996	可移式电动工具的安全　摇臂锯的专用要求 Safety of transportable motor-operated electric tools—Particular requirements for radial arm saws	1997-01-01
K64	GB 13960.4—1996	可移式电动工具的安全　平刨和厚度刨的专用要求 Safety of transportable motor-operated electric tools—Particular requirements for planers and thicknessers	1997-01-01
K64	GB 13960.5—1996	可移式电动工具的安全　台式砂轮机的专用要求 Safety of transportable motor-operated electric tools—Particular requirements for bench grinders	1997-01-01
K64	GB 13960.6—1996	可移式电动工具的安全　带锯的专用要求 Safety of transportable motor-operated electric tools—Particular requirements for band saws	1997-01-01
K65	GB 1002—1996	家用和类似用途单相插头插座　型式、基本参数和尺寸 Single phase plugs and socket-outlets for household and similar purposes —Types、basic parameters and dimensions	1996-02-01
K65	GB 2099.1—1996	家用和类似用途插头插座　第1部分：通用要求 Plugs and socket-outlets for household and similar purposes —Part 1：General requirements	1996-02-01

中标分类	标准号	标准名称	实施日期
K72	GB 7000.1—1996	灯具一般安全要求与试验 General safety requirements and tests for luminaires	1997-07-01
K72	GB 7000.2—1996	应急照明灯具安全要求 Safety requirements of luminaires for emergency lighting	1997-07-01
K72	GB 7000.3—1996	庭园用的可移式灯具安全要求 Safety requirements of portable luminaires for garden use	1997-07-01
K72	GB 7000.4—1996	儿童感兴趣的可移式灯具安全要求 Safety requirements of portable child-appealing luminaires	1997-07-01
K72	GB 7000.5—1996	道路与街路照明灯具的安全要求 Safety requirements of luminaires for road and street lighting	1997-07-01
K72	GB 7000.6—1996	内装变压器的钨丝灯灯具的安全要求 Safety requirements of luminaires with built-in transformers for filament lamps	1997-07-01
K74	GB 1407—1996	卡口式灯头的形式和尺寸 Types and dimentions of bayonet lamp caps	1997-09-01
K82	GB/T 8897—1996	原电池总则 Primary batteries—General	1997-11-01
K82	GB/T 8905—1996	六氟化硫电气设备中气体管理和检测导则 The guide for processing and measuring SF_6 gas in power apparatus	1997-11-01
K82	GB/T 11013—1996	碱性二次电池和电池组　圆柱密封镉镍可充单体电池 Alkaline secondary cells and batteries—Sealed nickel-cadmium cylindrical rechargeable single cells	1997-07-01
K83	GB/T 6495.1—1996	光伏器件　第1部分：光伏电流-电压特性的测量 Photovoltaic devices—Part 1: Measurement of photovoltaic current-voltage characteristics	1997-01-01
K83	GB/T 6495.2—1996	光伏器件　第2部分：标准太阳电池的要求 Photovoltaic devices—Part 2: Requirements for reference solar cells	1997-01-01
K83	GB/T 6495.3—1996	光伏器件　第3部分：地面用光伏器件的测量原理标准光谱辐照度数据 Photovoltaic devices—Part 3: Measurement principles for terrestrial photovoltaic(PV) solar devices with reference spectral irradiance data	1997-01-01
K83	GB/T 6495.4—1996	晶体硅光伏器件的 *I-V* 实侧特性的温度和辐射度修正方法 Procedures for temperature and irradiance corrections to measured *I-V* characteristics of crystalline silicon photovoltaic devices	1997-01-01
K84	GB/T 7403.1—1996	牵引用铅酸蓄电池 Lead-acid traction batteries	1997-01-01

中标分类	标 准 号	标 准 名 称	实施日期

L 电子元器件与信息技术

L Electronic Components and Information Technology

中标分类	标准号	标准名称	实施日期
L01	GB/T 16679—1996	信号与连接的代号 Designations for signals and connections	1997-07-01
L05	GB/T 5080.6—1996	设备可靠性试验　恒定失效率假设的有效性检验 Equipment reliability testing—Tests for the validity validity of aconstant failure rate assumption	1997-05-01
L06	GB/T 16607—1996	微波炉在1GHz以上的辐射干扰测量方法 Methods of measurement of radiated interference from microwave ovens for frequencies above 1GHz	1997-10-01
L11	GB/T 5966—1996	电子设备用固定电容器　第8部分：分规范　1类瓷介固定电容器 Fixed capacitors for use in electronic equipment—Part 8：Sectional specification：Fixed capacitors of ceramic dielectric，class 1	1997-10-01
L11	GB/T 5967—1996	电子设备用固定电容器　第8部分：空白详细规范　1类瓷介质固定电容器　评定水平E Fixed capacitors for use in electronic equipmment—Part 8：Blank detail specification：Fixed capacitors of ceramic dielectric，class 1—Assessment level E	1997-10-01
L11	GB/T 5968—1996	电子设备用固定电容器　第9部分：分规范　2类瓷介固定电容器 Fixed capacitors for use in electronlc equipment—Part 9：Sectional specification：Ficed capacitors of ceramic dielectric，class 2	1997-05-01
L11	GB/T 5969—1996	电子设备用固定电容器　第9部分：空白详细规范　2类瓷介电容器　评定水平E Fixed，capacitors for use in electronic equipment—Part 9：Blank detial specification：Fixed capacitor of ceramic dielectric，class 2 —Assessment level E	1997-05-01
L11	GB/T 7332—1996	电子设备用固定电容器　第2部分：分规范　金属化聚乙烯对苯二甲酸酯膜介质　直流固定电容器 Fixed capacitors for use in electronic equipment—Part 2：Sectional specification—Fixed metallized polyethylene-terephthalate film dielectric d. c. capacitors	1997-01-01
L11	GB/T 7333—1996	电子设备用固定电容器　第2部分：空白详细规范　金属化聚乙烯对苯二甲酸酯膜介质　直流固定电容器　评定水平E Fixed capacitors for use in electronic equipment—Part 2： Blank detail specification—Fixed metallized polyethylene-terephthalate film dielectric d. c. capacitors—Assessment level E	1997-01-01

中标分类	标 准 号	标 准 名 称	实施日期
L11	GB/T 9324—1996	电子设备用固定电容器　第10部分：分规范　多层片状瓷介电容器 Fixed capacitors for use in electronic equipment—Part 10：Sectional specification—Fixed multilayer ceramic chip capacitors	1996-12-01
L11	GB/T 9325—1996	电子设备用固定电容器　第10部分：空白详细规范　多层片式瓷介电容器　评定水平 Fixed capacitors for use in electronic equipment—Part 10：Blank detail specification—Fixed multilayer ceramic chip capacitors—Assessment leve E	1996-12-01
L11	GB/T 16467—1996	电子设备用固定电容器　第19部分：空白详细规范　金属化聚乙烯对苯二甲酸酯膜介质　直流片式固定电容器　评定水平E Fixed capacitora for use in electronic equipment—Part 19：Blank detail specification—Fixed metallized polyethylene-terephthalate film dielectric chip d. c. capacitors—Assessment level E	1997-01-01
L13	GB/T 7338—1996	电子设备用固定电阻器　第6部分：分规范　各电阻器可单独测量的固定电阻网络 Fixed resistors for use in electronic equipment—Part 6：Sectional specification—Fixed resistor networks with individually measurable resistors	1997-01-01
L14	GB/T 16515—1996	电子设备用电位器　第5部分：分规范　单圈旋转式低功率线绕和非线绕电位器 Potentiometers for use in electronic equipment—Part 5：Sectional specification：Single-turn rotary low-power wirewound and non-wirewound potentiometers	1997-05-01
L18	GB/T 16304—1996	压电陶瓷电场应变特性测试方法 Test methods of properties of the relation between strain and electric field for piezoelectric ceramic	1997-01-01
L19	GB/T 16512—1996	抑制射频干扰固定电感器　第1部分：总规范 Fixed inductors for radio interference suppression—Part 1：Generic specification	1997-05-01
L19	GB/T 16513—1996	抑制射频干扰固定电感器　第2部分：分规范　试验方法和一般要求的选择 Fixed inductors for radio interference suppression—Part 2：Sectional specification—Selection of methods of test and gederal requirements	1997-05-01
L21	GB/T 12273—1996	石英晶体元件　电子元器件质量评定体系规范　第1部分：总规范 Quartz crystal units-A specification in the quality assessment system for electronic components—Part 1：Generic specification	1997-05-01

中标分类	标 准 号	标 准 名 称	实施日期
L21	GB/T 16516—1996	石英晶体元件　电子器件质量评定体系　第2部分：分规范　能力批准 Quartz crystal units—Aspecification in the quality assessment system for electronic components—Part 2：Sectional specification-capability approval	1996-05-01
L21	GB/T 16517—1996	石英晶体元件　电子元器件质量评定体系规范　第3部分：分规范　鉴定批准 Quartz crystal units—Aspecification in the quality assessment system for electronic components—Part 3：Sectional specification—Qualification approval	1997-05-01
L22	GB/T 16514—1996	电子设备用机电开关　第5部分：按钮开关分规范 Electromechanical switches for use in electronic equipment—Part 5：Sectional specification for pushbutton switches	1997-05-01
L23	GB/T 11313—1996	射频连接器　第1部分：总规范　一般要求和试验方法 Redio-frequency connectors—Part 1：Generic specification—General requirements and measuring methods	1997-10-01
L25	GB/T 16608—1996	电气继电器　第10部分：IEC电子元器件质量评定体系在有无继电器上的应用 Electrical relays—Part 10：Application of the IEC quality assessment system for electronic components to all-or-nothing relays	1997-10-01
L26	GB/T 16531—1996	射频同轴电缆组件　第3部分：半柔软同轴电缆组件分规范 Radio frenquency and coaxial cable assemblies—Part 3：Sectional specification for semi-flexible coaxial cable assemblies	1997-05-01
L30	GB/T 4588.1—1996	无金属化孔单、双面印制板分规范 Sectional specification：single and double sided printed boards with plain holes	1996-10-01
L30	GB/T 4588.2—1996	有金属化孔单双面印制板分规范 Spectional specification：single and double sided printed boards with plated-through holes	1996-10-01
L30	GB/T 4588.4—1996	多层印制板　分规范 Sectional spocification—Multilayer printed boards	1997-08-01
L30	GB/T 16261—1996	印制板总规范 Generic specification printed boards	1996-10-01
L30	GB/T 16315—1996	印制电路用限定燃烧性的覆铜箔聚酰亚胺玻璃布层压板 Polyimide woven glass fabric copper-clad laminated sheet of defined flammability for printed circuits	1997-01-01

中标分类	标准号	标准名称	实施日期
L30	GB/T 16317—1996	多层印制电路用限定燃烧性的薄覆铜箔聚酰亚胺玻璃布层压板 Thin polyimide woven glass fabric copper-clad laminated sheet of defined flammability for use in the fabrication of multilayer printed boards	1997-01-01
L35	GB/T 2987—1996	电子管参数符号 Letter symbols of parameter for electronic tubes	1997-10-01
L35	GB/T 4597—1996	电子管词汇 Vocabulary of electronic tubes	1997-01-01
L42	GB/T 6218—1996	开关用双极型晶体管空白详细规范 Blank detail specification for bipolar transistors for switching applications	1997-01-01
L42	GB/T 7577—1996	低频放大管壳额定的双极型晶体管空白详细规范 Blank detail specification for case-rated bipolar transistors for low-frequency amplification	1997-01-01
L44	GB/T 16468—1996	静电感应晶体管系列型谱 Series programmes for static induction transistors	1997-01-01
L47	GB/T 4619—1996	液晶显示器件测试方法 Measuring methods for liquid crystal display devices	1997-10-01
L51	GB/T 6510—1996	电视和声音信号的电缆分配系统 Cabled distribution systems primarily intended for television and sound signals	1997-05-01
L51	GB/T 16529—1996	光纤光缆接头　第1部分：总规范　构件和配件 Splices for optical fibres and cables—Part 1: Generic specification—Hardware and accessories	1997-05-01
L51	GB/T 16530—1996	单模纤维光学器件回波损耗偏振依赖性测量方法 Measuring method for polarization dependence of return loss of a single-mode fibre optic component	1997-05-01
L55	GB/T 8976—1996	膜集成电路和混合膜集成电路总规范 Generic specification for film integrated circuits and hybrid film integrated circuits	1997-01-01
L55	GB/T 16464—1996	半导体器件　集成电路　第1部分：总则 Semiconductor devices integrated circuits—Part 1: General	1997-01-01
L55	GB/T 16465—1996	膜集成电路和混合膜集成电路分规范(采用能力批准程序) Sectional specification for film integrated circuits and hybrid film integrated circuits on the basis of the capability approval procedures	1997-01-01

中标分类	标准号	标准名称	实施日期
L55	GB/T 16466—1996	膜集成电路和混合膜集成电路空白详细规范(采用能力批准程序) Blank detail specification for film integrated circuits and hybrid film integrated oircuits on the basis of the capability approval procedures	1997-01-01
L55	GB/T 16525—1996	塑料有引线片式载体封装引线框架规范 Specification of leadframes for plastic leaded chip carrier packages	1997-05-01
L55	GB/T 16526—1996	封装引线间电容和引线负载电容测试方法 The method of measuring the lead-to-lead and loading capacitance of package leads	1997-05-01
L56	GB/T 3436—1996	半导体集成电路　运算放大器系列和品种 Semiconductor integrated circuits—Series and products of operational amplifier	1997-01-01
L56	GB/T 4377—1996	半导体集成电路　电压调整器测试方法的基本原理 Semiconductor integrated circuits—General principles of measuring methods of voltage regulator	1997-01-01
L56	GB/T 6798—1996	半导体集成电路　电压比较器测试方法的基本原理 Semiconductor integrated circuits—General principles of measuring methods of voltage comparators	1997-01-01
L63	GB/T 16685—1996	信息技术　打印设备　测量打印机吞吐量的方法 Information technology—Printing devices—Method for measuring printer throughput	1997-07-01
L64	GB/T 16649.1—1996	识别卡　带触点的集成电路卡　第1部分:物理特性 Identification cards—Integrated circuit(s) cards with contacts—Part 1: Physical characteristics	1997-07-01
L64	GB/T 16649.2—1996	识别卡　带触点的集成电路卡　第2部分:触点的尺寸和位置 Identification cards—Integrated circuit(s) cards with contacts—Part 2: Dimensions and location of the contacts	1997-07-01
L64	GB/T 16649.3—1996	识别卡　带触点的集成电路卡　第3部分:电信号和传输协议 Identification cards—Integrated circuit(s) cards with contacts—Part 3: Electronic signals and transmission protocols	1997-07-01
L65	GB/T 16678.1—1996	信息处理系统　光纤分布式数据接口(FDDI)　第1部分:令牌环物理层协议(PHY) Information processing systems—Fibre distributed data interface (FDDI)—Part 1: Token ring physical layer protocol (PHY)	1997-07-01

中标分类	标准号	标准名称	实施日期
L65	GB/T 16678.2—1996	信息处理系统　光纤分布式数据接口(FDDI)　第2部分:令牌环媒体访问控制(MAC) Information processing systems—Fibre distributed data interface (FDDI)—Part 2: Token ring media access control (MAC)	1997-07-01
L65	GB/T 16678.3—1996	信息处理系统　光纤分布式数据接口(FDDI)　第3部分:令牌环物理层媒体相关部分(PMD) Information processing systems—Fibre distributed data interface (FDDI)—Part 3: Physical layer medium dependent(PMD)	1997-07-01
L67	GB/T 16720.1—1996	工业自动化系统　制造报文规范　第1部分:服务定义 Industrial automation systems—Manufacturing message specification—Part 1: Service definition	1997-07-01
L67	GB/T 16720.2—1996	工业自动化系统　制造报文规范　第2部分:协议规范 Industrial automation systems—Manufacturing message specification—Part 2: Protocol specification	1997-07-01
L67	GB/T 16720.3—1996	工业自动化系统　制造报文规范　第3部分:机器人伴同标准 Industrial automation systems—Manufacturing message specification—Part 3: Companion standard for robotics	1997-07-01
L70	GB 16655—1996	工业自动化系统　集成制造系统安全的基本要求 Industrial automation systems—Safety of integrated manufacturing systems—Basic requirements	1997-07-01
L70	GB/T 16703—1996	用于行政、商业和运输业电子数据交换　语法实施指南 EDIFACT syntax implementation guidelines	1997-07-01
L71	GB/T 10022.2—1996	信息技术　图片编码方法　第2部分:登记规程 Information technology—Picture coding methods—Part 2: Procedure for registration	1997-07-01
L71	GB/T 15273.7—1996	信息处理　八位单字节编码图形字符集　第7部分:拉丁/希腊字母 Information processing—8-bit single-byte coded graphic character sets—Part 7: Latin/Greek alphabet	1997-07-01
L71	GB/T 16683—1996	信息交换用彝文字符24×24点阵字模集及数据集 24×24 Dot matrix font set and data set of yi character for information interchange	1997-07-01
L71	GB/T 16686—1996	信息技术　信息交换用数据压缩　具有嵌人字典的自适应编码　DCLZ算法 Information technology—Data compression for information interchange—Adaptive coding with embedded dictionary—DCLZ algorithm	1997-07-01

中标分类	标准号	标准名称	实施日期
L74	GB/T 3057—1996	信息技术　程序设计语言 Fortran Information technology—Programming languages Fortran	1997-07-01
L74	GB/T 16656—1996	产品数据表达和交换　描述方法:EXPRESS 语言参考手册 Product data representation and exchange(STEP)—Descriptive methods of the EXPRESS—Language reference manual	1997-07-01
L74	GB/T 16681—1996	信息技术　开放系统中文界面规范 Information technology—Chinese interface specifications of open system	1997-07-01
L76	GB/T 15936.2—1996	信息处理　文本与办公系统　办公系统文件体系结构(ODA)和交换格式　第 2 部分:文件结构 Information processing—Text and office systems—Office document architecture(ODA) and interchange format—Part 2: Document structures	1997-07-01
L76	GB/T 15936.4—1996	信息处理　文本与办公系统　办公文件体系结构(ODA)和交换格式　第 4 部分:文件轮廓 Information processing—Test and office systems—Office document architecutre (ODA) and interchange format—Part 4: Document profile	1996-10-01
L76	GB/T 15936.5—1996	信息处理　文本和办公系统　办公文件体系结构(ODA)和交换格式　第 5 部分:办公文件交换格式(ODIF) Information processing—Text and office systems—Office document architecture (ODA) and interchange format—Part 5:Office document interchange format (odif)	1996-12-01
L76	GB/T 15936.6—1996	信息处理　文本和办公系统　办公文件体系结构(ODA)和交换格式　第 6 部分:字符内容体系结构 Information processing—Text and office systems—Office document architecture (ODA) and interchange format—Part 6:Char acter content architectures	1996-12-01
L76	GB/T 15936.7—1996	信息处理　文本和办公系统　办公文件体系结构(ODA)和交换格式　第 7 部分:光栅图形体系结构 Information processing—Text and office systems—Office document architecture (ODA) and interchange format—Part 7:Raster graphics content architectures	1996-12-01
L76	GB/T 15936.10—1996	信息处理　文本和办公系统　办公文件体系结构(ODA)和交换格式　第 10 部分:形式规范 Information processing—Text and office systems—Office document architecture(ODA) and interchange format—Part 10: Formal specifications	1997-07-01

中标分类	标准号	标准名称	实施日期
L76	GB/T 16262—1996	信息处理系统　开放系统互连　抽象语法记法(ASN.1)规范 Information processing systems—Open systems interconnection—Specification of abstract syntax notation one (ASN.1)	1996-06-01
L77	GB/T 16260—1996	信息技术　软件产品评价　质量特性及其使用指南 Information technology—Software product evaluation—Quality characteristics and guidelines for their use	1996-10-01
L77	GB/T 16680—1996	软件文档管理指南 Guidelines for the management of software documentation	1997-07-01
L78	GB/T 9387.4—1996	信息处理系统　开放系统互连　基本参考模型　第4部分:管理框架 Information processing systems—Open systems interconnection—Basic reference model—Part 4: Management framework	1997-07-01
L78	GB/T 15629.5—1996	信息技术　局域网和城域网　第5部分:令牌环访问方法和物理层规范 Information technology—Local and metropolitan area networks—Part 5: Token ring access method and physical layer specifications	1997-07-01
L78	GB/T 16503—1996	信息技术　平衡互换电路的电隔离 Information technology—Galvanic isolation of balanced interchange circuits	1997-05-01
L78	GB/T 16504—1996	信息处理系统　数据通信　使用测试环路的自动故障隔离规程 Information processing systems—Data communciation—Automatic fault isolation procedures using test loops	1997-05-01
L78	GB/T 16506.1—1996	信息技术　系统间的远程通信和信息交换　提供和支持OSI网络服务的协议组合　第1部分：一般原则 Information techmology—Telecommunications and information exchange between systems—Protocol combinations to provides and support the OSI network service—Part 1: General principles	1997-05-01
L78	GB/T 16506.2—1996	信息技术　系统间的远程通信和信息交换　提供和支持OSI网络服务的协议组合　第2部分：提供和支持连接方式的网络服务 Information techmology—Telecommunications and information exchange between systems—Protocol combinations to provides and support the OSI network service-Part 2: Provision and suuport of the connection-mode netwok service	1997-05-01

中标分类	标 准 号	标 准 名 称	实施日期
L78	GB/T 16506.3—1996	信息技术 系统间的远程通信和信息交换 提供和支持OSI网络服务的协议组合 第3部分:提供和支持无连接方式的网络服务 Information technology—Telecommunication and information exchange between systems—Protocol combinations to provides and support the OSI network service—Part 3: Provision and support of the connectionless-mode network service	1997-07-01
L78	GB/T 16648—1996	信息技术 文本通信 标准页面描述语言(SPDL) Information technology—Text communication—Standard of page description language(SPDL)	1997-07-01
L78	GB/T 16653—1996	综合业务数字网帧模式承载业务 数据链路层规范 ISDN data link layer specification for frame mode bearer services	1997-07-01
L78	GB/T 16723—1996	信息技术 提供OSI无连接方式运输服务的协议 Information technology—Protocol for providing the OSI connectionless-mode transport service	1997-07-01
L79	GB/T 16263—1996	信息处理系统 开放系统互连 抽象语法记法(ASN.1)基本编码规则规范 Information processing systems—Open systems interconnection—Specification of basic encoding rules for abstract syntax notation one(ASN.1)	1996-10-01
L79	GB/T 16264.1—1996	信息技术 开放系统互连 目录 第1部分:概念、模型和服务的概述 Information technology—Open systems interconnection—The directory—Part1:overview of concepts,models and seruices	1996-10-01
L79	GB/T 16264.2—1996	信息技术 开放系统互连 目录 第2部分:模型 Information technology—Open systems interconnection—The directory—Part 2: Models	1996-10-01
L79	GB/T 16264.3—1996	信息技术 开放系统互连 目录 第3部分:抽象服务定义 Information technology—Open systems interconnection—The directory—part 3:Abstract service definition	1996-10-01
L79	GB/T 16264.4—1996	信息技术 开放系统互连 目录 第4部分:分布式操作规程 Information technology—Open systems interconnection—The directory—Part 4:Procedures for distributed operation	1996-09-01
L79	GB/T 16264.5—1996	信息技术 开放系统互连 目录 第5部分:协议规范 Information technology—Open systems interconnection—The directory—Part 5:Protocol specifications	1996-10-01

中标分类	标准号	标准名称	实施日期
L79	GB/T 16264.6—1996	信息技术　开放系统互连　目录　第6部分:选择属性类型 Information technology—Open systems interconnection—The directory—Part 6: Selected attribute types	1996-10-01
L79	GB/T 16264.7—1996	信息技术　开放系统互连　目录　第7部分:选择客体类 Information technology—Open systems interconnection—The directory—Part 7: Selected object classes	1996-09-01
L79	GB/T 16264.8—1996	信息技术　开放系统互连　目录　第8部分:鉴别框架 Information technology—Open systems interconnection—The directory—Part 8: Authentication framework	1996-10-01
L79	GB/T 16284.1—1996	信息技术　文本通信　面向信报的文本交换系统　第1部分:系统和服务概论 Information technology—Text communication—Message-oriented text interchange system (MOTIS)—Part 1: System and service overview	1996-12-01
L79	GB/T 16284.2—1996	信息技术　文本通信　面向信报的文本交换系统　第2部分:总体结构 Information technology—Text comnunication—Message-oriented text interchange system (MOTIS)—Part 2: Overall architecture	1996-12-01
L79	GB/T 16284.3—1996	信息技术　文本通信　面向信报的文本交换系统　第3部分:抽象服务定义约定 Information technology—Text communication—Message-oriented text interchange system (MOTIS)—Part 3: Abstrach service defintion conventions	1996-12-01
L79	GB/T 16284.4—1996	信息技术　文本通信　面向信报的文本交换系统　第4部分:抽象服务定义和规程 Information technology—Text communication—Message-oriented text interchange system (MOTIS)—Part 4: Abstract service service definition and procedures	1996-12-01
L79	GB/T 16284.5—1996	信息技术　文本通信　面向信报的文本交换系统　第5部分:信报存储器:抽象服务定义 Information technology—Text communication—Message-oriented text interchange systems (MOTIS)—Part 5: Message store: Abstract service definition	1996-12-01

中标分类	标准号	标准名称	实施日期
L79	GB/T 16284.6—1996	信息技术 文本通信 面向信报的文本交换系统 第6部分:协议规范 Information technology—Text communication—Message-oriented text interchange system (MOTIS)—Part 6: Protocol specifications	1996-12-01
L79	GB/T 16284.7—1996	信息技术 文本通信 面向信报的文本交换系统 第7部分:人际信报系统 Information technology—Text communication—Message-oriented text interchange system (MOTIS)—Part 7: Interpersonal messaging system	1996-12-01
L79	GB/T 16505.1—1996	信息处理系统 开放系统互连 文卷传送、访问和管理 第1部分:概论 Information processing system—Open system interconnection—File transfer, access and management—Part 1:General introduction	1997-05-01
L79	GB/T 16505.2—1996	信息处理系统 开放系统互连 文卷传送、访问和管理 第2部分:虚文卷存储器定义 Information processing systems—Open systems interconnection—File transfer, access and management—Part 2: Virtual filestore definition	1997-05-01
L79	GB/T 16505.3—1996	信息处理系统 开放系统互连 文卷传送、访问和管理 第3部分:文卷服务定义 Information processing systems—Open systems interconnection—File transfer, access and management—Part 3: File service definition	1997-05-01
L79	GB/T 16505.4—1996	信息处理系统 开放系统互连 文卷传送、访问和管理 第4部分:文卷协议规范 Information processing systems—Open systems interconnection—File transfer, access and management—Part 4: File protocol specification	1997-05-01
L79	GB/T 16505.5—1996	信息处理系统 开放系统互连 文卷传送、访问和管理 第5部分:协议实现一致性声名形式表 Information processing systems—Open systems interconnection—File transfer, access and management—Part 5: Protocol implementation conformance statement proforma	1997-07-01
L79	GB/T 16644—1996	信息技术 开放系统互连 公共管理信息服务定义 Information technology—Open systems interconnection—Common management information service definition	1997-07-01

中标分类	标 准 号	标 准 名 称	实施日期
L79	GB/T 16645.1—1996	信息技术 开放系统互连 公共管理信息协议 第1部分:规范 Information technology—Open system interconnection—Common management information protocol—Part 1: Specification	1997-07-01
L79	GB/T 16646—1996	信息技术 开放系统互连 局域网媒体访问控制(MAC)服务定义 Information technology—Open systems interconnection-Local area networks-medium access control (MAC) service definition	1997-07-01
L79	GB/T 16647—1996	信息技术 信息资源词典系统(IRDS)框架 Information technology—Information resource dictionary system (IRDS) framework	1997-07-01
L79	GB/T 16682.1—1996	信息技术 国际标准化轮廓的框架和分类方法 第1部分:框架 Information technology—Framework and taxonomy of international standardized profiles—Part 1: Framework	1997-07-01
L79	GB/T 16682.2—1996	信息技术 国际标准化轮廓的框架和分类方法 第2部分:OSI轮廓用的原则和分类方法 Information technology—Framework and taxonomy of international standardized profiles—Part 2: Principles and taxonomy for OSI profiles	1997-07-01
L79	GB/T 16684—1996	信息技术 信息交换用数据描述文卷规范 Information technology—Specification for a data descriptive file for information interchange	1997-07-01
L79	GB/T 16687—1996	信息处理系统 开放系统互连 联系控制服务元素协议规范 Information processing systems—Open systems interconnection—Protocol specification for the association control service element	1997-07-01
L79	GB/T 16688—1996	信息处理系统 开放系统互连 联系控制服务元素服务定义 Information processing systems—Open systems interconnection—Service definition for the association control service element	1997-07-01
L79	GB/T 16724.2—1996	信息技术 系统间的远程通信和信息交换X.25DTE一致性测试 第2部分:数据链路层一致性测试 Information technology—Telecommunications and information exchange between systems—X.25-DTE conformance testing—Part 2: Data link layer conformance test suite	1997-07-01

中标分类	标准号	标准名称	实施日期
L81	GB/T 15121.3—1996	信息技术 计算机图形 存储和传送图片描述信息的元文卷 第3部分:二进制遍码 Information technology—Computer graphics—Metafile for storage and transfer of picture description information—Part 3: Binary encoding	1997-07-01
L81	GB/T 15121.4—1996	信息技术 计算机图形 存储和传送图片描述信息的元文卷 第4部分:清晰正文编码 Information technology—Computer graphics—Metafile for storage and transfer of picture description information—Part 4: Clear text encoding	1997-07-01
L85	GB/T 6592—1996	电工和电子测量设备性能表示 Expression of the performance of electrical and electronic measuring equipment	1997-09-10
L85	GB/T 6593—1996	电子测量仪器质量检验规则 Quality inspection provisions for electronic measuring instruments	1997-07-01
L85	GB/T 16511—1996	电气和电子测量设备随机文件 Electrical and electronic measuring equipment—Documentation	1997-09-01
L86	GB/T 6585—1996	阴极射线示波器通用规范 General specification for cathod-ray oscilloscopes	1997-05-01
L90	GB/T 3389.1—1996	铁电压电陶瓷词汇 Vocabulary for ferroelectric and piezoelectric ceramics	1997-05-01
L90	GB/T 4070—1996	荧光粉性能试验方法 Test methods for properties of phosphors	1997-05-01
L90	GB/T 4073—1996	荧光粉牌号 Type of phosphor	1997-05-01
L90	GB/T 5596—1996	电容器用陶瓷介质材料 Ceramic dielectric materials used for capacitors	1997-05-01
L90	GB/T 6628—1996	人造石英晶体制材 Lumbered synthetic quartz crystal	1997-05-01
L90	GB/T 16523—1996	圆形石英玻璃光掩模基板规范 Specification for round quartz photomask substrates	1997-05-01
L90	GB/T 16527—1996	硬面感光板中光致抗蚀剂和电子束抗蚀剂规范 Specification for photoresist/E-beam resist for hard surface photoplates	1997-05-01
L94	GB/T 3047.8—1996	高度进制为44.45mm的窄柜基本尺寸系列 Series of basic dimension of narrow cabinets for vertical increment of 44.45mm	1997-10-01
L95	GB/T 16524—1996	光掩模对准标记规范 Specification for registration marks for photomasks	1997-05-01

中标分类	标 准 号	标 准 名 称	实施日期
L95	GB/T 16528—1996	压敏电阻器用氧化锌陶瓷材料 Zinc oxide ceramics for use in varistors	1997-05-01

M 通信、广播
M Communication, Boradcasting

中标分类	标 准 号	标 准 名 称	实施日期
M04	GB 4824—1996	工业、科学和医疗(ISM)射频设备电磁骚扰特性的测量方法和限值 Limits and methods of measurement of electromagnetic disturbance characteristics of industrial scientific and medical (ISM) radio frequency equipment	1997-10-01
M04	GB/T 16532—1996	通信设备清晰度 DRI 法评价用语音材料库 Speech material library used DRT for articulation evaluation of communication equipments	1997-05-01
M10	GB/T 16162—1996	全球海上遇险和安全系统(GMDSS)术语 Terms for global maritime distress and safety system	1996-10-01
M11	GB/T 16651—1996	消息处理系统　电子数据交换消息处理系统 Message handling systems—Electronic—Data interchange messaging system	1997-07-01
M13	GB/T 16652—1996	开放文件体系结构(ODA)和互换格式　文件结构 Open document architecture (ODA) and inter change format—Document structures	1997-07-01
M19	GB/T 16520—1996	消息处理　电子数据交换消息处理业务 Message handling—Electronic data interchange messaging service	1997-05-01
M19	GB/T 16521—1996	提供数据传输业务的分组交换公用数据网(PSPDN)和电路公用数据网(CSPDN)之间互通的一般配置 General arrangements for interworking between packet switched public data networks (PSPDN) and circuit switched public data networks (CSPDN) for the provision of data transmission services	1997-05-01
M19	GB/T 16522—1996	分组交换公用数据网(PSPDN)之间互通的一般配置 General arrangements for interworking between packet switched public data networks (PSPDN)	1997-05-01
M19	GB/T 16654—1996	ISDN(2B+D)NT1 用户-网络接口设备技术要求 Technical requirements for ISDN (2B+D) NT1 user-network interface equipment	1997-07-01
M32	GB/T 16611—1996	数传电台通用规范 Generic specification for data transceiver	1997-10-01
M33	GB/T 16712—1996	同步数字体系(SDH)复用设备技术要求 Specifications for synchronous digital hierarchy (SDH) multiplex equipment	1997-07-01

中标分类	标准号	标准名称	实施日期
M34	GB/T 16650—1996	TDM/FDMA 点对多点微波通信系统通用规范 General specification for microwave communication systems with TDM/FDMA point-to-multipoint	1997-07-01
M35	GB/T 11444.4—1996	国内卫星通信地球站发射、接收和地面通信设备技术要求　第 4 部分：中速数据传输设备 Transmitter, receiver and ground communication equipment used in domestic satellite communication earth stations—Technical requirements—Part 4: Intermediate data rate (IDR) transmission equipment	1997-08-01
M54	GB/T 5439—1996	立体声广播节目(磁带)的录制和交换 The recording and exchanging of sound broadcasting programmes on stereophonic magnetic tape	1996-12-01
M63	GB/T 16463—1996	广播节目声音质量主观评价方法和技术指标要求 The method of subjective assessment of the sound quality for broadcast programmes and the technical parameters requirements	1996-12-01
M64	GB/T 11318.1—1996	电视和声音信号的电缆分配系统设备与部件　第 1 部分：通用规范 Equipments and components used in cabled distribution systems primarily intended for television and sound signals—Part 1: Generic specifications	1997-05-01
M64	GB/T 11318.2—1996	电视和声音信号的电缆分配系统设备与部件　第 2 部分：导频信号发生器通用规范 Equipments and components used in cabled distribution systems primarily intended for television and sound signals—Part 2: Generic specifications for pilot signals generator	1997-05-01
M64	GB/T 11318.3—1996	电视和声音信号的电缆分配系统设备与部件　第 3 部分：电视调制器通用规范 Equipments and components used in cabled distribution systems primarily intended for television and sound signals—Part 3: Generic specifications for TV modulator	1997-05-01
M64	GB/T 11318.4—1996	电视和声音信号的电缆分配系统设备与部件　第 4 部分：频道处理器通用规范 Equipments and components used in cabled distribution systems primarily intended for television and sound signals—Part 4: Generic specifications for channel proccssor	1997-05-01

中标分类	标准号	标准名称	实施日期
M64	GB/T 11318.5—1996	电视和声音信号的电缆分配系统设备与部件　第5部分：频道变换器通用规范 Equipments and components used in cabled distribution systems primarily intended for television and sound signals—Part 5：Generic specifications for channel converter	1997-05-01
M64	GB/T 11318.6—1996	电视和声音信号的电缆分配系统设备与部件　第6部分：混合器通用规范 Equipments and components used in cabled distribution systems primarily intended for television and sound signals—Part 6：Generic specifications for combiners	1997-05-01
M64	GB/T 11318.7—1996	电视和声音信号的电缆分配系统设备与部件　第7部分：放大器通用规范 Equipments and components used in cabled distribution systems primarily intended for television and sound signals—Part 7：Generic specifications for amplifier	1997-05-01
M64	GB/T 11318.8—1996	电视和声音信号的电缆分配系统设备与部件　第8部分：干线放大器通用规范 Equipments and components used in cabled distribution systems primarily intended for television and sound signals—Part 8：Generic speoifications for trunk amplifiers	1997-05-01
M64	GB/T 11318.9—1996	电视和声音信号的电缆分配系统设备与部件　第9部分：电源设备通用规范 Equipments and components used in cabled distribution systems primarily intended for television and sound signals—Part 9：Generic specifications of equipments for power supply	1997-05-01
M64	GB/T 11318.10—1996	电视和声音信号的电缆分配系统设备与部件　第10部分：分配器和用户分支器通用规范 Equipments and components used in cabled distribution systems primarily intended for television and sound signals—Part 10：Generic specifications for splitter and subscriber's tap	1997-05-01
M64	GB/T 11318.11—1996	电视和声音信号的电缆分配系统设备与部件　第11部分：衰减器、均衡器、滤波器和陷波器通用规范 Equipnents and components used in cabled distribution systems primarily intended for television and sound signals—Part 11：Generic specifications for attenuator，equalizer，filter and trap	1997-05-01

中标分类	标准号	标准名称	实施日期
M64	GB/T 11318.12—1996	电视和声音信号的电缆分配系统设备与部件　第12部分：系统输出口通用规范 Equipments and components used in cabled distribution systems primarily intended for television and sound signats—Part 12：Generic specifications for system outlets	1997-05-01
M64	GB/T 11318.13—1996	电视和声音信号的电缆分配系统设备与部件　第13部分：接收机交换器通用规范 Equipments and components used in cabled distribution systems primarity intended for television and sound signals—Part 13：Generic specifications for set top converter	1997-05-01
M64	GB/T 11318.14—1996	电视和声音信号信号的电缆分配系统设备与部件　第14部分：避雷器通用规范 Equipments and components used in cabled distribution systems primarily intended for television and television signals—Part 14：Generic specifications for arrester	1997-05-01
M70	GB/T 16609—1996	红外传输的应用及系统间干扰的防护或控制的指南 Guide to uses of infra-red transmission and the prevention or control of interference between systems	1997-10-01
M70	GB/T 16612—1996	音频、视频及视听系统的家用数字总线(D2B) Audio video and audiovisual systems—Domestic —Digital bus (D2B)	1997-10-01
M71	GB/T 8494—1996	盒式磁带录音机磁头总技术条件 General specification for magnetic heads for cassette tape recorders	1997-01-01
M71	GB/T 9002—1996	音频　视频和视听设备及系统词汇 Vocabulary for audio，video and audio visual equipment and systems	1997-10-01
M71	GB/T 12840—1996	盒式磁带录音机运带机构可靠性要求和试验方法 Reliability requirements and testing methods for tape transport mechanism of cassette tape recorders	1997-08-01
M71	GB/T 16519—1996	VHS录像机磁头鼓组件通用技术条件 General specification of video head drum assembly for VHS video cassette recorder	1997-05-01
M71	GB/T 16610—1996	视听、视频和电视设备与系统双幻灯机控制系统操作规程 Audio-visual，video and television equipment and systems—Control systems for two still projectors operating practice	1997-10-01
M71	GB/T 16697—1996	黑白通用型应用电视摄像机通用技术条件 General specification for monochrome universal NBTV cameras	1997-08-01

中标分类	标 准 号	标 准 名 称	实施日期
M72	GB/T 9396—1996	扬声器主要性能测试方法 Methods of measurement for main characteristics of loudspeakers	1997-08-01
M72	GB/T 9397—1996	直接辐射式电动锥形扬声器通用规范 General specification for electrodynamic loudspeaker of director type	1997-08-01
M72	GB/T 16518—1996	电子琴音乐性能评价规范 Specification of assessment or musical persormance on eleclronic organ	1997-05-01
M83	GB/T 16606—1996	邮政特快专递封套 Envelopes for express mail service	1997-05-01

N 仪器、仪表

N Instruments and Meters

中标分类	标 准 号	标 准 名 称	实施日期
N10	GB/T 16657.2—1996	工业控制系统用现场总线 第2部分:物理层规范和服务定义 Fieldbus standard for use in industrial control system—Part 2: Physical layer specification and service definition	1997-07-01
N11	GB/T 16701.1—1996	热电偶材料试验方法 第1部分:贵金属热电偶丝热电动势测量方法 Standard test methods for thermocouple materials—Part 1: Methods for measuring the thermoelectric force of noble metal thermocouple wires	1997-12-01
N11	GB/T 16701.2—1996	热电偶材料试验方法 第2部分:廉金属热电偶丝热电动势测量方法 Standard test methods for thermocouple materials—Part 2: Methods for measuring the thermoelectric force of base metal thermocouple wires	1997-12-01
N12	GB/T 778.1—1996	冷水水表 第1部分:规范 Measurement of water flow in closed conduits—Meters for cold potable water—Part 1: Specifications	1996-12-01
N12	GB/T 778.2—1996	冷水水表 第2部分:安装要求 Measurement of water flow in closed conduits—Meters for cold potable water—Part 2: Installation requirements	1996-12-01
N12	GB/T 778.3—1996	冷水水表 第3部分:试验方法和试验设备 Measurement of water flow in closed conduits—Meters for cold potable water—Part 3: Test methods and equipment	1996-12-01

中标分类	标准号	标准名称	实施日期
N30	GB/T 16492—1996	光学和光学仪器　环境要求　总则、定义、气候带及其参数 Optics and optical instruments—Environmental requirements—General information, definitions, climatic zones and their parameters	1996-12-01
N32	GB/T 2609—1996	显微镜　物镜 Microscopes—Objectives	1996-12-01
N32	GB/T 9246—1996	显微镜　目镜 Microscopes—Oculars (eyepieces)	1996-12-01
N32	GB/T 9247—1996	显微镜　聚光镜 Microscopes—Condensers	1996-12-01
N33	GB 7667—1996	电子显微镜 X 射线泄漏剂量 The dose of X-ray leakage from electron microscope	1996-12-01
N40	GB/T 16601—1996	光学表面激光损伤阈值测试方法　第 1 部分：1 对 1 测试 Test methods for laser induced damage threshold of optical surfaces—Part 1：1 on 1 test	1997-04-01
N47	GB/T 10073—1996	静电复印品图象质量评价方法 Methods of evaluation for image quality of electrostatic copies	1997-11-01
N71	GB/T 16491—1996	电子式万能试验机 Electronic universal testing machines	1996-12-01
N93	GB/T 4934—1996	应变控制式直剪仪 Strain-controlled direct shear apparatus	1997-11-01
N93	GB/T 4935—1996	单杠杆固结仪 Single lever arm odeometer	1997-11-01
N93	GB/T 16594—1996	微米级长度的扫描电镜测量方法 Micron grade lenght measurement by SEM	1997-04-01

P　工程建设

P　Engineering Construction

中标分类	标准号	标准名称	实施日期
P31	GB/T 16275—1996	地下铁道照明标准 Standard for subway lighting	1996-12-01
P40	GB/T 16662—1996	建筑给水排水设备器材术语 Terms of equipments and materials for building water supply and drainage	1997-07-01
P95	GB/T 7920.1—1996	建筑机械与设备通用术语 Construction machinery and equipment—General terminology	1997-06-01
P97	GB/T 7586—1996	液压挖掘机试验方法 Testing method of hydraulic excavators	1996-11-01

中标分类	标 准 号	标 准 名 称	实施日期
P97	GB/T 7920.3—1996	施工升降机　术语 Builder's hoist—Terminology	1997-02-01
P97	GB/T 9139.2—1996	液压挖掘机　技术条件 Hydraulic excavators—Technical specifications	1997-08-01
P97	GB/T 9140—1996	液压挖掘机　结构与性能 Hydraulic excavators—Construction and performance	1997-08-01
P97	GB/T 10052—1996	施工升降机分类 Building hoist—Classification	1996-11-01
P97	GB 10053—1996	施工升降机检验规则 Building hoist—Inspecting regulations	1996-11-01
P97	GB/T 10054—1996	施工升降机技术条件 Building hoist—Specification	1996-11-01
P97	GB 10055—1996	施工升降机安全规则 Building hoist—Safety rules	1996-11-01
P97	GB/T 10056—1996	施工升降机试验方法 Building hoist—Testing method	1996-11-01
P97	GB/T 16277—1996	沥青混凝土摊铺机 Asphalt paver	1996-11-01
P97	GB/T 16278—1996	平地机可靠性试验方法 Grader—The method of reliablity test	1996-11-01
P97	GB 16710.1—1996	工程机械　噪声限值和测定 Earth-moving machinery—Noise limits	1997-07-01
P97	GB/T 16710.2—1996	工程机械　定置试验条件下机外辐射噪声的测定 Measurement of exterior noise emitted by earth moving machinery—Stationary test conditions	1997-07-01
P97	GB/T 16710.3—1996	工程机械　定置试验条件下司机位置处噪声的测定 Measurement at the operator's position of noise emitted by earth-moving machinery—Stationary test conditions	1997-07-01
P97	GB/T 16710.4—1996	工程机械　动态试验条件下机外辐射噪声的测定 Measurement of exterior noise emitted by earth moving machinery—Dynamic test conditions	1997-07-01
P97	GB/T 16710.5—1996	工程机械　动态试验条件下司机位置处噪声的测定 Measurement at the operator's position of noise emitted by earth-moving machinery—Dynamic test conditions	1997-07-01

Q　建材

Q　Building Materials

Q08	GB 9774—1996	水泥包装袋 Sacks for packing cement	1997-01-01
Q10	GB/T 4944—1996	玻璃纤维增强塑料层合板层间拉伸强度试验方法 Test method for interlaminar tensile strength of glass fiber reinforced plastic laminates	1996-11-01

中标分类	标准号	标准名称	实施日期
Q10	GB/T 5950—1996	建筑材料与非金属矿产品白度测量方法 Method for measurement of whiteness of building materials and non—metal mineral products	1996-10-01
Q10	GB/T 16259—1996	彩色建筑材料人工气候加速颜色老化试验方法 Test method for color changes in accelerated weathering of colored building materials	1996-10-01
Q11	GB/T 176—1996	水泥化学分析方法 Method for chemical analysis of cement	1996-12-01
Q11	GB 748—1996	抗硫酸盐　硅酸盐水泥 Sulfate resistance portland cement	1996-12-01
Q11	GB/T 12960—1996	水泥组分的定量测定 Method for determining the contents of constituents of cement	1996-12-01
Q12	GB/T 2847—1996	用于水泥中的火山灰质混合材料 Pozzolanic materials used for cement production	1996-12-01
Q14	GB/T 9772—1996	石棉水泥波瓦及其脊瓦 Asbestos-cement corrugated sheet and ridge tile	1997-04-01
Q14	GB 16308—1996	钢丝网水泥板 Ferrocement ribbed slab	1996-12-01
Q14	GB/T 16309—1996	纤维增强水泥及其制品术语 Terms of fiber reinforced cement and related products	1996-12-01
Q22	GB/T 11982.2—1996	聚氯乙烯卷材地板　第2部分:有基材有背涂层聚氯乙烯卷材地板 PVC floor sheets—Part 2: PVC floor sheets having base with back	1997-07-01
Q23	GB/T 3366—1996	碳纤维增强塑料纤维体积含量试验方法 Test method for fiber volume content of carbon fiber reinforced plastics	1997-04-01
Q23	GB 16413—1996	煤矿井下用玻璃钢制品安全性能检验规范 Test of glass fiber reinferced plastic product safty proforty for coal mining	1997-02-01
Q25	GB/T 4132—1996	绝热材料及相关术语 Definitions of terms relating to thermal insulating materials	1997-04-01
Q25	GB/T 16400—1996	绝热用硅酸铝棉及其制品 Aluminium silicate wool and their products for thermal insulation	1996-12-01
Q25	GB/T 16401—1996	矿物棉制品吸水性试验方法 Test method for water absorption of mineral wool products	1996-12-01

中标分类	标准号	标准名称	实施日期
Q30	GB/T 5137.1—1996	汽车安全玻璃力学性能试验方法 Road vehicles—Safety glazing materials—Test methods for mechanical properties	1996-10-01
Q30	GB/T 5137.2—1996	汽车安全玻璃光学性能试验方法 Road vehicles—Safety glazing materials—Test methods for optical properties	1996-10-01
Q30	GB/T 5137.3—1996	汽车安全玻璃耐辐射照、高温、潮湿、燃烧和耐模拟气候试验方法 Road vehicles—Safety glazing materials—Test methods for resistance to radiation, high temperature, humidity, fire and simulated weathering	1996-10-01
Q31	GB/T 2832—1996	陶管抗压强度试验方法 Test method for crushing strength of vitrified pipe	1996-12-01
Q31	GB/T 2833—1996	陶管弯曲强度试验方法 Test method for cross-bending strength of vitrified pipe	1996-12-01
Q31	GB/T 3810—1996	陶瓷砖抽样方案及抽样方法 Sampling schemes and methods for ceramic tiles	1997-04-01
Q32	GB/T 1964—1996	多孔陶瓷压缩强度试验方法 Test method for crushing strength of porous ceramic	1997-04-01
Q32	GB/T 1965—1996	多孔陶瓷弯曲强度试验方法 Test method for cross-bending strength of porous ceramic	1997-04-01
Q32	GB/T 1966—1996	多孔陶瓷显气孔率、容重试验方法 Test method for apparent porosity and bulk density of porous ceramic	1997-04-01
Q32	GB/T 1967—1996	多孔陶瓷孔道直径试验方法 Test method for pore diameter of porous ceramic	1997-04-01
Q32	GB/T 1969—1996	多孔陶瓷渗透率试验方法 Test method for permeability of porous ceramic	1997-04-01
Q32	GB/T 1970—1996	多孔陶瓷耐酸、碱腐蚀性能试验方法 Test method for acid and alkaline-resistance of porous ceramic	1997-04-01
Q32	GB/T 16399—1996	粘土化学分析方法 Method for chemical analysis of clay	1996-12-01
Q32	GB/T 16533—1996	多孔陶瓷产品通用技术条件 General specification for porous ceramic products	1997-04-01
Q32	GB/T 16534—1996	工程陶瓷维氏硬度试验方法 Test method for Vickers hardness of high performance ceramics	1997-04-01
Q32	GB/T 16535—1996	工程陶瓷线热膨胀系数试验方法 Test method for linear thermal expansion of high performance ceramics	1997-04-01

中标分类	标 准 号	标 准 名 称	实施日期
Q32	GB/T 16536—1996	工程陶瓷抗热震性试验方法 Test methods for thermal shock resistance of high performane ceramics	1997-04-01
Q32	GB/T 16537—1996	陶瓷熔块釉化学分析方法 Chemical analyzing methods of fritted glaze for ceramics	1997-04-01
Q34	GB/T 7697—1996	玻璃马赛克 Glass mosaic	1996-10-01
Q34	GB 9656—1996	汽车用安全玻璃 （可供认证用） Safety glasses for road vehicles (applicable for certification)	1996-10-01
Q40	GB/T 16546—1996	定形耐火制品包装、标志、运输和储存 Shaped refractory products—Packing, marking, transportation and storage	1997-04-01
Q41	GB/T 16555.1—1996	碳化硅耐火材料化学分析方法 吸收重量法测定碳化硅量 Chemical analysis for silicon carbide refractories—Determination of silicon carbide—Absorb gravimetric method	1997-03-01
Q41	GB/T 16555.2—1996	碳化硅耐火材料化学分析方法 气体容量法测定碳化硅量 Chemical analysis for silicon carbide refractories—Determination of silicon carbide—Gas volumetric method	1997-03-01
Q41	GB/T 16555.3—1996	碳化硅耐火材料化学分析方法 气体容量法测定游离硅量 Chemical analysis for silicon carbide refractories—Determination of free silicon—Gas volumetric method	1997-03-01
Q41	GB/T 16555.4—1996	碳化硅耐火材料化学分析方法 EDTA 容量法测定三氧化二铝量 Chemical analysis for silicon carbide refractories—Determination of alumina oxide—EDTA Gas volumetric method	1997-03-01
Q41	GB/T 16555.5—1996	碳化硅耐火材料化学分析方法 邻二氮杂菲光度法测定三氧化二铁量 Chemical analysis for silicon carbide refractories—Determination of ferric oxide—0-phenanthroline photometric method	1997-03-01
Q41	GB/T 16555.6—1996	碳化硅耐火材料化学分析方法 测定二氧化硅量 Chemical analysis for silicon carbide refractories—Determination of silicon dioxide	1997-03-01
Q61	GB/T 541—1996	石棉橡胶板试验方法 Test methods for asbestos-rubber sheets	1996-12-01

中标分类	标准号	标准名称	实施日期
Q62	GB/T 5483—1996	石膏和硬石膏 Gypsum and anhydrite	1996-12-01
Q82	GB 16410—1996	家用燃气灶具 Domestic gas appliances	1997-03-01
Q82	GB/T 16411—1996	家用燃气用具的通用试验方法 Universal test methods of gas burning appliances for domestie use	1997-03-01
Q82	GB 16692—1996	便携灶用丁烷气瓶 Butane cylinders for portable butane cooker	1997-04-01
Q94	GB/T 16547—1996	工业窑炉用测温锥 Pyrometric reference cones for kilns use	1997-04-01

R 公路、水路运输

R Highway and Waterway Transportation

中标分类	标准号	标准名称	实施日期
R07	GB/T 16158—1996	内河船舶分类与代码 Classification and codes of inland navigation ship	1996-07-01
R09	GB/T 16559—1996	船舶溢油应变部署表 Emergency list for shipboard oil spillage	1997-06-01
R22	GB 16557—1996	海船救生安全标志 Safety signs for life-saving on sea-going ship	1997-06-01
R30	GB/T 16558.1—1996	船舶维修保养体系　总则 The ship maintenance system—General rules	1997-06-01
R30	GB/T 16558.2—1996	船舶维修保养体系　船舶设备分类及代码 The ship maintenance system—Numbering of ship equipments and code number	1997-06-01
R30	GB/T 16558.3—1996	船舶维修保养体系　船舶维修保养的分级、标准周期代码及周期允差 The ship maintenance system—Maintenance grades, standard code and permissible deviation for maintenance period of ship	1997-06-01
R30	GB/T 16558.4—1996	船舶维修保养体系　工作卡的格式及其栏目 The ship maintenance system—Code snd description for the work card	1997-06-01
R30	GB/T 16558.5—1996	船舶维修保养体系　工作卡的首排及其表示方法 The ship maintenance system—Planning schedule work cards in the first maintenance period	1997-06-01
R30	GB/T 16558.6—1996	船舶维修保养体系　船舶维修计划营运管理方法 The ship maintenance system—The management of action cycle for maintenance plan	1997-06-01
R30	GB/T 16558.7—1996	船舶维修保养体系　表格样式 The ship maintenance system—Samples of tables	1997-06-01

中标分类	标准号	标准名称	实施日期
R46	GB/T 16562—1996	港口高塔柱式轨道起重机技术条件 Specifications for port rail mounted high mast type crane	1997-06-01
R54	GB 16636—1996	潜水员水下用电安全技术规范 Technical regulations for diver's safe use of electricity under water	1997-08-01
R55	GB/T 16560—1996	甲板减压舱 Deck decompression chamber	1997-06-01
R80	GB/T 16311—1996	道路交通标线质量要求和检测方法 Quality requirement and test method for road traffic markings	1996-12-01

S 铁路

S Railroad

中标分类	标准号	标准名称	实施日期
S10	GB/T 16566—1996	铁路隧道术语 Terms for railway tunnel	1997-06-01
S19	GB/T 10082—1996	重型轨道车　技术条件 Technical requirements of heavy duty railway motor trolley	1997-06-01
S90	GB/T 7178.1—1996	铁路调车作业标准　铁路调车作业标准基本规定 The operating standard for railway shunting—Railway shunting basic regulations for the operating standard	1996-08-01
S90	GB/T 7178.2—1996	铁路调车作业标准　铁路调车准备作业标准 The operating standard for railway shunting—Railway shunting the standard for preparing operation	1996-08-01
S90	GB/T 7178.3—1996	铁路调车　铁路调车机械(半自动)化驼峰作业标准 The operating standard for railway shunting—Railway shunting the operating standard for the mechanized hump	1996-08-01
S90	GB/T 7178.4—1996	铁路调车作业标准　铁路调车简易驼峰作业标准 The operating standard for railway shunting—Railway shunting the operating standard for the simple hump	1996-08-01
S90	GB/T 7178.5—1996	铁路调车作业标准　铁路调车平面牵出线作业标准 The operating standard for railway shunting—Railway shunting the operating standard for the shunting neck	1996-08-01
S90	GB/T 7178.6—1996	铁路调车作业标准　铁路调车编组列车作业标准 The operating standard for railway shunting—Railway shunting the operating standard for sorting trains	1996-08-01
S90	GB/T 7178.7—1996	铁路调车作业标准　铁路调车列车摘挂作业标准 The operating standard for railway shunting—Railway shunting the operating standard for the train detaching and attaching	1996-08-01

中标分类	标准号	标准名称	实施日期
S90	GB/T 7178.8—1996	铁路调车作业标准　铁路调车取送车辆作业标准 The operating standard for railway shunting—Railway shunting the operating standard for taking out and placing in wagons	1996-08-01
S90	GB/T 7178.9—1996	铁路调车作业标准　铁路调车停留车作业标准 The operating standard for railway shunting—Railway shunting the operating standard for standing wagons	1996-08-01

T　车辆
T　Road Vehicles

中标分类	标准号	标准名称	实施日期
T04	GB/T 3730.2—1996	道路车辆　质量　词汇和代码 Road vehicle—Masses—Vocabulary and codes	1997-07-01
T04	GB/T 4970—1996	汽车平顺性随机输入行驶　试验方法 Method of random input running test—Automotive ride comfort	1996-11-01
T20	GB/T 6792—1996	客车车身骨架应力、形变测量方法 Measure method of stress and deformation for bus budy skeleton	1997-01-01
T22	GB/T 3487—1996	汽车轮辋规格系列 Rim contours for motor vehicles	1996-10-01
T62	GB/T 1593.1—1996	农业轮式拖拉机后置式三点悬挂装置　第1部分：1、2、3和4类 Agricultural wheeled tractors—Rear-mounted three-point linkage—Part 1：Categories 1,2,3 and 4	1996-11-01
T80	GB/T 5359.1—1996	摩托车和轻便摩托车术语　车辆类型 Term for motorcycles and mopeds—Types of vehicles	1997-03-01
T80	GB/T 5359.2—1996	摩托车和轻便摩托车术语　车辆性能 Term for motorcycles and mopeds—Performance of vehicles	1997-03-01
T80	GB/T 5359.3—1996	摩托车和轻便摩托车术语　两轮车尺寸 Term for motorcycles and mopeds—Dimensions of vehicle with two wheels	1997-03-01
T80	GB/T 5359.5—1996	摩托车和轻便摩托车术语　两轮车质量 Term for motorcycles and mopeds—Mass of vehicle with two wheels	1997-03-01
T80	GB/T 5359.6—1996	摩托车和轻便摩托车术语　三轮车质量 Term for motorcycles and mopeds—Mass of vehicle with three wheels	1997-03-01
T80	GB/T 5359.7—1996	摩托车和轻便摩托车术语　三轮车尺寸 Term for motorcycles and mopeds—Dimensions of vehicle with three wheels	1997-03-01

中标分类	标 准 号	标 准 名 称	实施日期
T80	GB/T 5376—1996	摩托车和轻便摩托车车速里程表指示值校核方法 Calibration method of indication for odometer of motorcycles and mopeds	1996-11-01
T80	GB/T 5382.1—1996	摩托车和轻便摩托车制动性能试验方法　制动距离 Test method of brake performance for motorcycles and mopeds—Braking distance	1996-11-01
T80	GB/T 5382.2—1996	摩托车和轻便摩托车制动性能试验方法　制动力 Test method of brake periormance for motorcycles and mopeds—Braking force	1996-11-01
T80	GB/T 5384—1996	摩托车和轻便摩托车最高车速试验方法 Measurement method for the maximum speed of motorcycles and mopeds	1996-11-01
T80	GB/T 16486—1996	摩托车和轻便摩托车燃油消耗试验方法 Motorcycles and mopeds—Measurement method for fuel consumption	1997-03-01
T80	GB/T 16708—1996	三轮轻便摩托车和三轮摩托车最大侧倾稳定角试验方法 The test method of maximum stable side-inclination for motorcycle and moped with three wheels	1997-07-01

U 船舶
U Shipbuilding

中标分类	标 准 号	标 准 名 称	实施日期
U04	GB/T 7452.1—1996	商船振动综合评价基准 Guidelines for the overall evaluation of vibration in merchant ships	1997-05-01
U04	GB/T 7452.2—1996	船长小于100m商船振动综合评价基准 Guidelines for the overall evaluation of vibration in merchant ships under 100m	1997-05-01
U04	GB/T 7453—1996	船体振动测量 Measurement of ship vibration	1997-05-01
U04	GB/T 16694—1996	造船　通风系统图识别颜色 Shipbuilding—Identification colours for schemes for ventilation systems	1997-08-01
U04	GB/T 16695—1996	造船　球鼻艏和侧推器符号 Shipbuilding—Bulbous bow and side thruster symbols	1997-08-01
U04	GB/T 16696—1996	小艇　艇体标识　代码 Small craft—Hull identification—Coding system	1997-08-01
U05	GB/T 552—1996	铸造锚链钢 Anchor chain casting steel	1996-10-01
U05	GB/T 7790—1996	防锈漆耐阴极剥离性试验方法 Test method for the resistance of cathodic disbondment of anticorrosive paint	1996-10-01

中标分类	标准号	标准名称	实施日期
U05	GB/T 16168—1996	海洋结构物大气段用涂料加速试验方法 Accelerated test methods for atmospheric gurface coating systems for offshore structures	1996-10-01
U14	GB/T 2884.1—1996	长江水系分节驳船型尺度系列　长江 3000 吨级分节驳船型尺度 Dimension series of integrated barges for the Changjiang waterways—Dimensions of integrated barges for the Changjiang-3000DWT	1997-01-01
U14	GB/T 2884.2—1996	长江水系分节驳船型尺度系列　长江 2000 吨级分节驳船型尺度 Dimension series of integrated barges for the Changjiang waterways—Dimensions of integrated barges for the Changjiang-2000DWT	1997-01-01
U14	GB/T 2884.3—1996	长江水系分节驳船型尺度系列　长江中下游干支直达和水运网 1000 吨级分节驳船型尺度 Dimension series of integrated barges for the Changjiang waterways—Dimensions of integrated barges for the direct transport in main-branch routes of the middle-downstream of the Changjiang and waterway network—1000DWT	1997-01-01
U14	GB/T 2884.5—1996	长江水系分节驳船型尺度系列　长江中下游干支直达和水运网 500 吨级分节驳船型尺度 Dimension series of integrated barges for the changjiang waterways—Dimensions of integrated barges for the direct transport in main-branch routes of the middle-downstream of the Changjiang and waterway network-500DWT	1997-01-01
U14	GB/T 2884.7—1996	长江水系分节驳船型尺度系列　长江中下游干支直达和水运网 300 吨级分节驳船型尺度 Dimension series of integrated barges for the changjiang waterways—Dimensions of integrted barges for the direct transport in main-branch routes of the middle-downstream of the Changjiang and waterway network-3000DWT	1997-01-01
U14	GB/T 2884.8—1996	长江水系分节驳船型尺度系列　长江支流 200 吨级分节驳船型尺度 Dimension series of integrated barges for the Changjiang waterways—Dimensions of integrated barges for branch routes of the Changjiang-200DWT	1997-01-01

中标分类	标 准 号	标 准 名 称	实施日期
U14	GB/T 2884.9—1996	长江水系分节驳船型尺度系列 长江支流100吨级分节驳船型尺度 Dimension series of integrated barges for the Changjiang waterways—Dimensions of integrated barges for branch routes of the Changjiang-100DWT	1997-01-01
U14	GB/T 2884.12—1996	长江水系分节驳船型尺度系列 长江中下游干支直达和水运网400吨级分节驳船型尺度 Dimension series of integrated barges for the Changjiang waterways—Dimensions of integrated barges for the direct transport in main-branch routes of the middle-downstream of the Changjiang and waterway network-400DWT	1997-01-01
U14	GB/T 3221—1996	柴油机动力内河船舶系泊和航行试验大纲 Code for dock and sea trials of diesel-driven inland ships	1997-02-01
U21	GB/T 545—1996	海军锚 Admiralty anchor	1996-11-01
U21	GB/T 548—1996	锚技术条件 Technical requirements for anchors	1996-11-01
U21	GB/T 549—1996	电焊锚链 Electro-welded anchor chains	1996-11-01
U21	GB/T 554—1996	带缆桩 Mooring bitts	1996-11-01
U25	GB/T 5746—1996	船用普通矩形窗 Ships' ordinary rectangular window	1997-01-01
U26	GB/T 3477—1996	船用风雨密单扇钢质门 Marine weathertight single-leaf doors	1997-01-01
U27	GB/T 16167—1996	救生艇壳体玻璃纤维增强塑料层合板技术条件 Technical conditions of lifeboat glass fiber reinforced plastics laminate	1996-10-01
U27	GB/T 16302—1996	自由降落救生艇技术条件 Technial requirement of free-fall lifeboat	1997-01-01
U27	GB/T 16303—1996	自由降落救生艇降放装置技术条件 Technical requirement of launching appliances for free-fall lifeboat	1997-01-01
U44	GB/T 5745—1996	船用碟式分离机 Marine disc separator	1997-08-01
U44	GB/T 11868—1996	救生艇用柴油机组 Diesel engine set for lifeboats	1997-01-01
U47	GB/T 8413—1996	CZY 型船用自吸离心式油泵 Marine self-priming centrifugal oil pump CZY-type	1997-01-01

中标分类	标准号	标准名称	实施日期
U47	GB/T 16301—1996	船舶机舱辅机振动烈度评价 Evaluation of vibration sererity for marine engine-room auxiliaries	1997-01-01
U48	GB/T 2496—1996	弹性环联轴器 Coupling with flexible ring	1997-01-01
U48	GB/T 16305—1996	扭转振动减振器 Torsional vibration absorbers	1997-01-01
U52	GB/T 11696—1996	船用铸钢竖形止回阀 Marine cast steel erect check valves	1996-11-01
U53	GB/T 599—1996	船用外螺纹青铜泄放旋塞 Marine bronze external screwed draw-off cocks	1997-08-01
U54	GB/T 3029—1996	船用通风附件技术条件 Specification of parts for ships' ventilation	1996-11-01
U55	GB/T 12465—1996	管路松套伸缩接头 Piping sleeve expansion joints	1997-01-01
U55	GB/T 12522—1996	不锈钢波形膨胀节 Stainless steel bellows expansion joints	1997-08-01
U55	GB/T 16693—1996	软管快速接头 Quick hose' s connection	1997-08-01
U65	GB 16161—1996	中国海区水上助航标志形状显示规定 The regulations for the shape of the marks of maritime buoyage system in China	1996-10-01
U67	GB/T 16165—1996	水听器相位一致性测量方法 Measurement method of hydrophone phase consistency	1996-10-01

V 航空、航天

V Aviation, Spaceflight

中标分类	标准号	标准名称	实施日期
V04	GB/T 16300—1996	民用航空业信息分类与代码 Information classification and codes of civil aviation	1996-12-01
V04	GB/T 16638.1—1996	空气动力学 概念、量和符号 第1部分 空气动力学常用术语 Aerodynamics—Concepts, quantities and symbols—Part 1: Aerodynamic terms in common use	1997-06-01
V04	GB/T 16638.2—1996	空气动力学 概念、量和符号 第2部分 坐标轴系和飞行器运动状态量 Aerodynamics—Concepts, quantities and symbols—Part 2: Axis systems and aircraft motion state quantities	1997-06-01
V04	GB/T 16638.3—1996	空气动力学 概念、量和符号 第3部分：飞行器几何特性 Aerodynamics—Concepts, quantities and symbols—Part 3: Aircraft geometry	1997-06-01

中标分类	标准号	标准名称	实施日期
V04	GB/T 16638.4—1996	空气动力学　概念、量和符号　第4部分　飞行器的空气动力、力矩及其系数和导数 Aerodynamics—Concepts, quantities and symbols—Part 4: Aerodynamic forces, moments, their coefficients and derivatives of aircraft	1997-06-01
V09	GB 16298—1996	民用机场环境卫生标准 Environmental health standard for civil airport	1996-12-01
V51	GB/T 16177—1996	公共航空运输服务质量标准 Quality standards of public air transport service	1996-09-01
V52	GB/T 16299—1996	飞机底舱集装箱技术条件和试验方法 Aircraft—Lower deck containers—Specification and testing	1996-12-01
V53	GB/T 16176—1996	航空摄影产品的注记与包装 The notation and packing of the aerophotographic products	1996-09-01

W　纺织

W　Textiles

中标分类	标准号	标准名称	实施日期
W04	GB/T 16256—1996	纺织纤维　线密度试验方法　振动仪法 Textile fibres—Determination of linear density—Vibroscope method	1996-06-01
W04	GB/T 16257—1996	纺织纤维　短纤维长度和长度分布的测定　单纤维测量法 Textile fibres—Determination of length and length distribution of staple fibres—Measurement of single fibres	1996-06-01
W10	GB/T 16258—1996	棉纤维含糖量试验方法　定量法 Test method for sugar in cotton fibers—Quantitative method	1996-06-01
W21	GB/T 16254—1996	马海毛 Mohair	1996-06-01
W21	GB/T 16255.1—1996	洗净马海毛 Scoured mohair	1996-06-01
W21	GB/T 16255.2—1996	洗净马海毛含草、杂率试验方法 Test method for the percentage of burry and impurities in scoured mohair	1996-06-01
W21	GB/T 16255.3—1996	洗净马海毛纤维长度试验方法　手排法 Test mothod for length of mohair—Array diagram method	1996-06-01
W43	GB/T 16605—1996	再生纤维素丝织物 Regenerated rayon filament fabrics	1997-05-01
W52	GB/T 16602—1996	腈纶短纤维 Polyacryl staple	1997-05-01

中标分类	标准号	标准名称	实施日期
W52	GB/T 16603—1996	锦纶牵伸丝 Nylon drawn yarn	1997-05-01
W52	GB/T 16604—1996	涤纶工业长丝 Polyester filament for industry	1997-05-01
		X 食品 **X Foodstuff**	
X04	GB/T 16285—1996	食品中葡萄糖的测定方法 酶-比色法和酶-电极法 Method for determination of glucose in food—Enzyme-colorimetric method and enzyme-electrode method	1996-12-01
X04	GB/T 16286—1996	食品中蔗糖的测定方法 酶-比色法 Method for determination of sucrose in food—Enzyme-colorimetric method	1996-12-01
X04	GB/T 16287—1996	食品中淀粉的测定方法 酶-比色法 Method for determination of starch in food—Enzyme-colorimetric method	1996-12-01
X41	GB 4571—1996	食品添加剂 紫胶红色素 Food additive—Lac dye	1997-07-01
X41	GB/T 10783—1996	食品添加剂 辣椒红 Food additive—Paprika red	1996-12-01
X42	GB 1891—1996	食品添加剂 硝酸钠 Food additive—Sodium nitrate	1997-05-01
X42	GB 1898—1996	食品添加剂 沉淀碳酸钙 Food additive—Calcium carbonate precipitated	1997-05-01
X42	GB 1903—1996	食品添加剂 冰乙酸(冰醋酸) Food additive—Glacial acetic acid	1997-05-01
X42	GB 4479.1—1996	食品添加剂 苋菜红 Food additive—Amaranth	1997-05-01
X42	GB 4479.2—1996	食品添加剂 苋菜红铝色淀 Food additive—Amaranth aluminum lake	1997-05-1
X42	GB 7655.1—1996	食品添加剂 亮蓝 Food additive—Brilliant blue	1997-05-01
X42	GB 7655.2—1996	食品添加剂 亮蓝铝色淀 Food additive—Brilliant blue aluminum lake	1997-05-01
X42	GB 16313—1996	食品添加剂 抗坏血酸钠 Food additive—Sodium ascorbate	1996-12-01
X42	GB 16314—1996	食品添加剂 L-抗坏血酸棕榈酸酯 Food additive—L-ascorbyl palmitate	1996-12-01
X50	GB 10789—1996	软饮料的分类 Classification of soft drinks	1998-09-01

中标分类	标 准 号	标 准 名 称	实施日期
X61	GB/T 16289—1996	豉香型白酒 Chifiavour chinese spirits	1996-12-01
X85	GB/T 16450—1996	常规分析用吸烟机　定义和标准条件 Routine analytical cigarette smoking machine—Definitions and standard conditions	1997-01-01
X87	GB/T 5605—1996	烟草和烟草制品　醋酸纤维滤棒 Tobacco and tobacco products—Acetate fiber filter rod	1996-12-01
X87	GB/T 5606.1—1996	卷烟　抽样 Cigarettes—Sampling	1997-01-01
X87	GB/T 5606.2—1996	卷烟　包装、标志与贮运 Cigarettes—Packing，marking，storage and transport	1997-01-01
X87	GB 5606.3—1996	卷烟　卷制技术要求 Cigarettes—Making technical requirment	1997-01-01
X87	GB 5606.4—1996	卷烟　感观技术要求 Cigarettes—Sense technical requiement	1997-01-01
X87	GB 5606.5—1996	卷烟　主流烟气与烟丝化学技术指标 Cigarettes—Mainstream smoke and chemical technical specification of cut tobacco	1997-01-01
X87	GB 5606.6—1996	卷烟　质量综合判定 Cigarettes—Quality comprehensive judgement	1997-01-01
X87	GB/T 16447—1996	烟草和烟草制品　调节和测试的大气环境 Tobacco and tobacco products—Atmosphere for conditioning and testing	1997-01-01

Y　轻工、文化与生活用品

Y　Light Industry，Cultural and Daily Articles

中标分类	标 准 号	标 准 名 称	实施日期
Y20	GB/T 3295—1996	陶瓷制品 45°镜向光泽度试验方法 Standrd test method for 45-deg specular gloss of ceramic ware	1997-01-01
Y20	GB/T 3299—1996	日用陶瓷器吸水率测定方法 Standard test method for water absorption of domestic ceramic ware	1997-01-01
Y20	GB/T 4734—1996	陶瓷材料及制品化学分析方法 Methods of chemical analysis for ceramic materials and articles	1997-01-01
Y22	GB 4544—1996	啤酒瓶 Beer bottles	1997-01-01
Y22	GB 10810—1996	眼镜镜片 Spectacles lenses	1997-05-01
Y28	GB/T 4219—1996	化工用硬聚氯乙烯(PVC-U)管材 Unplasticized polyvinyl chloride（PVC-U）pipes for chemical indestry	1996-12-01

中标分类	标准号	标准名称	实施日期
Y28	GB/T 4456—1996	包装用聚乙烯吹塑薄膜 Polyethylene blown film for packaging	1996-12-01
Y28	GB/T 10003—1996	普通型双向拉伸聚丙烯薄膜 Biaxially oriented polypropylene plain film	1997-12-28
Y28	GB/T 16288—1996	塑料包装制品回收标志 Marking for plastic packing products recycling	1996-12-01
Y30	GB/T 2678.5—1996	纸、纸板和纸浆水溶性氯化物的测定(硝酸银电位滴定法) Paper, board and pulp—Determination of water soluble chlorides ($AgNO_3$, method	1997-01-01
Y30	GB/T 2678.6—1996	纸、纸板和纸浆水溶性硫酸盐的测定(电导滴定法) Paper, board and pulp—Determination of water soluble sulphates (conductimetric titration method)	1997-01-01
Y30	GB/T 2679.3—1996	纸和纸板挺度的测定 Paper and board —Determination of resi stance bending	1997-12-01
Y30	GB/T 2679.6—1996	瓦楞原纸板平压强度的测定 Corrugating medium—Determination of the flat crush resistance after laboratory fluting	1996-12-01
Y30	GB/T 2679.13—1996	纸和纸板透气度的测定(中等范围)本特生法 Paper and board—Determination of air permeance (medium range)—Bendtsen method	1996-12-01
Y30	GB/T 2679.14—1996	过滤纸和纸板最大孔径的测定 Filter paper and filterboard—Determination of maximum pore diameter	1997-01-01
Y32	GB/T 7968—1996	纸袋纸 Bag paper	1997-01-01
Y44	GB/T 7168—1996	锌银扣式电池 Zine-silver button cells	1997-07-01
Y45	GB/T 4689.20—1996	皮革　涂层沾着牢度测定方法 Leather—Determination for adhesion of finish	1997-05-01
Y45	GB/T 4689.21—1996	皮革　吸水性测定方法 Leather—Determination of absorption of water	1997-05-01
Y45	GB/T 4689.22—1996	皮革　透气性测定方法 Leather—Determination of air permeability	1997-05-01
Y61	GB/T 7725—1996	房间空气调节器 Room air conditioners	1997-01-01
Y61	GB/T 9098—1996	电冰箱用全封闭型电动机　压缩机 Hermetic motor—Compressors for refrigerators	1997-09-01
Y71	GB/T 16154—1996	家用炊事　水暖煤炉通用技术条件 General technical specification of domestic cooking—Water heating coal stoves	1996-06-01

中标分类	标准号	标准名称	实施日期
Y71	GB/T 16155—1996	家用炊事　水暖煤炉热性能试验方法 Testing method for thermal performemce of domestic cooking—Waterheating coal stoves	1996-06-01
Y75	GB/T 16160—1996	服装人体测量的部位与方法 Location and method of anthropometric surveys for garment	1996-07-01
Y75	GB/T 16641—1996	成鞋动态防水性能试验方法 Test method for dynamic waterproofness of finished footwear	1997-05-01

Z　环境保护
Z　Environmental Protection

中标分类	标准号	标准名称	实施日期
Z00	GB/T 24001—1996	环境管理体系　规范及使用指南 Environmental management systems—Specification with guidance for use	1997-04-01
Z00	GB/T 24004—1996	环境管理体系　原则、体系和支持技术通用指南 Environmental management systems—General guidelines on principles, systems and supporting techniques	1997-04-01
Z00	GB/T 24010—1996	环境审核指南　通用原则 Guidelines for environmental auditing —General principles	1997-04-01
Z00	GB/T 24011—1996	环境审核指南　审核程序　环境管理体系审核 Guidelines for environmental auditing —Auditing of environmental management systems	1997-04-01
Z00	GB/T 24012—1996	环境审核指南　环境审核员资格要求 Guidelines for environmental auditing —Qualification criteria for environmental anditors	1997-04-01
Z04	GB/T 16705—1996	环境污染类别代码 Codes for environmental pollution categories	1997-07-01
Z04	GB/T 16706—1996	环境污染源类别代码 Codes for environmental pollution source categories	1997-07-01
Z11	GB/T 16157—1996	固定污染源排气中颗粒物测定和气态污染物采样方法 The determination of particulates and sampling methods of gaseous pollutants emitted from exhaust gas of stationart source	1996-04-01
Z16	GB/T 16488—1996	水质　石油类和动植物油的测定　红外光度法 Water quality—Determination of petroleum oil, animal and vegetable oils—Infrared photometric method	1997-01-01
Z16	GB/T 16489—1996	水质　硫化物的测定　亚甲基蓝分光光度法 Water quality—Determination of sulfide—Methylene blue spectrophotometric method	1997-01-01

中标分类	标准号	标准名称	实施日期
Z19	GB/T 16156—1996	生物　尿中1-羟基芘的测定　高效液相色谱(HPCC)法 Biomaterials—Determination of urinary 1-hydroxypyrene—High performance liquid chromatography	1996-04-01
Z29	GB/T 16310.1—1996	船舶散装运输液体化学品危害性评价规范　水生生物急性毒性试验方法 Specification on evaluation methods of hazards of liquid chemicals transported in bulk by shipping—Acute toxicity testing methods for aquatic organism	1996-12-01
Z29	GB/T 16310.2—1996	船舶散装运输液体化学品危害性评价规范　水生生物积累性试验方法 Specification on evaluation methods of hazards of liquid chemicals transported in bulk by shipping—Bioaccumulation testing method for aquatic organism	1996-12-21
Z29	GB/T 16310.3—1996	船舶散装运输液体化学品危害性评价规范　水生生物沾染试验方法 Specification on evaluation methods of hazards of liquid chemicals transported in bulk by shipping—Taint testing method for aquatic organism	1996-12-01
Z29	GB/T 16310.4—1996	船舶散装运输液体化学品危害性评价规范　哺乳动物毒性试验方法 Specification on evaluation methods of hazards of liquid chemicals transported in bulk by shipping—Toxicity test method for mammal	1996-12-01
Z29	GB/T 16310.5—1996	船舶散装运输液体化学品危害性评价规范　危害性评价程序与污染分类方法 Specification on evaluation methods of hazards of liquid chemicals transported in bulk by shipping—Assessment procedure and determination of pollution category	1996-12-01
Z32	GB/T 4569—1996	摩托车和轻便摩托车噪声测量方法 Measurement of noise emitted by motorcycles and mopeds	1997-01-01
Z50	GB 3095—1996	环境空气质量标准 Ambient air quality standard	1996-10-01
Z50	GB 9804—1996	烟度卡标准 Standard for smokemetric tablet	1998-01-01
Z60	GB 4915—1996	水泥厂大气污染物排放标准 Emission standard of air pollutants for cement plant	1997-01-01
Z60	GB 8978—1996	污水综合排放标准 Integrated wastewater discharge standard	1998-01-01

中标分类	标准号	标准名称	实施日期
Z60	GB 9078—1996	工业炉窑大气污染物排放标准 Emission standard of air pollutants for industrial kiln and furnace	1997-01-01
Z60	GB 16171—1996	炼焦炉大气污染物排放标准 Emission standard of air pollutants for coke oven	1997-01-01
Z60	GB 16297—1996	大气污染物综合排放标准 Integrated emission standard of air pollutants	1997-01-01
Z62	GB 13223—1996	火电厂大气污染物排放标准 Emission standard of air pollutants for thermal power plants	1997-01-01
Z67	GB 16169—1996	摩托车和轻便摩托车噪声限值 Limits of noise emitted by motorcycles and mopeds	1997-01-01
Z67	GB 16170—1996	汽车定置噪声限值 Limits of noise emitted by stationart road vehicles	1997-01-01
Z70	GB 5085.1—1996	危险废物鉴别标准　腐蚀性鉴别 Identification standard for hazradous wastes—Identification for carrosirity	1996-08-01
Z70	GB 5085.2—1996	危险废物鉴别标准　急性毒性初筛 Identification standard for hazardous wastes—Soreening test for acute toxicity	1996-08-01
Z70	GB 5085.3—1996	危险废物鉴别标准　浸出毒性鉴别 Identification standard for hazardous wastes—Identification for extraction procedure toxicity	1996-08-01
Z70	GB 16487.1—1996	进口废物环境保护控制标准　废骨料(试行) Environmental protection control standard for importod scrap matcrial—Waste animal bone as raw material	1996-08-01
Z70	GB 16487.2—1996	进口废物环境保护控制标准　冶炼渣(试行) Environmental protection control standard for importcd scrap matcrial—Slag as raw material	1996-08-01
Z70	GB 16487.3—1996	进口废物环境保护控制标准　木、木制品废料 Environmental protection control standard for imported Scrap material—Scrap wood and wooden products as raw material	1996-08-01
Z70	GB 16487.4—1996	进口废物环境保护控制标准　废纸或纸板(试行) Environmental protection control standard for imported scrap material—Scrap paper and board as raw material	1996-08-01
Z70	GB 16487.5—1996	进口废物环境保护控制标准　纺织品废物(试行) Environmental protection control standard for imported scrap material—Scrap cotton and cloth as raw material	1996-08-01
Z70	GB 16487.6—1996	进口废物环境保护控制标准　废钢铁(试行) Environmental protection control standard for imported scrap material—Iron and steel scraps	1996-08-01

中标分类	标准号	标准名称	实施日期
Z70	GB 16487.7—1996	进口废物环境保护控制标准　废有色金属 Environmental protection control standard for imported scrap material—Nonferrous metal scraps	1996-08-01
Z70	GB 16487.8—1996	进口废物环境保护控制标准　废电机(试行) Environmental protection control standard for imported scrap material—Scrap motor	1996-08-01
Z70	GB 16487.9—1996	进口废物环境保护控制标准　废电线电缆(试行) Environmental protection control standard for imported scrap material—Waste electrical line and cable	1996-08-01
Z70	GB 16487.10—1996	进口废物环境保护控制标准　废五金电器(试行) Environmental protection control standard for imported scrap material—Metal and electrical appliance scraps	1996-08-01
Z70	GB 16487.11—1996	进口废物环境保护控制标准　供拆卸的船舶及其他浮动结构体(试行) Environmental protection control standard for imported scrap matcrial—Scrapping ships and floating facilities	1996-08-10
Z70	GB 16487.12—1996	进口废物环境保护控制标准　废塑料 Environmental protection control standard for imported scrap material—Plastic scrap as raw material	1996-12-01

索 引